Europäische Unternehmensbesteuerung II

Dietrich Kellersmann · Corinna Treisch
Steffen Lampert · Daniela Heinemann

Europäische Unternehmensbesteuerung II

Harmonisierung der direkten
Unternehmensbesteuerung

2., vollständig überarbeitete Auflage

Dr. iur. Dietrich Kellersmann
PricewaterhouseCoopers AG
Wirtschaftsprüfungsgesellschaft
Osnabrück, Deutschland

Univ.-Prof. Dr. rer. pol. habil. Corinna Treisch
Universität Innsbruck
Innsbruck, Österreich

Prof. Dr. iur. Steffen Lampert
Universität Osnabrück
Osnabrück, Deutschland

Dr. iur. Daniela Heinemann
Universität Osnabrück
Osnabrück, Deutschland

ISBN 978-3-658-02187-0   ISBN 978-3-658-02188-7 (eBook)
DOI 10.1007/978-3-658-02188-7

Die Deutsche Nationalbibliothek verzeichnet diese Publikation in der Deutschen Nationalbibliografie; detaillierte bibliografische Daten sind im Internet über http://dnb.d-nb.de abrufbar.

Springer Gabler
© Springer Fachmedien Wiesbaden 2002, 2013
Das Werk einschließlich aller seiner Teile ist urheberrechtlich geschützt. Jede Verwertung, die nicht ausdrücklich vom Urheberrechtsgesetz zugelassen ist, bedarf der vorherigen Zustimmung des Verlags. Das gilt insbesondere für Vervielfältigungen, Bearbeitungen, Übersetzungen, Mikroverfilmungen und die Einspeicherung und Verarbeitung in elektronischen Systemen.

Die Wiedergabe von Gebrauchsnamen, Handelsnamen, Warenbezeichnungen usw. in diesem Werk berechtigt auch ohne besondere Kennzeichnung nicht zu der Annahme, dass solche Namen im Sinne der Warenzeichen- und Markenschutz-Gesetzgebung als frei zu betrachten wären und daher von jedermann benutzt werden dürften.

Lektorat: Anna Pietras, Renate Schilling

Gedruckt auf säurefreiem und chlorfrei gebleichtem Papier

Springer Gabler ist eine Marke von Springer DE. Springer DE ist Teil der Fachverlagsgruppe Springer Science+Business Media.
www.springer-gabler.de

Vorwort

Mit der immer weiter voranschreitenden Internationalisierung des Wirtschaftsgeschehens gewinnt die steuerliche Behandlung grenzüberschreitender Betätigungen für immer mehr Unternehmen an Bedeutung. Ein wichtiger Teil der Regeln für die Besteuerung dieser Vorgänge ist europäischen Ursprungs. Bei in Europa verwirklichten Sachverhalten ist ohne Kenntnis der rechtlichen Voraussetzungen und Konsequenzen sowie der ökonomischen Folgen der Einwirkungen des Europäischen Rechts keine steuerliche Beratung mehr möglich. Da das Europäische Steuerrecht vielfach steuerliche Regeln untersagt, bietet sich dem Berater auch hier ein Ansatz zur Abwehr steuerlicher Nachteile.

Die Beschäftigung mit der europäischen Unternehmensbesteuerung erfordert neben Kenntnissen des allgemeinen Europarechts, besonderer europäischer Steuerregeln des Internationalen Steuerrechts sowie des Zusammenwirkens dieser Rechtsgebiete auch Kenntnisse der Steuerwirkungslehre. Dieses Lehrbuch will den sich daraus ergebenden Bedarf nach einem einführenden Überblick decken, ohne die Details zu vernachlässigen. Es wendet sich an fortgeschrittene Studierende des Wahlfaches Steuerrecht und der Betriebswirtschaftlichen Steuerlehre, (angehende) Steuerberater sowie Rechtsanwälte. Wir haben deshalb auf steuerrechtliche und betriebswirtschaftliche Betrachtungen gleichermaßen Wert gelegt.

Band I behandelt das Europarecht, die Grundfreiheiten und die Beihilfeproblematik:

Das erste Kapitel vermittelt die Bedeutung des Europarechts für die Unternehmensbesteuerung. Nach einer Einführung in die Organisationsstruktur und die Struktureigenschaften der Europäischen Union werden die Rechtsquellen des Europarechts anhand steuerrechtlicher Beispiele und ihr Verhältnis zum nationalen Recht sowie Rechtsschutzfragen erörtert.

Das zweite Kapitel widmet sich der Bedeutung der Grundfreiheiten für die direkte Unternehmensbesteuerung. Hierbei wird zunächst die Bedeutung der Grundfreiheiten für die Fortentwicklung der Unternehmensbesteuerung innerhalb der Europäischen Union – auch im Verhältnis zum sekundären Unionsrecht und zum Beihilferecht – erörtert. Es folgt eine Einführung in die Dogmatik der Grundfreiheiten, an die sich eine Analyse der Grundfreiheitenrechtsprechung des Europäischen Gerichtshofs in ausgewählten Bereichen der Unternehmensbesteuerung anschließt.

Im dritten Kapitel wird aufgezeigt, welche Grenzen das Verbot nationaler Beihilfen der Gewährung von Steuervergünstigungen setzt.

Band II behandelt die Harmonisierung der direkten Unternehmensbesteuerung:

Das erste Kapitel gibt ein Überblick über den Stand der Harmonisierung der Besteuerung von Dividenden, Zinsen und Lizenzgebühren, der mit der Mutter-Tochter-Richtlinie und der Zins-Lizenzgebühren-Richtlinie erreicht wurde. Dabei wird insbesondere die Umsetzung der Richtlinien in Deutschland und Österreich analysiert.

Im zweiten Kapitel wird der noch bestehende Bedarf bezüglich der Harmonisierung der Gewinnermittlung und der Verlustverrechnung aufgezeigt. Dazu wird der mit dem EU-Schiedsübereinkommen erreichte Stand der Harmonisierung auf dem Gebiet der Gewinnberichtigungen und Verrechnungspreise aufgezeigt, die innerstaatliche Verlustverrechnung sowie die grenzüberschreitende Berücksichtigung der Verluste von ausländischen Betriebsstätten und Tochterkapitalgesellschaften nach deutschem und österreichischem Steuerrecht dargestellt und mit dem Richtlinienvorschlag zur Schaffung einer Gemeinsamen Konsolidierten Körperschaftsteuerbemessungsgrundlage das aktuell anspruchsvollste Reformvorhaben behandelt.

Das dritte Kapitel gibt einen Einblick in die Harmonisierung der Verlagerungen und Umstrukturierungen mittels der Fusionsrichtlinie.

Den Hilfskräften, die bei den Korrekturarbeiten mitgewirkt haben, möchten wir unseren Dank aussprechen.

Für konstruktive Kritik und Anregungen sind wir dankbar.

Osnabrück und Innsbruck, im März 2013

Priv.-Doz. Dr. Dietrich Kellersmann

Univ.-Prof. Dr. habil. Corinna Treisch

Prof. Dr. Steffen Lampert

Akad. Rätin a.Z. Dr. Daniela Heinemann

Inhaltsverzeichnis

Vorwort V

Abkürzungsverzeichnis IX

Abbildungsverzeichnis XIII

1	**Harmonisierung der Besteuerung von Dividenden, Zinsen und Lizenzgebühren**	**1**
1.1	Mutter-Tochter-Richtlinie	1
1.1.1	Vermeidung der Doppelbesteuerung	3
1.1.2	Abschaffung der Quellensteuer	10
1.1.3	Begünstigte Gewinne	19
1.1.4	Begünstigte Konzernstrukturen	24
1.1.5	Mindestbeteiligungshöhe und Mindestbehaltfrist	32
1.1.6	Maßnahmen zur Verhinderung von Steuerhinterziehungen und Missbräuchen	36
1.2	Zins-Lizenzgebühren-Richtlinie	44
1.2.1	Abschaffung der Quellensteuer	44
1.2.2	Begünstigte Zinsen und Lizenzgebühren	55
1.2.3	Begünstigte Konzernstrukturen	57
1.2.4	Mindestbeteiligungshöhe und Mindestbehaltfrist	65
1.2.5	Maßnahmen zur Verhinderung von Steuerhinterziehungen und Missbräuchen	67
1.2.6	Übergangsfristen	69
1.3	Zusammenfassung	69
1.4	Literaturverzeichnis	70
1.5	Quellenverzeichnis	76
1.6	Rechtsprechungsverzeichnis	79
2	**Harmonisierung der Gewinnermittlung und Verlustverrechnung**	**81**
2.1	Gewinnberichtigungen und Verrechnungspreise	82
2.2	Innerstaatlicher Verlustausgleich	91
2.3	Berücksichtigung ausländischer Betriebsstättenverluste	94
2.3.1	Berücksichtigung von Betriebsstättenverlusten in Deutschland	96
2.3.2	Berücksichtigung von Betriebsstättenverlusten in Österreich	97
2.3.3	Richtlinienvorschlag	99
2.4	Berücksichtigung der Verluste ausländischer Tochtergesellschaften	108
2.4.1	Deutsche Organschaft	110
2.4.2	Österreichische Gruppenbesteuerung	112
2.4.3	Richtlinienvorschlag	144
2.5	Gemeinsame Konsolidierte Körperschaftsteuerbemessungsgrundlage	146
2.6	Zusammenfassung	157
2.7	Literaturverzeichnis	157
2.8	Quellenverzeichnis	167
2.9	Rechtsprechungsverzeichnis	171

3	Harmonisierung der Besteuerung von Strukturänderungen	173
3.1	Fusionsrichtlinie	173
3.1.1	Begünstigte Strukturänderungen	174
3.1.2	Aufschiebung der Gewinnrealisation	176
3.1.3	Begünstigte Konzernstrukturen	179
3.1.4	Maßnahmen zur Verhinderung von Steuerhinterziehungen und Missbräuchen	181
3.2	Zusammenfassung	181
3.3	Literaturverzeichnis	181
3.4	Quellenverzeichnis	183

Stichwortverzeichnis 185

Abkürzungsverzeichnis

a.A., A.A.	anderer Ansicht, Anderer Ansicht
ABl.	Amtsblatt der Europäischen Gemeinschaften
Abs.	Absatz, Absätze
a.F.	alte Fassung
Anm.	Anmerkung(en)
AO	Abgabenordnung (Deutschland)
Art.	Artikel
Aufl	Auflage
BAO	Bundesabgabenordnung (Österreich)
BB	Betriebs-Berater (Zeitschrift)
BeckRS	Beck-Rechtsprechung (Online-Datenbank)
BFH	Bundesfinanzhof (Deutschland)
BGBl. I	Bundesgesetzblatt Teil I
BGBl. II	Bundesgesetzblatt Teil II
BMF	Bundesfinanzministerium
BS	Betriebsstätte
BStBl. I	Bundessteuerblatt Teil I (Deutschland)
bzw.	beziehungsweise
CCCTB	Common Consolidated Corporate Tax Base
DB	Der Betrieb (Zeitschrift)
DBA	Doppelbesteuerungsabkommen
dEStG	(deutsches) Einkommensteuergesetz
dKStG	(deutsches) Körperschaftsteuergesetz
Dok.	Dokument, Dokumentation
E	Entwurf (eines Gesetzes)
€	Euro
ed, eds	editor, editors
EG	Enkelgesellschaft
endg.	endgültig
dEStG	(deutsche) Einkommensteuerrichtlinien
EStDV	Einkommensteuerdurchführungsverodnung (Deutschland)
EU	Europäische Union
EuGH	Europäischer Gerichtshof
EuGHE	Sammlung der Entscheidungen des Europäischen Gerichtshofs
EuZW	Europäische Zeitschrift für Wirtschaftsrecht (Zeitschrift)
EWR	Europäischer Wirtschaftsraum

f.	folgende (Seite)
ff.	folgende (Seiten)
FR	Finanz-Rundschau (Zeitschrift)
GA	Generalanwalt, Generalanwältin des Europäischen Gerichtshofs
gem.	gemäß
GES	Zeitschrift für Gesellschaftsrecht und angrenzendes Steuerrecht (Zeitschrift)
GmbH	Gesellschaft mit beschränkter Haftung
GmbH & Co. KG	Gesellschaft mit beschränkter Haftung & Compagnie Kommanditgesellschaft
h.M.	herrschende Meinung
Hrsg	Herausgeber
IBFD	International Bureau of Fiscal Documentation
i.d.F.	in der Fassung
i.d.R.	in der Regel
i.H.v.	in Höhe von
i.S.d.	im Sinne der/des
IStR	Internationales Steuerrecht (Zeitschrift)
i.V.m.	in Verbindung mit
IWB	Internationales Steuer- und Wirtschaftsrecht (Zeitschrift)
JStG	Jahressteuergesetz
KESt	Kapitalertragsteuer
KG	Kommanditgesellschaft
KOM	Dokument(e) der Kommission der Europäischen Gemeinschaft
KSt	Körperschaftsteuer
MG	Muttergesellschaft
n.F.	neue Fassung
Nr.	Nummer
OECD	Organisation of Economic Co-operation and Development
OGH	Oberster Gerichtshof (Österreich)
öEStG	(österreichisches) Einkommensteuergesetz
öEStR	(österreichische) Einkommensteuerrichtlinien
öKStG	(österreichisches) Körperschaftsteuergesetz
öKStR	(österreichische) Körperschaftsteuerrichtlinien
ÖStZ	Österreichische Steuerzeitung (Zeitschrift)
PIStB	Praxis Internationale Steuerberatung (Zeitschrift)

Ratsdok.	Ratsdokument
RdW	Österreichisches Recht der Wirtschaft (Zeitschrift)
Rn.	Randnummer
Rs.	Rechtssache
Rz.	Randziffer
S.	Seite(n)
sog.	sogenannt, sogenannte, sogenannter, sogenanntes
StBW	Steuerberater Woche (Zeitschrift)
SteuerStud	Steuer und Studium (Zeitschrift)
StuW	Steuer und Wirtschaft (Zeitschrift)
SWI	Steuer und Wirtschaft International (Zeitschrift)
TG	Tochtergesellschaft
Tz.	Textziffer
u.a.	unter anderem
Ubg	Die Unternehmensbesteuerung (Zeitschrift)
UGB	Unternehmensgesetzbuch (Österreich)
verb. Rs.	verbundene Rechtssachen
Verf.	Verfasser
v.H.	vom Hundert
vgl.	vergleiche
VO	Verordnung
VwGH	Verwaltungsgerichtshof (Österreich)
WJ	Wirtschaftsjahr
z.B.	zum Beispiel
ZfB	Zeitschrift für Betriebswirtschaft (Zeitschrift)
ZHR	Zeitschrift für das gesamte Handelsrecht und Wirtschaftsrecht (Zeitschrift)
z.T.	zum Teil

Abbildungsverzeichnis

Abbildung 1.1:	Freistellungsmethode	4
Abbildung 1.2:	Indirekte Anrechnungsmethode	5
Abbildung 1.3:	Anrechnungsverluste im Fall der Nichtausdehnung der indirekten Anrechnung auf die Enkelgesellschaft	7
Abbildung 1.4:	Quellensteuer und Freistellungsmethode	11
Abbildung 1.5:	Indirekte und direkte Anrechnung	12
Abbildung 1.6:	Freistellungsmethode und direkte Anrechnung im Inlandsfall	16
Abbildung 1.7:	Freistellungsmethode und KESt-Erstattung bei grenzüberschreitenden Dividenden im Verlustfall	17
Abbildung 1.8:	Berücksichtigung von tatsächlichen Beteiligungsaufwendungen und Freistellungsmethode	23
Abbildung 1.9:	Mutter- und Tochtergesellschaft und Betriebsstätte in unterschiedlichen EU-Mitgliedstaaten (unionsinterne Drei-Länder-Situation)	28
Abbildung 1.10:	Mutter- und Tochtergesellschaft in unterschiedlichen EU-Mitgliedstaaten und Betriebsstätte im Drittstaat (Drei-Länder-Situation mit Drittstaatsbezug)	28
Abbildung 1.11:	Mutter- und Tochtergesellschaft im selben und Betriebsstätte in einem anderen EU-Mitgliedstaat (unionsinterne Sandwich-Situation)	29
Abbildung 1.12:	Mutter- und Tochtergesellschaft im selben EU-Mitgliedstaat und Betriebsstätte in einem Drittstaat (Sandwich-Situation mit Drittstaatbezug)	30
Abbildung 1.13:	Tochtergesellschaft in einem und Muttergesellschaft und Betriebsstätte im selben anderen EU-Mitgliedstaat	30
Abbildung 1.14:	Tochtergesellschaft und Betriebsstätte im selben und Muttergesellschaft in einem anderen EU-Mitgliedsstaat (vorgelagerte Betriebsstätte)	31
Abbildung 1.15:	Mittelbare und unmittelbare Beteiligung bei Zwischenschaltung einer Kapitalgesellschaft	33
Abbildung 1.16:	Mittelbare und unmittelbare Beteiligung bei Zwischenschaltung einer Personengesellschaft	34
Abbildung 1.17:	Besteuerung von Zinsen zwischen verbundenen Unternehmen	45

Abbildung 1.18:	Besteuerung von Lizenzgebühren zwischen verbundenen Unternehmen	46
Abbildung 1.19:	Erhebung und direkte Anrechnung einer Quellensteuer auf Zinsen nach OECD-Musterabkommen	48
Abbildung 1.20:	Besteuerung der Leistungsentgelte zwischen verbundenen Unternehmen im Fall der indirekten Anrechnung	54
Abbildung 1.21:	Zinszahlung zwischen Mutter- und Tochtergesellschaft (vertikale Struktur)	58
Abbildung 1.22:	Zinszahlung zwischen Tochter-Schwestergesellschaften (horizontale Struktur)	59
Abbildung 1.23:	Nicht begünstigte Leistungsentgelte zwischen Mutter- und Enkelgesellschaft (vertikale Struktur)	60
Abbildung 1.24:	Nicht begünstigte Leistungsentgelte zwischen Enkel-Schwestergesellschaften (horizontale Struktur)	61
Abbildung 1.25:	Betriebsstätte der Muttergesellschaft in einem dritten EU-Mitgliedstaat (Drei-Länder-Situation)	62
Abbildung 1.26:	Betriebsstätte der Tochtergesellschaft in einem dritten EU-Mitgliedstaat (Drei-Länder-Situation)	62
Abbildung 1.27:	Stammhaus der Muttergesellschaft und Tochtergesellschaft im gleichen EU-Mitgliedstaat (Zwei-Länder-Situation)	63
Abbildung 1.28:	Betriebsstätte der Muttergesellschaft und Tochtergesellschaft im gleichen EU-Mitgliedstaat (Inlandssachverhalt)	64
Abbildung 1.29:	Betriebsstätte der Muttergesellschaft und Betriebsstätte der Tochtergesellschaft im gleichen EU-Mitgliedstaat (Inlandssachverhalt)	65
Abbildung 2.1:	Standardmethoden zur Quantifizierung von Fremdvergleichspreisen	85
Abbildung 2.2:	Gewinnorientierte Methoden zur Quantifizierung von Fremdvergleichspreisen	86
Abbildung 2.3:	Ablauf des Verständigungs- und Schlichtungsverfahrens	87
Abbildung 2.4:	Anrechnungsmethode bei Betriebsstättenverlusten (WJ 01)	101
Abbildung 2.5:	Anrechnungsmethode bei Betriebsstättenverlusten (WJ 02)	102
Abbildung 2.6:	Verlustabzug mit Nachversteuerung (WJ 01)	103
Abbildung 2.7:	Verlustabzug mit Nachversteuerung (WJ 012)	104
Abbildung 2.8:	Ausländische Mutterkapitalgesellschaft als Organträger	111

Abbildung 2.9:	Gruppenträger, beteiligte Körperschaft und Beteiligungskörperschaft (Fall 1)	113
Abbildung 2.10:	Gruppenträger, beteiligte Körperschaft und Beteiligungskörperschaft (Fall 2)	114
Abbildung 2.11:	Ausschließlich unmittelbare Beteiligungen in einem zweistöckigen Konzern mit einer Auslandsgesellschaft	116
Abbildung 2.12:	Ausschließlich mittelbare Beteiligung in einem zweistöckigen Konzern mit einer Auslandsgesellschaft	117
Abbildung 2.13:	Kombination einer unmittelbaren und einer mittelbare Beteiligung in einem zweistöckigen Konzern mit einer Auslandsgesellschaft (Fall 1)	118
Abbildung 2.14:	Kombination einer unmittelbaren und einer mittelbare Beteiligung in einem zweistöckigen Konzern mit einer Auslandsgesellschaft (Fall 2)	119
Abbildung 2.15:	Kombination einer unmittelbaren und einer mittelbare Beteiligung in einem zweistöckigen Konzern mit einer Auslandsgesellschaft (Fall 3)	121
Abbildung 2.16:	Zweistöckiger Konzern mit zwei Auslandsgesellschaften (Fall 1)	122
Abbildung 2.17:	Zweistöckiger Konzern mit zwei Auslandsgesellschaften (Fall 2)	124
Abbildung 2.18:	Zweistöckiger Konzern mit zwei Auslandsgesellschaften (Fall 3)	125
Abbildung 2.19:	Beteiligungsgemeinschaft (Mehrmütter-Gruppe)	126
Abbildung 2.20:	Ausländische Mutterkapitalgesellschaft als Gruppenträger (österreichische Sichtweise)	127
Abbildung 2.21:	Ausländische Mutterkapitalgesellschaft als Gruppenträger (ausländische Sichtweise)	128
Abbildung 2.22:	Ergebnis- versus Verlustberücksichtigung	129
Abbildung 2.23:	Zurechnung des ausländischen Verlustes zur ausreichend unmittelbar beteiligten Körperschaft (Gruppenmitglied)	130
Abbildung 2.24:	Zurechnung des ausländischen Verlustes zum unmittelbar und mittelbar ausreichend beteiligten Gruppenträger	131
Abbildung 2.25:	Zurechnung des ausländischen Verlustes zum ausschließlich mittelbar ausreichend beteiligten Gruppenträger	132
Abbildung 2.26:	Innerstaatliche Ergebniszurechnung bei einer mittelbaren Beteiligung über eine andere gruppenzugehörige Kapitalgesellschaft	133

Abbildung 2.27:	Grenzüberschreitende Verlustzurechnung bei einer mittelbaren Beteiligung über eine andere gruppenzugehörige Kapitalgesellschaft	134
Abbildung 2.28:	Grenzüberschreitende Verlustzurechnung zum ausreichend unmittelbar beteiligten Gruppenmitglied	136
Abbildung 2.29:	Ergebniszurechnung bei inländischen Beteiligungsgemeinschaften	137
Abbildung 2.30:	Verlustzurechnung bei ausländischen Beteiligungsgemeinschaften	138
Abbildung 2.31:	Grenzüberschreitende Ergebniszurechnung bei einer mittelbaren Beteiligung über eine andere gruppenzugehörige Kapitalgesellschaft (CCCTB)	150
Abbildung 2.32:	Gruppenbildung im zweistöckigen Konzern	154
Abbildung 3.1:	Arten von Strukturänderungen	175
Abbildung 3.2:	Einbringung von Wirtschaftsgütern	176

1 Harmonisierung der Besteuerung von Dividenden, Zinsen und Lizenzgebühren

Corinna Treisch

Die Harmonisierung der direkten Unternehmensbesteuerung wurde bisher hauptsächlich auf dem Gebiet der Besteuerung von Dividenden, Zinsen und Lizenzgebühren erzielt, wie anhand des folgenden Überblicks über den erreichten Stand der Harmonisierung der Besteuerung von Entgelten für die Überlassung von Eigen- und Fremdkapital unter besonderer Berücksichtigung von Deutschland und Österreich aufgezeigt wird. Dazu wird die steuerliche Behandlung von Dividenden, Zinsen und Lizenzgebühren in grenzüberschreitend miteinander verbundenen Kapitalgesellschaften nach deutschem und österreichischem Steuerrecht dargestellt und analysiert.

Die Harmonisierung der Besteuerung von Entgelten für die Überlassung von Eigen- und Fremdkapital in grenzüberschreitenden Konzernen wurde mittels der Mutter-Tochter-Richtlinie, die die steuerliche Behandlung der ausgeschütteten Gewinne regelt, und der Zins-Lizenzgebühren-Richtlinie, die die steuerliche Behandlung von Zinsen und Lizenzgebühren in verbundenen Unternehmen betrifft, vorgenommen.

1.1 Mutter-Tochter-Richtlinie

Literatur: Bergmann S (2010) Mißbrauch im Anwendungsbereich der Mutter-Tochter-Richtlinie. StuW 87:246-261; Birker C (2012) Die „Aufteilungsklausel" des § 50d Abs. 3 EStG n.F. BB 67:1961-1965; Blum D W (2012) Besteuerung von Portfoliodividenden aus Drittstaaten. SWI 22:317-322; Duttiné T, Stumm O (2012) Europarechtswidrigkeit deutscher Dividendenbesteuerung. BB 67:867-873; Fraedrich J (2012) Das österreichische Erstattungsverfahren als Gestaltungsoption für die erforderliche Neuregelung der Streubesitzdividendenbesteuerung in Deutschland. IStR 21:565-572; Frey J, Mückl N (2011) Substanzerfordernisse bei der einseitigen Kapitalertragsteuerentlastung für beschränkt steuerpflichtige Körperschaften – Zusammenspiel von § 44a Abs. 9 und § 50d Abs. 3 EStG. DStR 49:2125-2131; Grieser U, Faller P (2012) Verfahrensrechtliche Fragen zur KapESt-Entlastung bei Dividenden an EU-/EWR-KapGes. Zugleich Anmerkung zum BFH-Urteil vom 11. 1. 2012 – I R 25/10. DB 65:1296-1299; Helminen M (2000) Dividend equivalent benefits and the concept of profit distribution of the EC Parent-Subsidary directive. EC Tax Review 9:161-171; Jerabek R, Rittsteuer F (2012) Entwicklungen bei Gewinnausschüttungen an ausländische EU-Gesellschaften. SWI 22:131-136; Joklik-Fürst M (2012) Die Anwendung der Antimissbrauchsbestimmung des § 10 Abs. 4 KStG in der Praxis. SWI 22:22-39; Kessler W, Dietrich M-L (2011) (Keine) Kapitalertragsteuer auf Streubesitzdividenden beschränkt steuerpflichtiger Kapitalgesellschaften. Klares Votum des EuGH dürfte Diskussion über Abschaffung der Steuerbefreiung neu beleben. DStR 49:2121-2134; Kofler G (2012) Indirect Credit versus Exemption: Double Taxation Relief for Intercompany Distributions. Bulletin for International Taxation 66:77-89; Kofler G, Kofler H (2008) Betriebsstätten in der Mutter-Tochter-Richtlinie. In: Quantschnigg P, Wiesner W, Mayr G (Hrsg) Steuern im Gemeinschaftsrecht. Festschrift für Wolfgang Nolz, LexisNexis ARD Orac, Wien, S 53-82; Kofler G, Marschner E (2011) Die Quellensteuerrückzahlung bei grenzüberschreitenden Portfoliodividenden nach § 21 Abs 1 Z 1a KStG. GES 9:289-298; Kofler G, Prechtl-Aigner B (2011) Die Beteiligungsertragsbefreiung nach Haribo und Salinen. GES 9:175-197; Loukota W (2012) Rückerstattung österreichischer Kapitalertragsteuer an ausländische Investmentfonds im Lichte der Kapitalverkehrsfreiheit. SWI 22:305-316; Marschner E (2012) Besteuerung von Kapitalvermögen nach dem KESt-Erlass, SWK-Spezial. Linde, Wien; Micker L (2010) Offene und beantwortete Fragen bei der Umsetzung der Mutter-Tochter-Richtlinie. StBW ohne Jahrgang:707-711; Petersen S (2012) Abgeltungswirkung der Kapitalertragsteuer für beschränkt steuerpflichtige Kapitalgesellschaften bei Investition über Betriebsstätten bzw. Personengesellschaften? IStR 21:238-244; Pohl C (2012) Ausgewählte Einzelfragen zu § 50d Abs 9 EStG. IWB ohne Jahrgang:656-661; Richter T (2012) Substanzerfordernisse für ausländische Holding- und Zweckgesellschaften. Insbesondere Analyse des § 50d Abs. 3 EStG i.d.F. des BeitrRLUmsG. BB 67:1643-1649; Schönhaus M, Broekmann J (2012) Verfahrensfragen der Erstattung gemeinschaftsrechtswidriger Quellensteuern. IWB ohne Jahrgang:623-628; Stefaner M, Schragl M (2011) (Hrsg) Grenzüberschreitende Beteiligungserträge. Linde, Wien; Steindl M, Wörndl C (2012) KESt-Befreiung für Outbounddividenden. Die Neufassung des § 94 EStG. ÖStZ 65:155-159

Das **Ziel** der Mutter-Tochter-Richtlinie liegt zum einen in der Beseitigung der internationalen Doppelbesteuerung von Gewinnen, die eine in dem einen Mitgliedstaat ansässige Tochterkapitalgesellschaft an ihre in einem anderen Mitgliedstaat ansässige Mutterkapitalgesellschaft ausschüttet, und zum anderen in der Beseitigung des Quellensteuerabzugs für Ausschüttungen zwischen Tochter- und Muttergesellschaft in Form von Kapitalgesellschaften bei einer Beteiligung von mindestens 10%.[1] Das ursprüngliche Ziel einer EU-weiten Gewinn- und Verlustkonsolidierung, wie es noch in Art. 7 Mutter-Tochter-Richtlinie 1969 verfolgt wurde, wurde nun nicht mehr im Rahmen der Mutter-Tochter-Richtlinie verfolgt.[2] Angestrebt werden wettbewerbsneutrale steuerliche Regelungen, die die Produktivität und Wettbewerbsfähigkeit der Unternehmen stärken.[3] Zudem sollen die Zusammenschlüsse zu Unternehmensgruppen, die aus Mutter- und Tochtergesellschaften bestehen, auf Unionsebene erleichtert und deren Benachteiligung gegenüber den Zusammenschlüssen auf Mitgliedstaatenebene beseitigt werden.[4]

---

[1] Vgl. Erwägungsgrund 3 Mutter-Tochter-Richtlinie 2011.
[2] Vgl. dazu Thömmes 1993, Chapter 6.9. Zur Historie der Mutter-Tochter-Richtlinie vgl. Kofler und Kofler 2008, S. 53ff.
[3] Vgl. Erwägungsgrund 4 Mutter-Tochter-Richtlinie 2011.
[4] Vgl. Erwägungsgrund 6 Mutter-Tochter-Richtlinie 2011.

Der **Inhalt** der Richtlinie bezieht sich auf die laufenden Beziehungen zwischen einer Mutter- und ihrer Tochtergesellschaft, nämlich auf die Dividendenausschüttung und auf andere Gewinnausschüttungen.

Betroffen sind die nationalen Besteuerungsregelungen zum einen bezüglich der **Outbound-Dividenden**, die eine inländische Muttergesellschaft von ihrer ausländischen Tochtergesellschaft erhält, weil die inländische Muttergesellschaft im Ausland investiert hat (**Outbound-Investition**), und daher die Frage der Vermeidung der Doppelbesteuerung bei der inländischen Muttergesellschaft, die die Dividenden empfängt. Hier geht es um die steuerliche Behandlung der Auslandsaktivität eines inländischen Unternehmens.

Zum anderen sind **Inbound-Dividenden** betroffen, die eine inländische Tochtergesellschaft an ihre ausländische Muttergesellschaft ausschüttet, weil die ausländische Muttergesellschaft im Inland investiert hat (**Inbound-Investition**) und daher die Frage nach der Erhebung einer Quellensteuer auf die Dividenden, die die inländische Tochtergesellschaft zahlt. Hier geht es um die steuerliche Behandlung der Inlandsaktivität eines ausländischen Unternehmens.

1.1.1 Vermeidung der Doppelbesteuerung

Zur **Vermeidung der wirtschaftlichen Doppelbesteuerung** bei Dividenden aus Outbound-Investitionen sind zwei alternative Maßnahmen vorgesehen: Der Ansässigkeitsstaat der Muttergesellschaft, die die Dividende empfängt, muss entweder diese Dividende von der Besteuerung freistellen (Freistellungsmethode) oder die von der Tochtergesellschaft entrichteten Steuern auf die (Körperschaft-)Steuer der Muttergesellschaft anrechnen (indirekte Anrechnungsmethode) (Art. 4 Abs. 1 Mutter-Tochter-Richtlinie 2011).[5] Die Mutter-Tochter-Richtlinie gestattet nach herrschender Auffassung den Mitgliedsstaaten beide Methoden nebeneinander anzuwenden und zwar auch im Verhältnis zu ein und demselben Mitgliedsstaat.[6]

Bei der **Freistellungsmethode** erhöht die Dividende als Beteiligungsertrag zunächst den handelsrechtlichen Gewinn und – aufgrund des Maßgeblichkeitsprinzips – damit auch den steuerlichen Gewinn (vgl. **Abbildung 1.1**).

---

[5] Vgl. Kofler 2012, S. 87.
[6] Vgl. Kofler in Achatz und Kirchmayr 2011, § 10 KStG, Tz. 284.

Abbildung 1.1: Freistellungsmethode

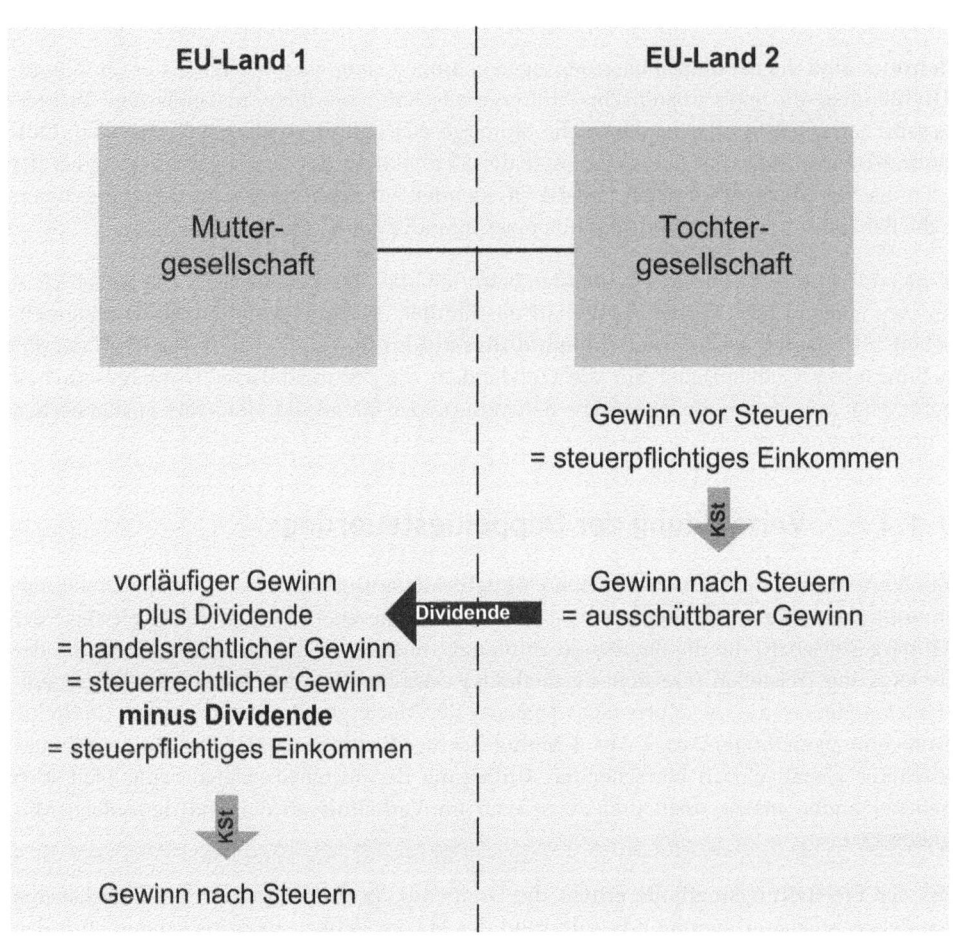

Im Zuge der Ermittlung des körperschaftsteuerpflichtigen Einkommens ist diese Dividende jedoch wieder abzuziehen, damit die Dividende von der Körperschaftsteuer befreit wird.

Die Umsetzung der Mutter-Tochter-Richtlinie erfolgt in den einzelnen Mitgliedstaaten überwiegend durch die Freistellungsmethode. So haben z.B. Deutschland (§ 8b Abs. 1 dKStG) und Österreich (§ 10 Abs. 1 Ziffer 5 und 7 öKStG) jeweils die Freistellungsmethode umgesetzt.

Bei der **indirekten Anrechnungsmethode** erhöht die Dividende als Beteiligungsertrag ebenfalls zunächst den handelsrechtlichen Gewinn und damit auch den steuerlichen Gewinn (vgl. **Abbildung 1.2**).

Abbildung 1.2: Indirekte Anrechnungsmethode

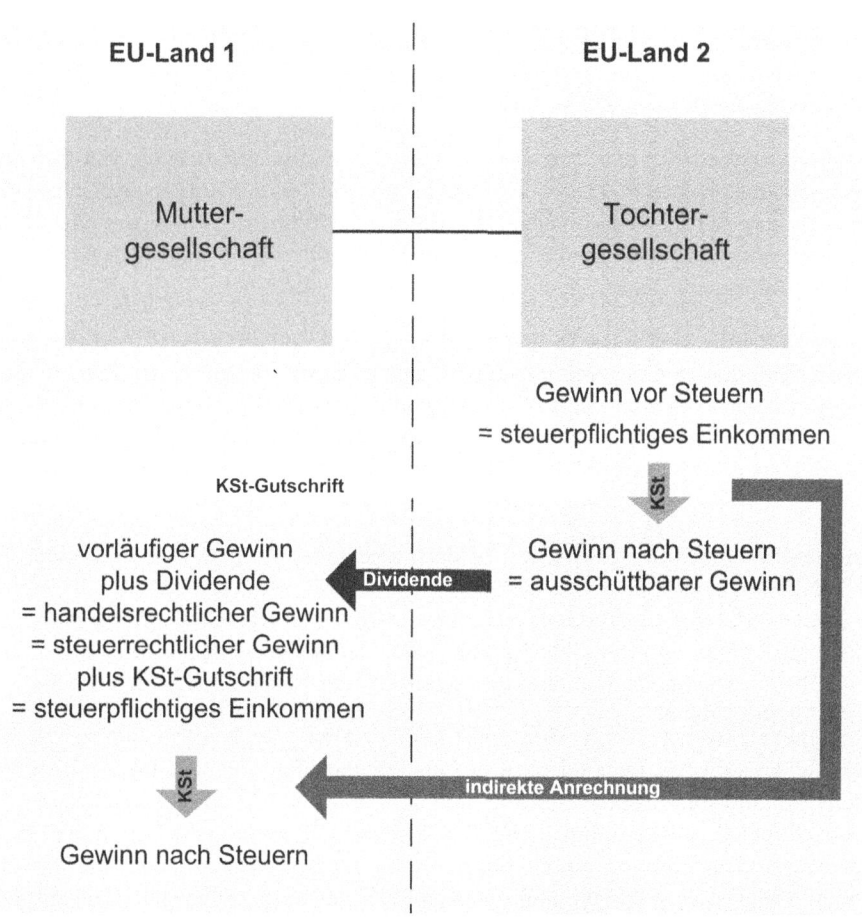

Im Zuge der Ermittlung des körperschaftsteuerpflichtigen Einkommens der Muttergesellschaft ist nun die anteilige Körperschaftsteuer, der der ausgeschüttete Gewinn bei der Tochtergesellschaft unterlag, als sog. **Körperschaftsteuergutschrift** hinzuzurechnen. Die Körperschaftsteuergutschrift zählt damit zum körperschaftsteuerpflichtigen Einkommen. Das so erhöhte körperschaftsteuerpflichtige Einkommen wird mit dem Körperschaftsteuersatz multipliziert, um die inländische Körperschaftsteuer zu ermitteln, von der dann die anzurechnende ausländische Körperschaftsteuer abzuziehen ist. Gibt es keinen Anrechnungshöchstbetrag, so gleicht die anzurechnende ausländische Körperschaftsteuer der Körperschaftsteuergutschrift.

Da die Körperschaftsteuer der z.B. ausländischen Tochterkapitalgesellschaft von der Körperschaftsteuer der inländischen Mutterkapitalgesellschaft abgezogen wird und damit die Steuer eines anderen Steuersubjekts angerechnet wird, spricht man von der **indirekten Anrechnung**. Hier wird vermieden, dass dieselben ausgeschütteten Gewinne bei unterschiedlichen Steuerpflichtigen mit Körperschaftsteuer und damit doppelt besteuert werden (**wirtschaftliche Doppelbesteuerung**).[7]

Angerechnet wird nur der Teil der ausländischen Körperschaftsteuer, der auf die ausgeschütteten Gewinne angefallen ist, nicht jedoch der Teil der Körperschaftsteuer, der auf den thesaurierten Gewinnen lastet. Die Körperschaftsteuergutschrift und die Höhe der anzurechnenden ausländischen Körperschaftsteuer sind von der Beteiligungshöhe und der Ausschüttungsquote abhängig.

Beispiel 1: Ist die Muttergesellschaft zu 100% beteiligt und schüttet die Tochtergesellschaft ihren erwirtschafteten Gewinn vollständig aus, so erhält die Muttergesellschaft 100% der ausgeschütteten Gewinne und ihr Gewinn erhöht sich um 100% der Körperschaftsteuer, die die Tochtergesellschaft gezahlt hat. Ist die Mutter nur mit 30% beteiligt, so erhält sie nur 30% der ausgeschütteten Gewinne und auch nur 30% der Körperschaftsteuer, die die Tochtergesellschaft gezahlt hat.

Beispiel 2: Ist die Muttergesellschaft zu 100% beteiligt und schüttet die Tochtergesellschaft 50% ihres erwirtschafteten Gewinns aus, so erhält die Muttergesellschaft 100% der ausgeschütteten Gewinne und damit 50% der von der Tochtergesellschaft erwirtschaften Gewinne und ihr Gewinn erhöht sich um 100% der Körperschaftsteuer, die auf die ausgeschütteten Gewinne entfällt, und damit um 50% der Körperschaftsteuer, die die Tochtergesellschaft gezahlt hat.

Beispiel 3: Ist die Muttergesellschaft nur mit 30% beteiligt und schüttet die Tochtergesellschaft 50% ihres erwirtschafteten Gewinns aus, so erhält die Muttergesellschaft 30% der ausgeschütteten Gewinne und damit 15% der von der Tochtergesellschaft erwirtschaften Gewinne und ihr Gewinn erhöht sich um 30% der Körperschaftsteuer, die auf die ausgeschütteten Gewinne entfällt, und damit um 15% der Körperschaftsteuer, die die Tochtergesellschaft gezahlt hat.

Der Anwendungsbereich der indirekten Anrechnung setzt sich aus dem Steuerteilbetrag zusammen, den die Tochtergesellschaft und den jegliche **Enkelgesellschaft** entrichtet haben (Art. 4 Abs. 1 Buchstabe b) Mutter-Tochter-Richtlinie 2011). Mit der Formulierung „jegliche Enkelgesellschaft" sind nicht nur Enkelgesellschaften selbst im Sinne von Tochtergesellschaften der Tochtergesellschaft, sondern auch alle diesen nachgeschalteten Gesellschaften gemeint, also Ur-Enkelgesellschaften, Ur-Ur-Enkelgesellschaften etc. Die indirekte Anrechnung wurde damit auf sämtliche Konzernstufen ausgedehnt.

Diese Ausdehnung ist notwendig, da die Kombination der Anrechnungsmethode und der Freistellungsmethode bei Enkelgesellschaften ansonsten zu Problemen führen würde, da

---

[7] Vgl. Kofler 2012, S. 78.

die Doppelbesteuerung bei der Muttergesellschaft in den Fällen nicht vollständig beseitigt werden würde, in denen der Ansässigkeitsstaat der Tochtergesellschaft die Freistellungsmethode und der Ansässigkeitsstaat der Muttergesellschaft die indirekte Anrechnungsmethode anwendet (vgl. **Abbildung 1.3**).

Abbildung 1.3: Anrechnungsverluste im Fall der Nichtausdehnung der indirekten Anrechnung auf die Enkelgesellschaft

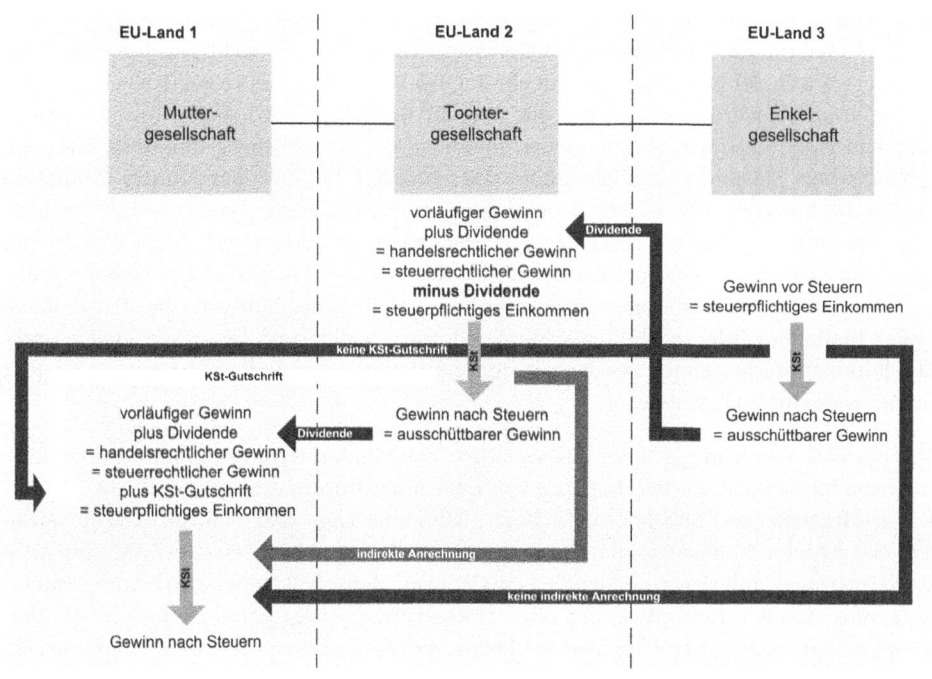

Die indirekte Anrechnung kann mit oder ohne **Anrechnungshöchstbetrag** ausgestaltet werden (Art. 4 Abs. 1 Buchstabe b) Mutter-Tochter-Richtlinie 2011). In dem Fall, dass die Tochtergesellschaft in einem Hochsteuerstaat ansässig ist, führt die indirekte Anrechnung **ohne Höchstbetrag** dazu, dass der Niedrigsteuerstaat, in dem die Muttergesellschaft ansässig ist, nicht nur kein Steueraufkommen erhält, sondern vielmehr noch die ausländische Körperschaftsteuer erstatten muss und ihm damit ein negativer Saldo entsteht.

Im Fall der indirekten Anrechnung **mit Höchstbetrag** entsteht in dem Fall, dass die Muttergesellschaft Verluste erzielt, das Problem, dass die Dividenden bei der Muttergesellschaft den Verlust und damit auch den Verlustrücktrag oder -vortrag mindern, aber das Anrechnungsguthaben mangels Körperschaftsteuer nicht berücksichtigt werden kann.[8]

---

[8] Vgl. Kofler und Prechtl-Aigner 2011, S. 177.

Insofern kommt es zu einer **zeitverschobenen wirtschaftlichen Doppelbesteuerung**, falls das Anrechnungsguthaben nicht in die nächsten Jahre vorgetragen werden kann.[9]

Falls die indirekte Anrechnungsmethode gewählt wird, ist deshalb unionsrechtlich hinsichtlich der Körperschaftsteuer ein **Anrechnungsvortrag** vorzusehen, um die wirtschaftliche Doppelbesteuerung zu vermeiden.[10] Österreich hat daher beim Methodenwechsel zur Anrechnungsmethode einen Anrechnungsvortrag vorgesehen (§ 10 Abs. 6 öKStG). Alle Staaten sollten einen Anrechnungsvortrag im innerstaatlichen Recht einführen, um solche zeitverschobenen Doppelbesteuerungen zu vermeiden.[11]

Treffen Einkünfte aus verschiedenen Quellenstaaten zusammen, stellt sich die Frage, wie die Obergrenzen der beschränkten Anrechnung bei Einkünften aus verschiedenen Quellenstaaten ermittelt werden sollen. Bei der **over-all limitation** wird die Anrechnungsobergrenze in Höhe der inländischen Steuer angesetzt, die auf sämtliche Einkünfte aus allen ausländischen Staaten zusammengenommen entfällt.[12] Bei der **per-country limitation** werden die Anrechnungsobergrenzen und damit auch die anrechenbaren Steuern für sämtliche Einkünfte aus dem jeweiligen Quellenstaat gesondert ermittelt.[13] Deutschland[14] und Österreich[15] sehen z.B. eine per-country-limitation vor. Bei der **basket limitation** werden die Obergrenzen für bestimmte Einkunftsarten aus allen ausländischen Staaten (over-all basket limitation) oder weiter einschränkend pro Quellenstaat gesondert (per-country basket limitation) berechnet. Bei der **per-item limitation** werden die Obergrenzen für jede Einkunftsart einzeln berechnet.

Die indirekte Anrechnung weist insbesondere bei Minderheitsgesellschaftern erhebliche Probleme hinsichtlich der **Beschaffung von relevanten Informationen** auf, da die Minderheitsgesellschafter rechtlich oder tatsächlich nicht in der Lage sind, den Nachweis hinsichtlich der Körperschaftsteuer zu erbringen, der die ausgeschütteten Gewinne auf allen Konzernebenen unterlegen haben.[16] Lediglich in dem Fall, dass das Anrechnungsverfahrens auf allen Konzernebenen ohne Höchstbetrag erfolgt, muss „lediglich" die Vorbelastung der unmittelbar vorgelagerten Ebene berücksichtigt werden, da die Summe aller Gewinne, die auf der jeweiligen Ebene sowie den niedrigeren Unternehmensebenen erwirtschaftet wurden, auf das Steuerniveau der jeweiligen Ebene herauf oder herunter geschleust wurden.[17]

---

[9] Vgl. Kessler und Dietrich 2011, S. 550; Kofler in Achatz und Kirchmayr 2011, § 10 KStG, Tz. 318.
[10] Vgl. EuGH-Urteil vom 10.02.2011, C-437-08, Haribo und Österreichische Salinen; Kessler und Dietrich 2011, S. 549; Kofler in Achatz und Kirchmayr 2011, § 10 KStG, Tz. 318; Kofler und Prechtl-Aigner 2011, S. 179; Stefaner 2011, S. 109; Blum 2012, S. 320; Bendlinger 2013, S. 270f.
[11] Vgl. Lüdicke 2011, S. 1081.
[12] Vgl. Müller-Dott in Flick et al. 2012, § 26 KStG, Anm. 101.
[13] Vgl. Müller-Dott in Flick et al. 2012, § 26 KStG, Anm. 91.
[14] § 68a EStDV; Hierstetter in Erle und Sauter 2010, § 26 KStG, Rn. 54; Roser in Gosch 2009, § 26 KStG, Rn. 113.
[15] Vgl. Halsinger in Lang et al. 2009, § 10 KStG, Rz. 71; Marschner in Jakom 2012, § 1 EStG, Rz. 18.
[16] Vgl. Linzner-Strasser 2011, S. 123; Blum 2012, S. 319f.
[17] Vgl. Treisch 2004, S. 193.

Nach Ansicht des EuGH sind jedoch beide Methoden zur Vermeidung der Doppelbesteuerung gleichwertig und die Nachweisprobleme der Anrechnungsmethode wirken sich zu Lasten des Steuerpflichtigen aus.[18] Der anrechnende Staat muss nicht aufgrund der Amtshilfemöglichkeiten der Finanzbehörde den Steuerpflichtigen von seinen Nachweispflichten entbinden, da die Amtshilfe lediglich den Zweck hat, der Finanzbehörde zu ermöglichen, die vom Steuerpflichtigen erbrachten Nachweise zu überprüfen.[19]

Allerdings könnte eine Diskriminierung vorliegen, falls die indirekte Anrechnung aufgrund des Fehlens der relevanten Informationen nicht möglich ist und folglich die wirtschaftliche Doppelbesteuerung eintritt, es im reinen Inlandsfall aber immer zu einer Entlastung von der wirtschaftlichen Doppelbesteuerung kommt.[20] Nach Ansicht des EuGH ist allerdings der Nachweis der relevanten Informationen dem Anrechnungsverfahren inhärent und daher niemals übermäßig.[21] Die fehlende Mitwirkung der ausschüttenden Tochtergesellschaft fällt alleine in die Risikosphäre der steuerpflichtigen Muttergesellschaft.[22] Nach Meinung der Generalanwältin Kokott stellt dies lediglich eine Kostenfrage da, nach der der Steuerpflichtige zwischen dem erheblichen und kostenintensiven Nachweis und dem Verzicht auf die Anrechnungsmethode abzuwägen habe.[23]

In z.B. **Österreich** unterliegen Dividenden aus Outbound-Investitionen in Niedrigsteuerstaaten, bei denen folglich die Dividenden aus Niedrigsteuerstaaten stammen, anstelle der Freistellung der indirekten Anrechnung, falls es sich um Schachtelbeteiligungen an Unternehmen mit einem passiven Unternehmensschwerpunkt (§ 10 Abs. 4 öKStG) oder um Portfoliodividenden aus niedrigbesteuernden EU-, EWR- und Drittstaaten handelt, mit denen eine umfassende Amtshilfe besteht (§ 10 Abs. 5 öKStG). Können die relevanten Informationen nicht beschafft werden, so tritt eine wirtschaftliche Doppelbesteuerung ein. Im reinen Inlandsfall kommt es hingegen stets zur Vermeidung der wirtschaftlichen Doppelbesteuerung, da immer die Freistellungsmethode zur Anwendung gelangt (§ 10 Abs. 1 Ziffer 1-4 öKStG).

Die beiden verschiedenen Methoden zur Vermeidung der Doppelbesteuerung unterscheiden sich aus ökonomischer Sicht vor allem hinsichtlich ihrer **Steuerwirkungen**:

1. Im Fall der Freistellungsmethode kommt es zu einer Besteuerung auf dem Steuerniveau des Ansässigkeitsstaates der ausschüttenden Tochtergesellschaft.

---

[18] Vgl. EuGH-Urteil vom 10.02.2011, verb. Rs. C-436/08 und C-437/08, Haribo und Österreichische Salinen, Tz. 97f.; Kofler in Achatz und Kirchmayr 2011, § 10 KStG, Tz. 136; Kofler und Prechtl-Aigner 2011, S. 179; Linzner-Strasser 2011, S. 125.
[19] Vgl. Kofler in Achatz und Kirchmayr 2011, § 10 KStG, Tz. 137; Kofler und Prechtl-Aigner 2011, S. 182.
[20] Vgl. Kofler und Prechtl-Aigner 2011, S. 181.
[21] Vgl. EuGH-Urteil vom 10.02.2011, verb. Rs. C-436/08 und C-437/08, Haribo und Österreichische Salinen, Tz. 97f.; Kofler und Prechtl-Aigner 2011, S. 182.
[22] Vgl. Kofler und Prechtl-Aigner 2011, S. 182.
[23] Vgl. Schlussanträge GA Kokott vom 11.11.2010, verb. Rs. C-436/08 und C-437/08, Haribo und Österreichische Salinen, Tz. 57.

2. Im Fall der indirekten Anrechnungsmethode ohne Höchstbetrag kommt es zu einer Besteuerung auf dem Steuerniveau des Ansässigkeitsstaates der empfangenden Muttergesellschaft, so dass ausländische Steuervorteile kompensiert werden.
3. Im Fall der indirekten Anrechnungsmethode mit Höchstbetrag kommt es zu einer Besteuerung auf dem jeweils höheren Steuerniveau.

1.1.2 Abschaffung der Quellensteuer

Der Ansässigkeitsstaat der Tochtergesellschaft, die die Dividende ausschüttet, darf **keine Quellensteuer** auf Dividenden aus Inbound-Investitionen erheben (Art. 5 Mutter-Tochter-Richtlinie 2011).

Üblicherweise darf die Dividende sowohl im Land der empfangenden Muttergesellschaft (Art. 10 Abs. 1 OECD-Musterabkommen), als auch im Land der zahlenden Tochtergesellschaft besteuert werden (Art. 10 Abs. 2 OECD-Musterabkommen). In der Regel hat der Ansässigkeitsstaat der ausschüttenden Tochtergesellschaft das Recht, eine der Höhe nach begrenzte Quellensteuer auf die Dividende zu erheben und darf bei Schachtelbeteiligungen eine Quellensteuer in Höhe von maximal 5% (Art. 10 Abs. 2 Buchstabe a) OECD-Musterabkommen) und bei Portfoliobeteiligungen eine Quellensteuer in Höhe von maximal 15% (Art. 10 Abs. 2 Buchstabe b) OECD-Musterabkommen) erheben. Von **Schachteldividenden**, also Dividenden aus **Schachtelbeteiligungen**, spricht man, wenn das Beteiligungsausmaß eine bestimmte Höhe überschreitet, also die Muttergesellschaft zu einem gewissen Mindestmaß unmittelbar am Kapital der Tochtergesellschaft beteiligt ist. Im OECD-Musterabkommen liegt diese Beteiligungshöhe bei mindestens 25% (Art. 10 Abs. 2 Buchstabe a) und b) OECD-Musterabkommen). Liegt das Beteiligungsmaß darunter, so spricht man von **Portfoliodividenden**, also Dividenden aus **Portfoliobeteiligungen** oder Streubesitz.

Die Abschaffung der Quellensteuer entfaltet insbesondere ihre Wirkung, wenn die Doppelbesteuerung durch die Anwendung der Freistellungsmethode (Art. 23 A Abs. 1 OECD-Musterabkommen) vermieden werden soll: Im Fall der Freistellungsmethode würde die Quellensteuer auf die Ausschüttungen wie eine Erhöhung der Körperschaftsteuer im Ansässigkeitsstaat der Muttergesellschaft wirken, da die Quellensteuer nicht angerechnet werden würde (vgl. **Abbildung 1.4**).[24]

---

[24] Vgl. kritisch Kofler in Achatz und Kirchmayr 2011, § 10 KStG, Tz. 153.

Abbildung 1.4: Quellensteuer und Freistellungsmethode

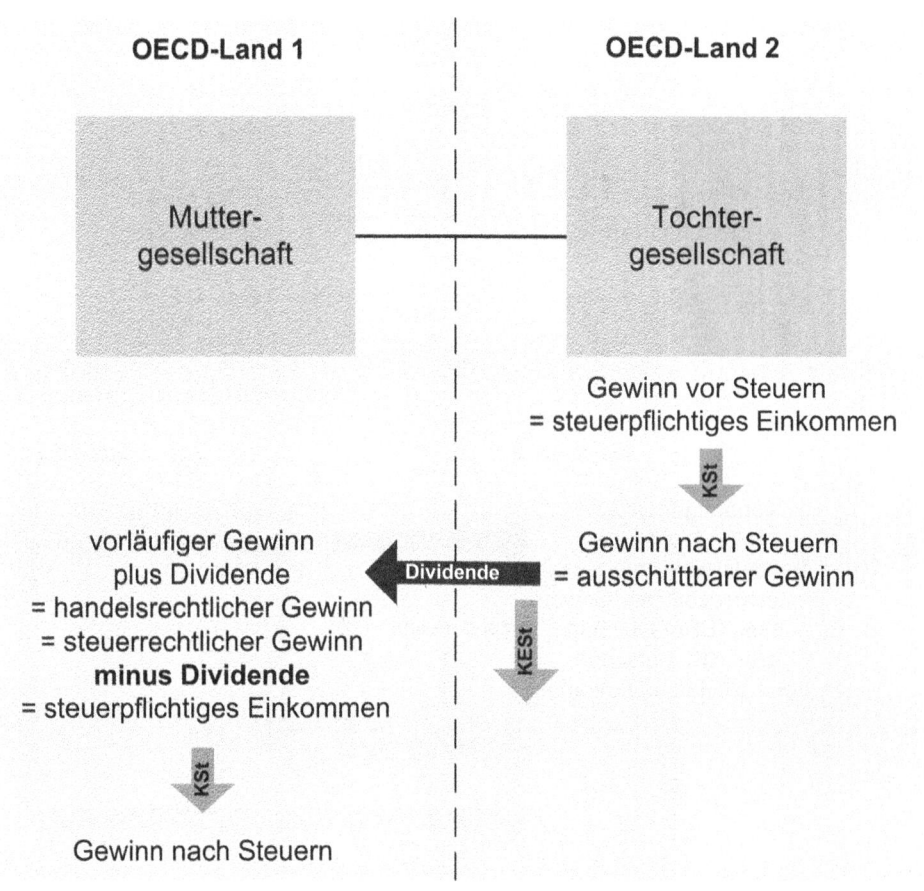

Die Ausschüttung wird in diesem Fall gegenüber der Thesaurierung diskriminiert. Aufgrund der Abschaffung der Quellensteuer besteht hinsichtlich der Quellensteuer auch bei der Freistellungsmethode eine Gleichbehandlung von Thesaurierung und Ausschüttung.

Rechnet der Staat der Muttergesellschaft hingegen die Quellensteuer (sog. direkte Anrechnung) (Art. 23 B Abs. 1 Buchstabe a) OECD-Musterabkommen) und aufgrund der Mutter-Tochter-Richtlinie auch die Körperschaftsteuer (sog. indirekte Anrechnung) an, so wird von der Körperschaftsteuer der Muttergesellschaft sowohl die anteilige Körperschaftsteuer der Tochtergesellschaft als auch die Quellensteuer, die auf die Dividendenzahlung erhoben wurde, abgezogen, soweit dem kein Anrechnungshöchstbetrag entgegen steht (vgl. **Abbildung 1.5**).

Abbildung 1.5: Indirekte und direkte Anrechnung

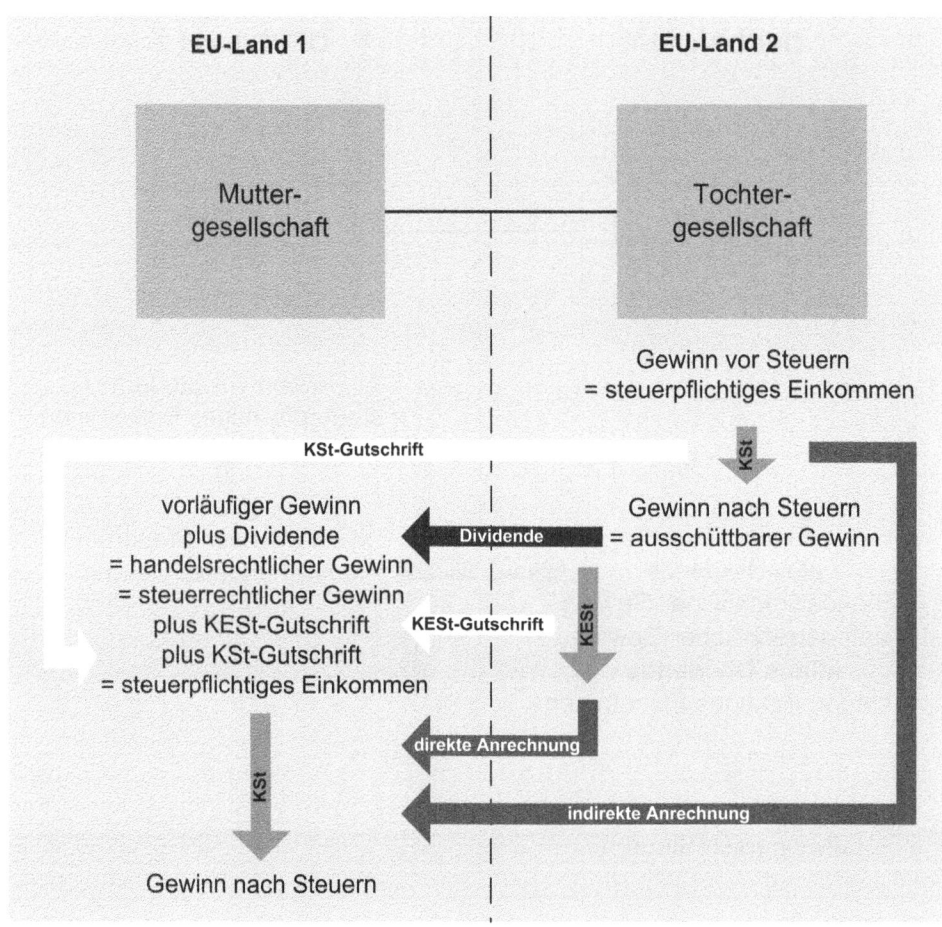

Die um die Quellensteuer verminderte Dividende, das heißt die Nettodividende, erhöht als Ertrag zunächst den handelsrechtlichen Gewinn und damit auch den steuerlichen Gewinn. Im Zuge der Ermittlung des körperschaftsteuerpflichtigen Einkommens ist nun die Kapitalertragsteuer, die auf die Dividenden erhoben wurde, als sog. Kapitalertragsteuergutschrift hinzuzurechnen. Die Kapitalertragsteuergutschrift zählt damit zum körperschaftsteuerpflichtigen Einkommen. Dies bewirkt, dass nun die Bruttodividende im körperschaftsteuerpflichtigen Einkommen enthalten ist. Im Zuge der Ermittlung des körperschaftsteuerpflichtigen Einkommens wird auch die anteilige Körperschaftsteuer, der der ausgeschüttete Gewinn bei der Tochtergesellschaft unterlag, als sog. Körperschaftsteuergutschrift hinzugerechnet. Das so erhöhte körperschaftsteuerpflichtige Einkommen wird mit dem Körperschaftsteuersatz multipliziert, um die inländische Körperschaftsteuer zu ermitteln, von der dann die anzurechnende ausländische Kapitalertragtsteuer sowie die anteilige anzurechnende ausländische Körperschaftsteuer abzuziehen ist.

Da die Quellensteuer auf die Beteiligungserträge der Muttergesellschaft eine Vorauszahlung für die Körperschaftsteuer der Muttergesellschaft darstellt, liegt eine Identität des Steuerpflichtigen vor und man spricht von **direkter Anrechnung**. Hier wird vermieden, dass die gleiche Dividende bei dem gleichen Steuerpflichtigen (hier: Muttergesellschaft) im gleichen Zeitraum sowohl der ausländischen Kapitalertragsteuer als auch der inländischen Körperschaftsteuer unterliegt und damit doppelt besteuert wird (**juristische Doppelbesteuerung**).[25] Die Schlechterstellung durch eine fehlende oder unvollständige Anrechnung der Quellensteuer ist allerdings nach europäischer Rechtsprechung dem Quellenland anzulasten.[26]

Dividenden aus Inbound-Investitionen unterliegen in **Deutschland** bei der empfangenden Muttergesellschaft der Kapitalertragsteuer (§ 2 Nr. 1 dKStG; § 49 Abs. 1 Nr. 5 dEStG; § 43 Abs. 1 Satz 1 Nr. 1 dEStG).[27] Die Kapitalertragsteuer wird mit dem vollen Satz von 25% zuzüglich des Solidaritätszuschlages erhoben (§ 43a Abs. 1 Nr. 1 dEStG),[28] auch wenn gem. Doppelbesteuerungsabkommen nur eine geringere oder gar keine Quellensteuer erhoben werden darf.[29] Allerdings ist eine Absenkung des Abzugs auf 15% zuzüglich des Solidaritätszuschlages möglich (§ 44a Abs. 9 Satz 1 dEStG).[30] Diese Absenkung erfolgt im Rahmen des Erstattungs- oder Freistellungsverfahrens nach § 50d dEStG.[31] Die Kapitalertragsteuer ist von der Tochtergesellschaft, die die Dividenden ausschüttet, auf Rechnung der Muttergesellschaft an das Finanzamt abzuführen (§ 44 Abs. 1 dEStG). Durch die Einbehaltung und Abführung gilt die Kapitalertragsteuer für den Anteilseigner als abgegolten (§ 32 Abs. 1 Nr. 2 dKStG).[32]

Die Nichterhebung der Quellensteuer gem. Art. 5 Mutter-Tochter-Richtlinie 2011 wurde in Deutschland dadurch umgesetzt, dass auf Antrag die Kapitalertragsteuer auf Dividenden aus Inbound-Investitionen nicht erhoben wird (§ 43b Abs. 1 Satz 1 dEStG).[33] Es tritt also keine automatische Abschaffung der Quellensteuer ein. Damit die Tochtergesellschaft auf den Abzug der vollen Kapitalertragsteuer verzichten kann, muss die Tochtergesellschaft vielmehr im Besitz einer **Freistellungsbescheinigung** sein, die das Bundeszentralamt für Steuern auf Antrag der Muttergesellschaft erteilt (§ 50d Abs. 2 dEStG).[34] Die Voraussetzung

---

[25] Vgl. Kofler und Tumpel in Achatz und Kirchmayr 2011, § 21 KStG, Tz. 30; Kofler 2012, S. 78, 85.
[26] Vgl. Kessler und Dietrich 2011, S. 547.
[27] Vgl. Lindberg in Blümich 2012, § 43 Rz. 60a; Fraedrich 2012, S. 565.
[28] Vgl. Lindberg in Blümich 2012, § 43a Rz. 6a.
[29] Vgl. Lindberg in Blümich 2012, § 43a Rz. 2.
[30] Vgl. Behrens 2011, S. 2915; Frey und Mückl 2011, S. 2125f.; von Brocke 2011, S. 312f.; Duttiné und Stumm 2012, S. 867; Fraedrich 2012, S. 565; Petersen 2012, S. 239; Schönfeld in Flick et al. 2012, § 50d Abs. 3 EStG, Anm. 64.
[31] Vgl. Behrens 2011, S. 2915.
[32] Vgl. Behrens 2011, S. 2915; Frey und Mückl 2011, S. 2125; Duttiné und Stumm 2012, S. 867; Fraedrich 2012, S. 565; Petersen 2012, S. 239.
[33] Vgl. Lindberg in Blümich 2012, § 43a Rz. 35; Petersen 2012, S. 239.
[34] Vgl. Micker 2010, S. 709; Lindberg in Blümich 2012, § 43b Rz. 1.

für die Erteilung des Freistellungsbescheides ist eine Bescheinigung der ausländischen Heimatbehörde der Muttergesellschaft, in der die dortige Ansässigkeit der Muttergesellschaft nachgewiesen wird (§ 50d Abs. 4 dEStG). Der Freistellungsbescheid gilt mindestens ein bis maximal drei Jahre (§ 50d Abs. 2 Satz 4 dEStG). Der Freistellungsbescheid kann unter dem Vorbehalt des Widerrufs erteilt werden und von der Erfüllung von Auflagen oder Bedingungen abhängig gemacht werden (§ 50d Abs. 2 Satz 2 dEStG). Die erforderliche Antragsstellung scheint nicht gegen die Mutter-Tochter-Richtlinie zu verstoßen.[35] Falls keine Freistellungsbescheinigung vorliegt, die die Erhebung der Kapitalertragsteuer vermieden hätte, wird die Kapitalertragsteuer auf Antrag zurückerstattet (§ 50d Abs. 1 dEStG).[36]

Die Dividenden sind abgeltend besteuert worden (**Abgeltungswirkung der Kapitalertragsteuer**), das heißt, sie sind bei der Veranlagung nicht mehr zu erfassen und die Kapitalertragsteuer wird nicht angerechnet (§ 43 Abs. 5 dEStG).[37] Ein Wahlrecht auf Veranlagung der Dividenden besteht nicht.[38]

In **Österreich** unterliegen Dividenden aus Inbound-Investitionen der Kapitalertragsteuer (§ 98 Abs. 1 Ziffer 5 Buchstabe a) öEStG i.V.m. § 21 Abs. 1 Ziffer 1 öKStG).[39] Voraussetzung ist der Abzug von Kapitalertragsteuer.[40] Entfällt die Kapitalertragsteuer, so fällt auch die beschränkte Steuerpflicht weg.[41] Die Mutter-Tochter-Richtlinie wurde in § 94 Ziffer 2 öEStG umgesetzt.[42] Dividenden werden im Rahmen einer **Befreiungserklärung** von der Kapitalertragsteuer befreit (§ 94 Ziffer 5 öEStG).[43] Die Erfüllung der Voraussetzungen für die Kapitalertragsteuerbefreiung sind nachzuweisen und zu dokumentieren.[44] Andernfalls ist die Kapitalertragsteuer einzubehalten (§ 94 Ziffer 2 öEStG i.V.m. § 4 VO KESt-Erstattung Mutter- und Tochtergesellschaften).[45] Insbesondere hat die abzugsverpflichtete Tochtergesellschaft eine zeitnahe Ansässigkeitsbescheinigung vorzulegen, in der die Steuerbehörde des Ansässigkeitsstaates der Muttergesellschaft deren Ansässigkeit in einem EU-Mitgliedstaat bescheinigt.[46]

Beteiligungserträge i.S.d. § 10 öKStG, die von einer österreichischen Körperschaft (Tochtergesellschaft) ausgeschüttet werden, sind gem. § 94 Ziffer 6 Buchstabe a) öEStG von der Kapitalertragsteuer befreit.[47] Hierzu zählen internationale Schachtelbeteiligungen (bei einer

---

[35] Vgl. EuGH-Urteil vom 03.10.2006, Rs. C-290/04, Scorpio; Micker 2010, S. 709f.; Lindberg in Blümich 2012, § 43b EStG, Rz. 14; Wied in Blümich 2012, § 50a EStG, Rz. 14.
[36] Vgl. Micker 2010, S. 709; Duttiné und Stumm 2012, S. 869.
[37] Vgl. Lindberg in Blümich 2012, § 43 EStG, Rz. 126; Werning in Blümich 2012, § 32 KStG, Rz. 1.
[38] Vgl. Duttiné und Stumm 2012, S. 870; Werning in Blümich 2012, § 32 KStG, Rz. 11a.
[39] Vgl. Marschner in Jakom 2012, § 94 EStG, Rz. 8.
[40] Vgl. Marschner in Jakom 2012, § 94 EStG, Rz. 8, 30.
[41] Vgl. Kofler und Tumpel in Achatz und Kirchmayr 2011, § 21 KStG, Tz. 172; Marschner in Jakom 2012, § 94 EStG, Rz. 30.
[42] Vgl. Stieglitz 2011a, S. 256.
[43] Vgl. Marschner 2012, S. 144.
[44] Vgl. Marschner in Jakom 2012, § 94 EStG, Rz. 20.
[45] Vgl. Marschner in Jakom 2012, § 94 EStG, Rz. 20.
[46] § 4 VO KESt-Erstattung Mutter- und Tochtergesellschaften; Marschner in Jakom 2012, § 94 EStG, Rz. 33.
[47] Vgl. Marschner in Jakom 2012, § 94 EStG, Rz. 62.

Mindestbeteiligung i.H.v. 10%) mit EU- und Drittstaaten (§ 10 Abs. 1 Ziffer 7 öKStG), Portfoliobeteiligungen aus EU-Mitgliedstaaten (§ 10 Abs. 1 Ziffer 5 öKStG) sowie Portfoliobeteiligungen aus Drittstaaten, mit denen Österreich ein umfassendes Amtshilfeabkommen geschlossen hat (§ 10 Abs. 1 Ziffer 6 öKStG).[48] Der Methodenwechsel der § 10 Abs. 4 und 5 öKStG kann jedoch zu einer Körperschaftsteuerpflicht und damit auch zu einem Abzug von Kapitalertragsteuer führen.[49]

Die Entlastung von der Quellensteuer kann aus Gründen der **Kapitalverkehrsfreiheit** über den Regelungsinhalt der Mutter-Tochter-Richtlinie auch bei Portfoliodividenden geboten sein.[50] Betroffen ist der Fall, dass eine Kapitalertragsteuer auf eine Dividende erhoben wird, die eine inländische Tochtergesellschaft an ihre inländische Muttergesellschaft zahlt, und diese Kapitalertragssteuer bei der inländischen Muttergesellschaft angerechnet oder dieser erstattet wird, aber im grenzüberschreitenden Fall der Ansässigkeitsstaat der Muttergesellschaft z.B. die Freistellungsmethode oder die indirekte Anrechnungsmethode mit einem nicht ausreichend hohem Anrechnungshöchstbetrag anwendet, weil im Empfängerstaat der Dividende der Steuersatz oder die Bemessungsgrundlage niedriger sind, oder die Muttergesellschaft einen Verlust aufweist, so dass die indirekte Anrechnung fehlschlägt.[51]

Sowohl in **Deutschland** (§ 31 Abs. 1 Satz 1 dKStG i.V.m. § 36 Abs. 2 Nr. 2 dEStG i.V.m. § 36 Abs. 4 Satz 2 dEStG)[52] als auch in **Österreich**[53] wird im reinen Inlandsfall die Kapitalertragsteuer, die auf Ebene der Tochterkapitalgesellschaft auf die Dividende erhoben wurde, auf die Körperschaftsteuer der Muttergesellschaft angerechnet (direkte Anrechnung) und z.B. im Verlustfall erstattet (vgl. **Abbildung 1.6**).

---

[48] Vgl. Marschner in Jakom 2012, § 94 EStG, Rz. 62.
[49] Vgl. Marschner in Jakom 2012, § 94 EStG, Rz. 62.
[50] Vgl. EuGH-Urteil vom 20.10.2011, Rs. C-284/09, Kommission/Deutschland; Behrens 2011, S. 2915ff.; Frey und Mückl 2011, S. 2125f.; Kessler und Dietrich 2011, S. 2132; Fraedrich 2012, S. 566; Grieser und Faller 2012, S. 1296; Marschner in Jakom 2012, § 94 EStG, Rz. 9.
[51] Vgl. Loukota 2011, S. 288ff.; Loukota 2012, S. 309.
[52] Vgl. Behrens 2011, S. 2915; Duttiné und Stumm 2012, S. 867; Fraedrich 2012, S. 565.
[53] Vgl. Kofler und Marschner 2011, S. 289; Jerabek und Rittsteuer 2012, S. 132.

Abbildung 1.6: Freistellungsmethode und direkte Anrechnung im Inlandsfall

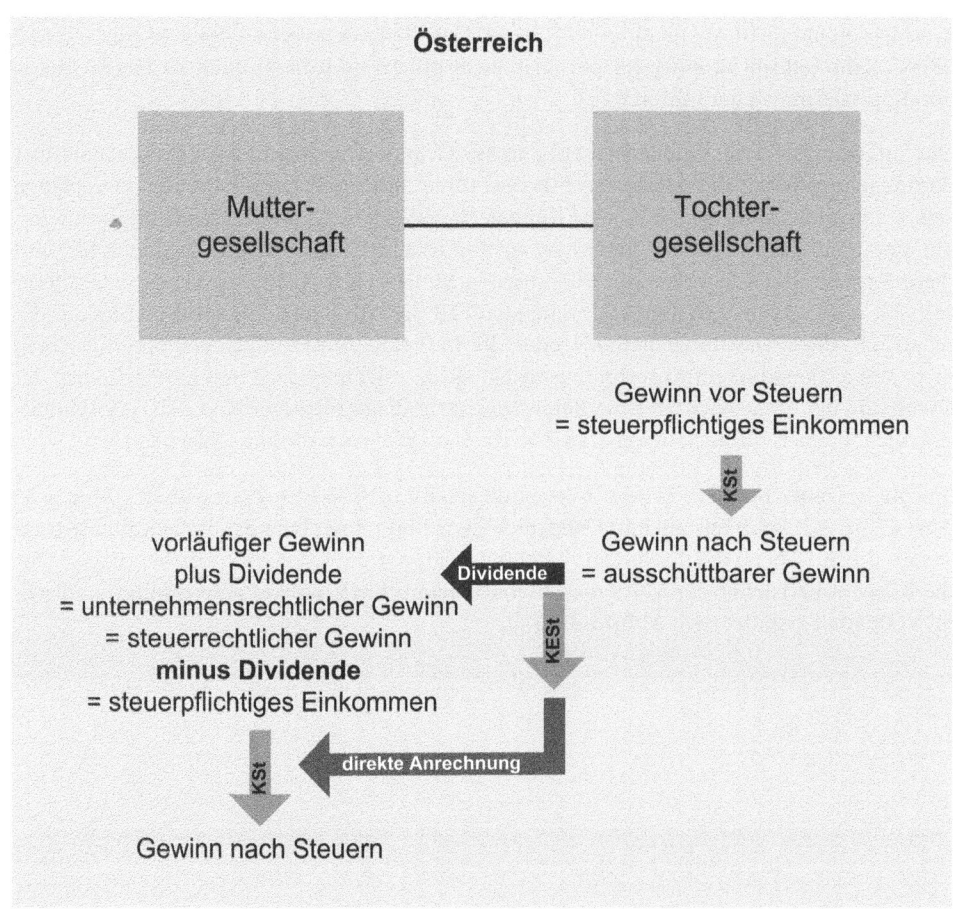

Der EuGH untersagt jedoch in ständiger Rechtsprechung dem Ansässigkeitsstaat der ausschüttenden Gesellschaft eine ungünstigere Besteuerung der Ausschüttung als im reinen Inlandsfall.[54]

Österreich erstattet daher auf Antrag die österreichische Kapitalertragsteuer auf Dividenden aus Inbound-Investitionen an eine beschränkt steuerpflichtige ausländische Kapitalgesellschaft (**antragsgebundene Rückzahlungsmöglichkeit**), die ihren Sitz in einem Mitgliedstaat der Europäischen Union oder des Europäischen Wirtschaftsraumes hat, mit dem eine umfassende Amts- und Vollstreckungshilfe besteht, soweit die Kapitalertrag-

---

[54] Vgl. Kessler und Dietrich 2011, S. 2132.

steuer nicht ganz oder teilweise angerechnet werden kann (§ 21 Abs. 1a öKStG).[55] Die erstattete Kapitalertragsteuer erhöht den handelsrechtlichen Gewinn der Muttergesellschaft und damit den steuerrechtlichen Gewinn. **Abbildung 1.7** stellt dies unter der Annahme dar, dass die Kapitalertragsteuer in dem Wirtschaftsjahr erstattet wird, in dem auch die Portfoliodividende empfangen wird, und dass der andere EU-Mitgliedstaat, wie z.B. auch Österreich, die Portfoliodividenden von der Besteuerung freistellt.

Abbildung 1.7: Freistellungsmethode und KESt-Erstattung bei grenzüberschreitenden Dividenden im Verlustfall

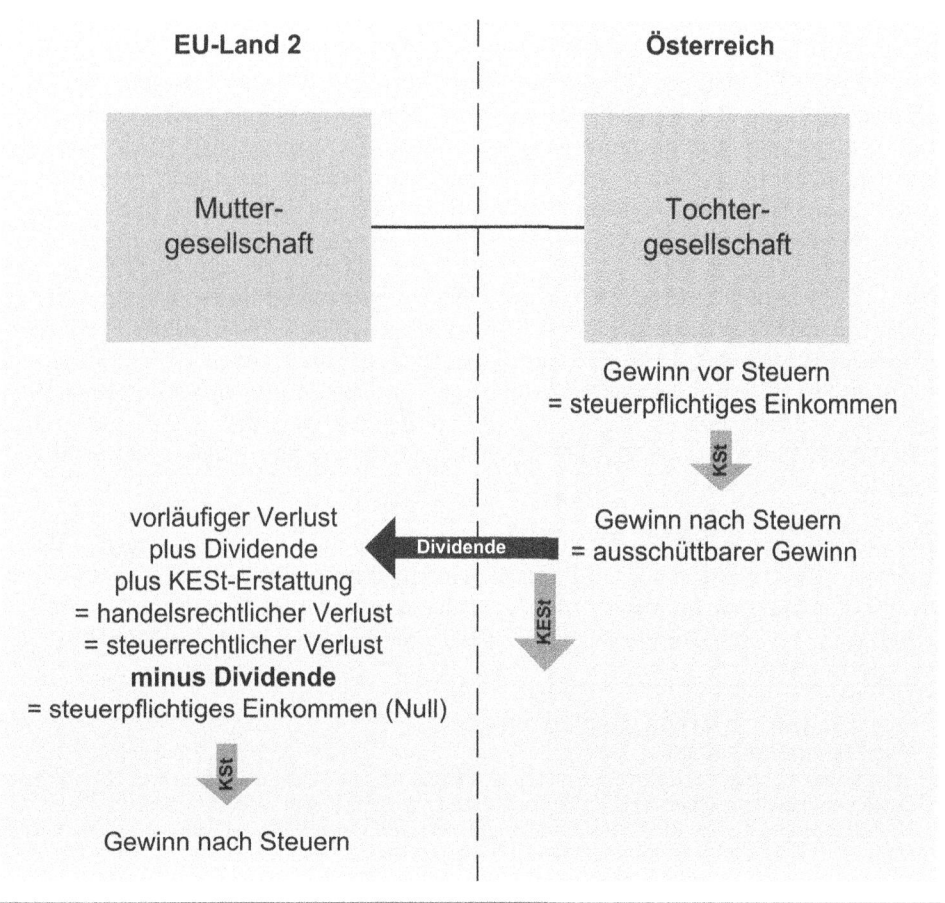

---

[55] Vgl. Kofler und Marschner 2011, S. 290; Kofler und Tumpel in Achatz und Kirchmayr 2011, § 21 KStG, Tz. 49, 156ff.; Loukota 2011, S. 277f.; Marschner in Jakom 2012, § 94 EStG, Rz. 41.

Bei einer nur teilweisen Anrechnung, aufgrund z.B. eines Anrechnungshöchstbetrags, wird nur derjenige Teil der Kapitalertragsteuer erstattet, der nicht angerechnet wird (Teilneutralisierung).[56]

Das nationale **Erstattungsverfahren** ist in Österreich dem DBA-rechtlichen Anrechnungsverfahren nachgeschaltet.[57] Die österreichische Forderung der Vollstreckungshilfe ist allerdings zu restriktiv,[58] da die Amtshilferichtlinie oder die große Informationsklausel des Art. 26 Abs. 5 OECD-Musterabkommen ausreichen.[59] Gegenüber EU-Mitgliedsstaaten besteht die geforderte Vollstreckungshilfe jedenfalls aufgrund der Amtshilferichtlinie und der Beitreibungsrichtlinie.[60]

In **Deutschland** dürfte das Verbot der Veranlagung und der daraus folgenden mangelnden Erstattung, die sich aus der Abgeltungswirkung der Kapitalertragsteuer ergibt (§ 32 Abs. 1 Nr. 2 dKStG), europarechtswidrig sein.[61] Hinsichtlich der Rückerstattung gemeinschaftswidriger Quellensteuern werden in der Literatur als mögliche Verfahren die Durchführung einer Veranlagung[62] oder die Einleitung eines Erstattungsverfahrens diskutiert.[63] Eine Neuregelung in Form des österreichischen Erstattungsverfahrens bietet sich aufgrund der Vergleichbarkeit der Steuersysteme an.[64] Auch der BFH hat sich für das Erstattungsverfahren anstelle eines Verzichts auf den Abzug der Kapitalertragsteuer entschieden.[65]

Statt die benachteiligten ausländischen Dividendenempfänger den bevorzugten inländischen gleichzustellen, stellt der Gesetzgeber jedoch die inländischen Streubesitzdividenden schlechter.[66] Es wurde nicht eine Erstattungsmöglichkeit der Kapitalertragsteuer für Streubesitzdividenden im Inlands- und im Inbound-Fall eingeführt, sondern in § 8b Abs. 4 dKStG n.F. die Aufhebung der Freistellung von Portfoliodividenden (10% Mindestbeteiligung) im Inlands- und im Outbound-Fall von der Körperschaftsteuer vorsehen.[67]

Die Mutter-Tochter-Richtlinie berührt nicht die Anwendung von Bestimmungen, die in nationalen Steuergesetzen oder in Doppelbesteuerungsabkommen festgelegt sind und die die Beseitigung oder Minderung der Doppelbesteuerung von Dividenden bezwecken (Art. 7 Abs. 2 Mutter-Tochter-Richtlinie 2011). Dies bedeutet, dass das **Verhältnis** der

---

[56] Vgl. kritisch Kofler und Marschner 2011, S. 293f., 298.
[57] Vgl. Fraedrich 2012, S. 570.
[58] Vgl. Kofler in Achatz und Kirchmayr 2011, § 10 KStG, Tz. 140; Kofler und Marschner 2011, S. 296f.; Kofler und Prechtl-Aigner 2011, S. 179; Loukota 2011, S. 282f.; Fraedrich 2012, S. 570f.
[59] Vgl. EuGH-Urteil vom 10.02.2011, C-437-08, Haribo und Österreichische Salinen, Tz. 73; Kessler und Dietrich 2011, S. 2134; Kofler und Prechtl-Aigner 2011, S. 179; Loukota 2011, S. 282, 284.
[60] Vgl. Kofler in Achatz und Kirchmayr 2011, § 10 KStG, Tz. 165.
[61] Vgl. Duttiné und Stumm 2012, S. 870; Grieser und Faller 2012, S. 1297; Nacke 2012, S. 2123.
[62] Vgl. Behrens 2011, S. 2915.
[63] Vgl. Schönhaus und Broeckmann 2012, S. 624.
[64] Vgl. Fraedrich 2012, S. 569, 571.
[65] Vgl. Grieser und Faller 2012, S. 1298f.; Schönhaus und Broeckmann 2012, S. 626.
[66] Vgl. Micker 2012, S. 14.
[67] Vgl. Bundesrat 2012, S. 71, 76; Micker 2012, S. 14; Nacke 2012, S. 2123; Ohne Verfasser 2012a, S. 14; von Brocke 2012, S. 885; Bundesrat 2013, S. 1.

Mutter-Tochter-Richtlinie **zu den nationalstaatlichen Regelungen** oder zu den einzelnen **Doppelbesteuerungsabkommen** so ausgestaltet ist, dass die jeweils günstigere Vorschrift zur Anwendung kommt.[68]

Der **Begriff der Quellensteuer** der Mutter-Tochter-Richtlinie bezieht sich nicht nur auf die Kapitalertragsteuer, sondern betrifft jede Besteuerung in Form einer Quellensteuer auf die von den genannten Tochtergesellschaften ausgeschütteten Dividenden, unabhängig von ihrer Natur oder Bezeichnung.[69] Als Quellensteuer gilt auch eine Steuerzahlung, die dadurch entsteht, dass bei der Ausschüttung von Gewinnen durch eine Tochtergesellschaft an ihre Muttergesellschaft für die Bestimmung der steuerbaren Gewinne der Tochtergesellschaft deren gesamter Reingewinn einschließlich der Einkünfte, die einer besonderen, zum Erlöschen der Steuerschuld führenden Besteuerung unterliegen, sowie deren nichtsteuerbare Einkünfte berücksichtigt werden, obwohl diese beiden Arten von Einkünften nach nationalem Recht nicht besteuert würden, wenn sie bei der Tochtergesellschaft verblieben und nicht an die Muttergesellschaft ausgeschüttet würden.[70]

1.1.3 Begünstigte Gewinne

Zu den nach der Mutter-Tochter-Richtlinie **begünstigten Gewinnen** zählen Ausschüttungen aufgrund ordentlicher Gewinnverteilungsbeschlüsse (Dividenden), verdeckte Gewinnausschüttungen und Ausschüttungen aufgrund von Kapitalherabsetzungen.[71]

Auch **verdeckte Gewinnausschüttungen** sind von der Richtlinie begünstigt.[72] Eine verdeckte Gewinnausschüttung ist eine Vermögensminderung bzw. verhinderte Vermögensmehrung bei einer Tochterkapitalgesellschaft, die durch Zuwendung von Vorteilen der Tochtergesellschaft an ihre Muttergesellschaft oder einer der Muttergesellschaft nahestehenden Gesellschaft oder Person entsteht (**Korrespondenzprinzip**) und die außerhalb der gesellschaftsrechtlichen Gewinnverteilung erfolgt (**Trennungstheorie**).[73] Eine **Vermögensminderung** liegt z.B. vor, wenn die Tochtergesellschaft einen Kredit bei der Muttergesellschaft aufnimmt und dafür überhöhte Zinsen an die Muttergesellschaft zahlen muss. Eine **verhinderte Vermögensmehrung** entsteht z.B., wenn die Tochtergesellschaft der Muttergesellschaft einen Kredit gibt und die Muttergesellschaft dafür zu niedrige Zinsen zahlt.

Die Vermögensminderung bzw. verhinderte Vermögensmehrung muss ihre **Ursache im Gesellschaftsverhältnis** haben[74] und sich auf die Höhe des **Unterschiedsbetrages** des

---

[68] Vgl. Tischbirek in Vogel und Lehner 2008, Art. 10 OECD-MA, Rn. 176; Micker 2010, S. 707.
[69] Vgl. EuGH-Urteil vom 08.06.2000, Rs. C-375/98, Epson Europe; Micker 2010, S. 707f.
[70] Vgl. EuGH-Urteil vom 04.10.2001, Rs. C-294/99, Athinaïki Zythopoiia AE/Elliniko Dimosio; Tischbirek in Vogel und Lehner 2008, Art. 10 OECD-MA, Rn. 174.
[71] Zum Problem der Abgrenzung der begünstigten Gewinne vgl. Sapusek 1996, S. 933ff.; Tumpel 1993, S. 266ff.; Helminen 2000, S. 161ff.
[72] Vgl. Stieglitz 2011a, S. 268.
[73] Vgl. Schulte in Erle und Sauter 2010, § 8 Rn. 73ff., 141ff.
[74] Vgl. Schulte in Erle und Sauter 2010, § 8 Rn. 141, 146.

Steuerbilanzgewinns der Tochterkapitalgesellschaft auswirken, in dem der Steuerbilanzgewinn ohne Aufdeckung der verdeckten Gewinnausschüttung mit dem Steuerbilanzgewinn mit Aufdeckung der verdeckten Gewinnausschüttung verglichen wird.[75] Eine Zuwendung an die Muttergesellschaft ist durch das Gesellschaftsverhältnis verursacht, wenn eine ordentliche und gewissenhafte Geschäftsleitung den Vermögensvorteil einer anderen Gesellschaft, die nicht Gesellschafter der Kapitalgesellschaft ist, unter ansonsten gleichen Umständen nicht gewährt hätte (**Fremdvergleichsgrundsatz**).[76]

Bei der verdeckten Gewinnausschüttung aufgrund z.B. der Nichtbeachtung der OECD-Verrechnungspreisgrundsätze[77] erhebt allerdings z.B. **Österreich** zunächst eine Kapitalertragsteuer auf Dividenden aus Inbound-Investitionen, die anschließend erstattet wird, damit die ausländische Steuerbehörde des Ansässigkeitsstaates der Muttergesellschaft den Sachverhalt fremdüblich beurteilen kann (§ 94 Ziffer 2 öEStG i.V.m. § 3 VO KESt-Erstattung Mutter- und Tochtergesellschaften).[78] Diese Regelung ist möglicherweise nicht mit der Mutter-Tochter-Richtlinie vereinbar.[79] In **Deutschland** gelten für verdeckte Gewinnausschüttungen die gleichen Regelungen wie für ordentliche Gewinnausschüttungen.

Berücksichtigt werden auch Ausschüttungen anlässlich einer **Kapitalherabsetzung**. Bei der Kapitalherabsetzung wird nicht benötigtes Eigenkapital einer Kapitalgesellschaft an ihre Anteilseigner verteilt. Man spricht auch von einer effektiven Kapitalherabsetzung, weil mit der Kapitalherabsetzung eine Ausschüttung liquider Mittel an die Aktionäre bzw. Gesellschafter verbunden ist. Umgesetzt wird die Kapitalherabsetzung bei z.B. Aktiengesellschaften durch eine Zusammenlegung von Stückaktien (z.B. im Verhältnis 10:1, das heißt aus 10 alten Stückaktien wird 1 neue Stückaktie), eine Herabsetzung des Nennbetrages von Nennwertaktien (z.B. im Verhältnis 10:1, das heißt eine Aktie mit einem Nennbetrag von 100 weist anschließend einen Nennwert von 10 auf) oder durch den Rückkauf eigener Aktien.

Deutschland stellt Bezüge aus Kapitalherabsetzungen ausdrücklich von der Besteuerung frei (Freistellungsmethode) (§ 8b Abs. 2 Satz 3 dKStG). Bezüge aus Kapitalherabsetzungen sind jedoch nicht von der Kapitalertragsteuer befreit.[80]

In **Österreich** stellt die offene Herabsetzung des Nennkapitals einer Kapitalgesellschaft eine Einlagenrückzahlung dar.[81] Eine Einlagenrückzahlung von Kapitalgesellschaften gilt als Veräußerung (eines Teils) einer Beteiligung (§ 4 Abs. 12 öEStG).[82] Soweit die Einlagenrück-

---

[75] Vgl. Schulte in Erle und Sauter 2010, § 8 Rn. 142, 154.
[76] Vgl. Schulte in Erle und Sauter 2010, § 8 Rn. 141, 177.
[77] Vgl. OECD-Verrechnungspreisrichtlinien 2010.
[78] Vgl. Kofler und Tumpel in Achatz und Kirchmayr 2011, § 21 KStG, Tz. 172, 191, 208f.; Jerabek und Rittsteuer 2012, S. 134; Marschner in Jakom 2012, § 94 EStG, Rz. 24f.
[79] Vgl. Kofler und Tumpel in Achatz und Kirchmayr 2011, § 21 KStG, Tz. 210.
[80] Vgl. Lindberg in Blümich 2012, § 43b Rz. 12a.
[81] Vgl. Kirchmayr in Achatz und Kirchmayr 2011, § 10 KStG, Tz. 100; Zorn in Hofstätter und Reichel 2012, § 4 Abs. 12 EStG, Tz. 1.
[82] Vgl. Haslinger in Lang et al. 2009, § 10 KStG, Rz. 127; Kirchmayr in Achatz und Kirchmayr 2011, § 10 KStG, Tz. 89ff.; Zorn in Hofstätter und Reichel 2012, § 4 Abs. 12 EStG, Tz. 1.

zahlungen den Buchwert der Beteiligung nicht übersteigen, liegt eine steuerneutrale Minderung der Anschaffungskosten und damit eine Abstockung des Buchwertes der Beteiligung vor.[83] Der übersteigende Betrag hingegen stellt einen Veräußerungsgewinn dar.[84] Veräußerungsgewinne aus internationalen Schachtelbeteiligungen (Mindestbeteiligung 10%) werden im Grundmodell von der Besteuerung freigestellt (Freistellungsmethode) (§ 10 Abs. 3 Satz 1 öKStG).[85] Eine Kapitalrückzahlung ist keine Gewinnausschüttung und unterliegt damit nicht der Kapitalertragsteuer.[86] Bezüge aus Kapitalherabsetzungen unterliegen nur innerhalb einer 10-jährigen Sperrfrist der Kapitalertragsteuer (§ 32 Ziffer 3 öEStG).[87]

Nicht berücksichtigt werden Ausschüttungen anlässlich der **Liquidation**. Bei der Freistellung bzw. indirekten Anrechnung im Staat der Muttergesellschaft werden die Ausschüttungen, die anlässlich der Liquidation zufließen, ausdrücklich aus dem Anwendungsbereich der Richtlinie ausgenommen (Art. 4 Abs. 1 Mutter-Tochter-Richtlinie 2011). In der Vorschrift bezüglich der Quellensteuer (Art. 5 Mutter-Tochter-Richtlinie 2011) unterscheidet die Mutter-Tochter-Richtlinie dagegen nicht zwischen liquidationsbedingten und nicht liquidationsbedingten Ausschüttungen. Dementsprechend darf keine Quellensteuer auf die Ausschüttungen, die anlässlich der Liquidation zufließen, erhoben werden.[88] Die Regelung des Art. 4 Abs. 1 Mutter-Tochter-Richtlinie 2011 könnte jedoch als speziellere Vorschrift angesehen werden, da sie explizit Gewinnausschüttungen anlässlich der Liquidation anspricht. Nach dieser Interpretation würde die Erhebung einer Quellensteuer auf Gewinnausschüttungen anlässlich der Liquidation nicht gegen die Mutter-Tochter-Richtlinie verstoßen.[89]

DBA-rechtlich ist ein Liquidationsgewinn entweder vollständig als Veräußerungsgewinn oder als Ausschüttung zu qualifizieren bzw. eine Aufteilung zwischen beiden Kategorien vorzunehmen. Liquidationsgewinne, die als **Veräußerungsgewinne** aus Beteiligungen an Kapitalgesellschaften, die im Betriebsvermögen gehalten werden, zu qualifizieren sind, werden im OECD-Musterabkommen nicht ausdrücklich angesprochen, so dass sie gemäß der speziellen Auffangklausel des Art. 13 Abs. 5 OECD-Musterabkommen ausnahmslos im Ansässigkeitsstaat der veräußernden Gesellschaft besteuert werden dürfen (Art. 13 Abs. 5 OECD-Musterabkommen). Der Quellenstaat hat nicht einmal ein begrenztes Quellensteuerrecht (Art. 13 Abs. 5 OECD-Musterabkommen). Eine Unterscheidung zwischen Schachtel- und Portfoliobeteiligungen besteht nicht. Die meisten Doppelbesteuerungsabkommen, wie

---

[83] Vgl. Kirchmayr in Achatz und Kirchmayr 2011, § 10 KStG, Tz. 90; Zorn in Hofstätter und Reichel 2012, § 4 Abs. 12 EStG, Tz. 2.
[84] Vgl. Kirchmayr in Achatz und Kirchmayr 2011, § 10 KStG, Tz. 90; Zorn in Hofstätter und Reichel 2012, § 4 Abs. 12 EStG, Tz. 2.2.
[85] Vgl. Kofler in Achatz und Kirchmayr 2011, § 10 KStG, Tz. 161, 224ff.
[86] Vgl. Kirchmayr in Achatz und Kirchmayr 2011, § 10 KStG, Tz. 94; Zorn in Hofstätter und Reichel 2012, § 4 Abs. 12 EStG, Tz. 2.2.
[87] Vgl. Kofler und Tumpel in Achatz und Kirchmayr 2011, § 21 KStG, Tz. 97; Marschner in Jakom 2012, § 93 EStG, Rz. 12.
[88] Vgl. Tischbirek in Vogel und Lehner 2008, Art. 10 OECD-MA, Rn. 174; kritisch Kofler und Tumpel in Achatz und Kirchmayr 2011, § 21 KStG, Tz. 191.
[89] Vgl. Micker 2010, S. 709; Weber-Grellet in Schmidt 2012, § 43b, Rz. 7; Wied in Blümich 2012, § 43b EStG, Rz. 12a.

z.B. Art. 13 Abs. 5 DBA Deutschland-Österreich, folgen dieser Regelung des OECD-Musterabkommens. Diejenigen Liquidationsgewinne, die als ausgeschüttete Kapitalerträge zu qualifizieren sind, fallen unter die Regelungen für Dividenden, nach denen der Quellenstaat eine der Höhe nach beschränkte Quellensteuer erheben darf (Art. 10 Abs. 2 OECD-Musterabkommen).

Deutschland stellt auch Kapitalerträge, die anlässlich einer Liquidation zufließen, ausdrücklich von der Besteuerung frei (Freistellungsmethode) (§ 8b Abs. 2 Satz 3 dKStG). Kapitalerträge, die anlässlich einer Liquidation zufließen, hat Deutschland explizit von der Nichterhebung der Kapitalertragsteuer ausgenommen (§ 43b Abs. 1 Satz 4 dEStG), so dass Kapitalertragsteuer anfällt.

Österreich behandelt die Kapitalerträge, die anlässlich einer Liquidation fließen, wie andere Kapitalerträge und stellt sie innerhalb der Europäischen Uniondaher von der Besteuerung frei (Freistellungsmethode) (§ 10 Abs. 1 Ziffer 5 und 7 öKStG). Zu diesen nach § 10 öKStG steuerbefreiten Kapitalerträgen zählen lediglich Gewinnverteilungen von Erträgen aus Perioden vor dem Liquidationszeitraum, auch wenn die Ausschüttung nach Eröffnung des Liquidationsverfahrens erfolgt.[90] Veräußerungsgewinne hingegen, die anläßlich einer Liquidation zufließen, stellen Substanzgewinne dar, die nicht unter die Befreiung der Beteiligungserträge nach § 10 öKStG fallen.[91] Veräußerungsgewinne aus internationalen Schachtelbeteiligungen (Mindestbeteiligung 10%) werden im Grundmodell von der Besteuerung freigestellt (§ 10 Abs. 3 Satz 1 öKStG).[92] Kapitalerträge, die anlässlich einer Liquidation zufließen, hat Österreich nach herrschender Ansicht von der Nichterhebung der Kapitalertragsteuer ausgenommen (§ 94 Ziffer 2 öEStG),[93] so dass Kapitalertragsteuer anfällt.

Die **Kosten der Beteiligung** (z.B. Verwaltungskosten, Beratungskosten, Finanzierungskosten) und ausschüttungsbedingte Minderwerte (ausschüttungsbedingte Teilwertabschreibungen) können von der steuermindernden Geltendmachung bei der Muttergesellschaft ausgeschlossen werden (Art. 4 Abs. 3 Mutter-Tochter-Richtlinie 2011). Typischerweise dürfen Betriebsausgaben, die z.B. aufgrund der Freistellungsmethode in einem unmittelbaren wirtschaftlichen Zusammenhang mit steuerfreien Dividenden stehen, nicht das steuerpflichtige Einkommen mindern, da die damit erzielten Erträge das steuerpflichtige Einkommen auch nicht erhöhen (sog. **Korrespondenzprinzip**).

Um dieses Ziel zu erreichen, müssen die Betriebsausgaben, die als Aufwand bereits in der Handels- und Steuerbilanz berücksichtigt wurden und daher den steuerbilanziellen Gewinn gemindert haben, dem Steuerbilanzgewinn im Zuge der Ermittlung des körperschaftsteuerpflichtigen Einkommens wieder hinzugerechnet werden (vgl. **Abbildung 1.8**).

---

[90] Vgl. Kirchmayr in Achatz und Kirchmayr 2011, § 10 KStG, Tz. 42.
[91] Vgl. Kirchmayr in Achatz und Kirchmayr 2011, § 10 KStG, Tz. 42; Kofler in Achatz und Kirchmayr 2011, § 10 KStG, Tz. 161.
[92] Vgl. Kofler in Achatz und Kirchmayr 2011, § 10 KStG, Tz. 161, 224ff.
[93] Vgl. Kofler und Tumpel in Achatz und Kirchmayr 2011, § 21 KStG, Tz. 191.

Abbildung 1.8: Berücksichtigung von tatsächlichen Beteiligungsaufwendungen und Freistellungsmethode

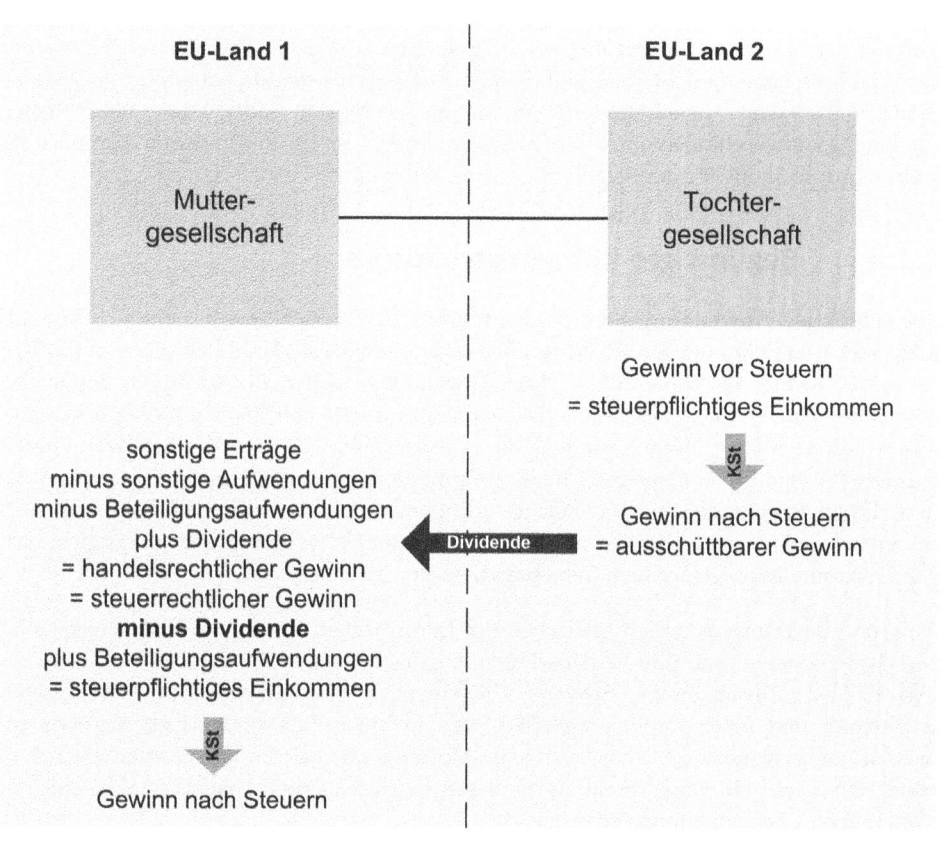

Die Nichtabzugsfähigkeit tatsächlicher Beteiligungsaufwendungen im Rahmen der Freistellungsmethode wurde z.B. in **Österreich** umgesetzt, indem ein grundsätzliches Verbot des Abzuges von Aufwendungen besteht, die in unmittelbarem wirtschaftlichen Zusammenhang mit steuerfreien Einnahmen stehen (§ 12 Abs. 2 öKStG),[94] und ein spezielles Verbot für ausschüttungsbedingte Teilwertabschreibung vorgesehen ist (§ 12 Abs. 3 Ziffer 1 öKStG).[95] Von dem Korrespondenzprinzip besteht eine Ausnahme hinsichtlich der Fremdkapitalzinsen für den Erwerb von Beteiligungen, die Betriebsvermögen darstellen, da diese aus wirtschaftspolitischen Gründen als Betriebsausgaben abzugsfähig sind (§ 11 Abs. 1 Ziffer 4 öKStG).[96]

---

[94] Vgl. Kirchmayr in Achatz und Kirchmayr 2011, § 10 KStG, Tz. 17; Volpini de Maestri 2011, S. 154f.
[95] Vgl. Kirchmayr in Achatz und Kirchmayr 2011, § 10 KStG, Tz. 20; Volpini de Maestri 2011, S. 159f.
[96] Vgl. Kirchmayr in Achatz und Kirchmayr 2011, § 10 KStG, Tz. 18; Volpini de Maestri 2011, S. 156f.

Werden die mit der Beteiligung verbundenen Verwaltungskosten **pauschal** festgesetzt, so darf der Pauschbetrag maximal 5% der von der Tochtergesellschaft ausgeschütteten Gewinne betragen (Art. 4 Abs. 3 Mutter-Tochter-Richtlinie 2011). Diese Lösung der pauschalen Festsetzung der Beteiligungsaufwendungen im Rahmen der Freistellungsmethode hat z.B. **Deutschland** umgesetzt (§ 8b Abs. 5 dKStG). Die Hinzurechnung der pauschal berechneten, nicht abzugsfähigen Beteiligungsaufwendunden erfolgt auch dann, wenn gar keine Beteiligungsaufwendunden vorliegen oder die tatsächlichen Beteiligungsaufwendunden unter der Pauschale liegen.[97] Im Ergebnis werden damit bei der Freistellungsmethode 5% der Beteiligungserträge besteuert.[98]

1.1.4 Begünstigte Konzernstrukturen

Der **subjektive Anwendungsbereich** der Mutter-Tochter-Richtlinie bezieht sich nur auf **Körperschaften**, die in einem **EU-Mitgliedstaat** ansässig sind (Art. 2 Buchstabe a) römisch ii) Mutter-Tochter-Richtlinie 2011).[99] Der Anwendungsbereich der Richtlinie dehnt sich über Unternehmen, die in den Mitgliedstaaten der Europäischen Union ansässig sind, möglicherweise auch auf Unternehmen aus, die in den Staaten des **Europäischen Wirtschaftsraumes** (EWR), das heißt Island, Lichtenstein und Norwegen, ansässig sind. Zwar sind die steuerlichen Regelungen des EU-Rechtes nicht ausdrücklich in den EWR-Vertrag aufgenommen, jedoch gelten die Grundfreiheiten auch im EWR-Vertrag und untersagen auch dort Diskriminierungen auf dem Gebiet des Steuerrechts.[100]

Aufgrund des Zinsabkommens zwischen der Europäischen Union und der Schweiz sind auch Unternehmen (und ihre Betriebsstätten) begünstigt, die in der **Schweiz** ansässig sind (Art. 15 Abs. 1 Zinsabkommen Schweiz).[101] Dividenden zwischen einer Schweizer Kapitalgesellschaft und einer Kapitalgesellschaft, die in einen EU-Mitgliedstaat ansässig ist, müssen quellensteuerfrei bleiben, wenn die Muttergesellschaft an der Tochtergesellschaft mindestens zwei Jahre lang direkt zu mindestens 25% am Gesellschaftskapital beteiligt ist (Art. 15 Abs. 1 Zinsabkommen Schweiz).

Zudem muss die Körperschaft ohne Wahlmöglichkeit einer im Anhang I Teil B aufgeführten Körperschaftsteuer unterliegen (**subject-to-tax clause**), ohne von ihr befreit zu sein (Art. 2 Buchstabe a) römisch i) Mutter-Tochter-Richtlinie 2011).[102] Die Erbringung eines solchen Nachweises kann insbesondere für Minderheitsbeteiligte schwierig werden, falls das nationale Recht auf die tatsächlich im Ausland entrichtete Steuer und nicht auf den

---

[97] Vgl. von Brocke 2011, S. 318.
[98] Vgl. Müller-Dott in Flick et al. 2012, § 26 KStG, Anm. 62.9.
[99] Zu doppelt-ansässigen Gesellschaften vgl. Kofler und Tumpel in Achatz und Kirchmayr 2011, § 21 KStG, Tz. 182.
[100] Vgl. Hummer in Dauses 2012, K.III, Rn. 117f.
[101] Vgl. Tischbirek in Vogel und Lehner 2008, Art. 10 OECD-MA, Rn. 177; Micker 2010, S. 707; Kofler und Tumpel in Achatz und Kirchmayr 2011, § 21 KStG, Tz. 167.
[102] Bezüglich Betriebsstätten vgl. Kofler und Kofler 2008, S. 62ff.

nominellen Steuersatz abstellt oder das Fehlen einer sachlichen oder persönlichen Steuerbefreiung nachgewiesen und nicht nur glaubhaft gemacht werden muss.[103]

Zudem führt die Voraussetzung, dass die Gesellschaft „der Steuer unterliegt" zu Auslegungsproblemen.[104] **Deutschland** stellt darauf ab, ob die Gesellschaft aufgrund bestimmter Privilegien steuerbefreit ist, während die tatsächliche Nichtbesteuerung aufgrund z.B. eines Verlustes oder eines Verlustabzuges unschädlich ist.[105] Auch **Österreich** stellt darauf ab, dass die Muttergesellschaft grundsätzlich der Steuerpflicht unterliegt, nicht aber ob sie tatsächlich Steuern zahlt, so dass es nicht schädlich ist, wenn sie keine Steuern zahlt, weil sie z.B. Verluste erzielt oder als Organgesellschaft zu einem Organkreis zählt.[106]

Die Körperschaft muss zudem eine **Rechtsform** aufweisen, die explizit im Anhang I Teil A der Richtlinie aufgeführt ist (Art. 2 Buchstabe a) Mutter-Tochter-Richtlinie 2011). Hierdurch wurde der Anwendungsbereich enger als notwendig gezogen, so dass der Anhang inzwischen schon ergänzt werden musste. In dem Vorschlag für eine Richtlinie des Rates zur Änderung der Mutter-Tochter-Richtlinie vom 26.07.1993 war deshalb eine Ausdehnung auf alle körperschaftsteuerpflichtigen Unternehmen unabhängig von der Rechtsform vorgesehen (Art. 1 Mutter-Tochter-Richtlinie 1993). Dieser Änderungsvorschlag ist allerdings nicht realisiert worden.

Allerdings haben einige Mitgliedstaaten wie z.B. **Deutschland** und **Österreich** die Aufzählung ergänzt um die Generalklausel „und andere nach deutschem/österreichischem… Recht gegründeten Gesellschaften, die der deutschen/österreichischen… Körperschaftsteuer unterliegen" (Buchstabe f) bzw. t) Anhang I Teil A der Mutter-Tochter-Richtlinie 2011). Der Anwendungsbereich der Richtlinie umfasst deshalb erstmalig auch Personengesellschaften, die automatisch ohne konkretes Wahlrecht der jeweiligen Körperschaftsteuer unterliegen.

„Dividenden" aus Outbound-Investitionen in ausländische Personengesellschaften werden jedoch z.B. in Deutschland und Österreich[107] nicht als Dividenden freigestellt, da diese Personengesellschaften nicht der Körperschaftsteuer unterliegen, weil sie als steuerlich transparent qualifiziert werden und daher eben keine Dividenden vorliegen. Gewinne aus z.B. ausländischen betrieblich tätigen Personengesellschaften (Betriebsstätten) könnten jedoch z.B. aufgrund eines Doppelbesteuerungsabkommens als Betriebsstättengewinne freigestellt werden.[108] Dividenden aus Inbound-Investitionen, die eine ausländische Personengesellschaft, die nach nationalem Recht des Ansässigkeitsstaates der Muttergesellschaft zwar zur Besteuerung mit Körperschaftsteuer optieren kann, aber der Körperschaftsteuer nicht automatisch unterliegt, von einer z.B. in Deutschland bzw. Österreich ansässigen

---

[103] Vgl. Kofler und Prechtl-Aigner 2011, S. 181.
[104] Zu den Auslegungsproblemen von subject-to-tax clauses vgl. Lang 2013, S. 64f.
[105] Vgl. Lindberg in Blümich 2012, § 43b Rz. 25.
[106] Vgl. Kofler und Tumpel in Achatz und Kirchmayr 2011, § 21 KStG, Tz. 183; Marschner in Jakom 2012, § 94 EStG, Rz. 21.
[107] Vgl. Canete 2011, S. 33; Kofler in Achatz und Kirchmayr 2011, § 10 KStG, Tz. 182f.
[108] Vgl. Kofler in Achatz und Kirchmayr 2011, § 10 KStG, Tz. 181.

Tochterkapitalgesellschaft erhält, werden in Deutschland[109] und Österreich[110] nicht von der Kapitalertragsteuer befreit.

Damit ergibt sich ein Problem, wenn sich eine Personengesellschaft nach nationalem Recht allein aus Gesellschaftern zusammensetzt, die Kapitalgesellschaften sind, und damit sämtliche Gewinne einer solchen Gesellschaft alleine der Körperschaftsteuer unterliegen. Hierzu zählt z.B. die in **Deutschland** mögliche Form der **GmbH & Co. KGaA**. Solche Gesellschaften fallen nicht unter den Anwendungsbereich der Mutter-Tochter-Richtlinie, da die Personengesellschaft in Deutschland transparent besteuert wird. Deutschland hat daher die Kommanditgesellschaft auf Aktien (KGaA) ausdrücklich als begünstigte Gesellschaftsform genannt (Buchstabe f) Anhang I Teil A der Mutter-Tochter-Richtlinie 2011). Eine Kommanditgesellschaft auf Aktien (KGaA) ist in Deutschland zwar wie andere Personengesellschaften auch nach dem Mitunternehmerschaftsprinzip und damit transparent zu besteuern, so dass der persönlich haftende Gesellschafter (hier: GmbH) den Gewinnanteil zu versteuern hat. Allerdings ist der Gewinnanteil, der der KGaA zufließt, in der Regel aufgrund eines Doppelbesteuerungsabkommens steuerfrei. Gemäß der Mutter-Tochter-Richtlinie ist der Gewinnanteil, der dem Komplementär zufließt, entweder steuerfrei zu stellen oder die ausländische Körperschaftsteuer ist bei der Besteuerung des Anteils des Komplementärs anzurechnen (indirekte Anrechnung).[111]

Soweit in der Richtlinie **hybride Gesellschaften** in die Liste der Rechtsformen aufgenommen worden sind, ist die Mutter-Tochter-Richtlinie möglicherweise (strittig) auf diese Gesellschaftsformen anzuwenden, unabhängig davon, ob diese nach innerstaatlichem Recht durch einen Typenvergleich als Körperschaft oder Personengesellschaft angesehen werden, so dass der Ansässigkeitsstaat der Muttergesellschaft die Qualifikation des Ansässigkeitsstaates der Tochtergesellschaft übernehmen müsste.[112]

Die Einschränkung des Anwendungsbereichs auf Kapitalgesellschaften führt zu Steuerausweichhandlungen, da Personengesellschaften ausländische Tochterkapitalgesellschaften über eine inländische Tochterkapitalgesellschaft halten, um in den Genuss der Vorteile zu kommen. Als rechtliche Lösung bietet sich die Erweiterung des subjektiven Anwendungsbereichs um Personengesellschaften an, wie dies bereits früh vom Ruding-Komitee und der Europäischen Kommission gefordert wurde.[113]

Die Beteiligung der Muttergesellschaft an der Tochtergesellschaft kann auch im Betriebsvermögen einer **Betriebsstätte** gehalten werden. Eine Betriebsstätte liegt vor, wenn eine Geschäftseinrichtung mit fester Beziehung zur Erdoberfläche besteht, die von einer ge-

---

[109] Vgl. Lindberg in Blümich 2012, § 43b EStG, Rz. 22f.
[110] Vgl. Marschner in Jakom 2011, § 94 EStG, Rz. 22.
[111] Vgl. Bullinger 2004, S. 412.
[112] Vgl. Jerabek und Rittsteuer 2012, S. 133; bezüglich der Quellensteuerbefreiung gem. § 94 öEStG Kofler und Tumpel in Achatz und Kirchmayr 2011, § 21 KStG, Tz. 181; a.A. bezüglich der Freistellung gem. § 10 öKStG Kofler in Achatz und Kirchmayr 2011, § 10 KStG, Tz. 182ff.
[113] Vgl. Ruding-Bericht 1992, S. 203; Europäische Kommission 1992, S. 12; Europäische Kommission 2001, S. 10, 12, 21.

wissen Dauer ist und durch die die Tätigkeit des Unternehmens ganz oder teilweise ausgeübt wird (Art. 2 Buchstabe b) Mutter-Tochter-Richtlinie 2011; Art. 5 Abs. 1 OECD-Musterabkommen).[114] Der Begriff der Betriebsstätte ist in Deutschland (§ 12 Satz 1 AO) und Österreich (§ 29 BAO)[115] großteils deckungsgleich und entspricht trotz Abweichungen im Grundsatz dem OECD-Musterabkommen und der Mutter-Tochter-Richtlinie.

Besteht eine Betriebsstätte, so können das Vermögen, wie z.B. die Beteiligung an einer Tochtergesellschaft der Betriebsstätte und als Folge der Zurechnung des Vermögens auch die Ertragsposition, wie z.B. die Beteiligungserträge, der Betriebsstätte zugerechnet werden.[116] Die Anteile der Tochtergesellschaft müssen dabei tatsächlich zu dem Betriebsvermögen der Betriebsstätte gehören.[117] **Deutschland** z.B. verlangt, dass ein funktionaler Zusammenhang mit der Tätigkeit der Betriebsstätte bestehen muss.[118] **Österreich** verlangt eine Zuordnung der Beteiligung zum notwendigen Betriebsvermögen der Betriebsstätte.[119]

Die Gewinne, die von der Tochtergesellschaft an die Betriebsstätte einer EU-Muttergesellschaft ausgeschüttet werden, sind ebenso zu behandeln, als würde die Gewinnausschüttung unmittelbar von der Tochtergesellschaft an die Muttergesellschaft erfolgen.[120] Es sind Sachverhalte umfasst, bei denen die Betriebsstätte der Muttergesellschaft, das Stammhaus (Muttergesellschaft) und die Tochtergesellschaft in drei verschiedenen Mitgliedstaaten belegen bzw. ansässig sind (vgl. **Abbildung 1.9**).[121]

---

[114] Vgl. Kofler und Kofler 2008, S. 62; Plansky 2011, S. 232.
[115] Vgl. Kofler und Tumpel in Achatz und Kirchmayr 2011, § 21 KStG, Tz. 94, 120; Plansky 2011, S. 231; Marschner in Jakom 2012, § 98 EStG, Rz. 39, 50.
[116] Vgl. Plansky 2011, S. 229f.
[117] Vgl. Kofler und Kofler 2008, S. 63.
[118] Vgl. Plansky 2011, S. 233f.; Lindberg in Blümich 2012, § 43b EStG, Rz. 33.
[119] Vgl. Kofler und Tumpel in Achatz und Kirchmayr 2011, § 21 KStG, Tz. 133, 185; Plansky 2011, S. 233ff.; Marschner in Jakom 2012, § 94 EStG, Rz. 12.
[120] Vgl. Kofler und Kofler 2008, S. 57, 65ff.
[121] Vgl. Kofler und Kofler 2008, S. 65; Kofler und Tumpel in Achatz und Kirchmayr 2011, § 21 KStG, Tz. 132, 184.

Abbildung 1.9: Mutter- und Tochtergesellschaft und Betriebsstätte in unterschiedlichen EU-Mitgliedstaaten (unionsinterne Drei-Länder-Situation)

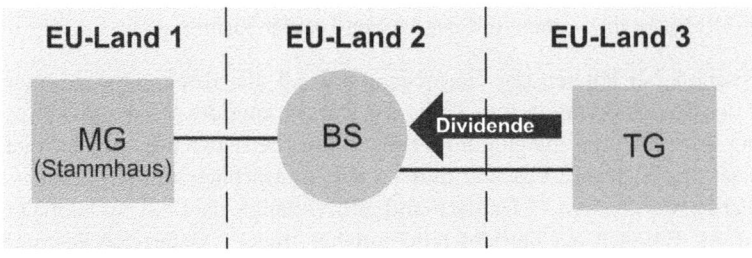

Liegt in dieser Konstellation die Betriebsstätte in einen Drittstaat, so ist strittig, ob die Mutter-Rochter-Richtlinie zu einer Entlastung von der Quellensteuer verpflichtet (vgl. Abbildung 1.10).[122]

Abbildung 1.10: Mutter- und Tochtergesellschaft in unterschiedlichen EU-Mitgliedstaaten und Betriebsstätte im Drittstaat (Drei-Länder-Situation mit Drittstaatsbezug)

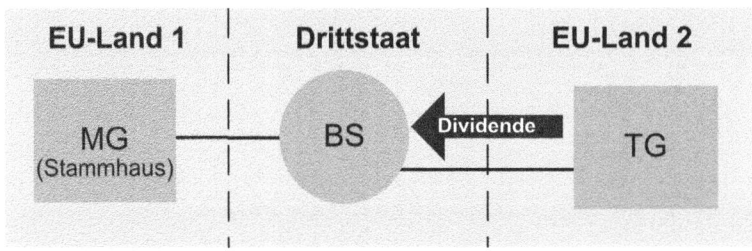

Es sind zudem Sachverhalte begünstigt, bei denen sich die Betriebsstätte in einem Mitgliedstaat und sowohl Stammhaus (Muttergesellschaft) als auch ihre Tochtergesellschaft innerhalb desselben anderen Mitgliedstaates belegen bzw. ansässig sind (vgl. **Abbildung 1.11**).[123]

---

[122] Vgl. Kofler und Tumpel in Achatz und Kirchmayr 2011, § 21 KStG, Tz. 184.
[123] Vgl. Kofler und Kofler 2008, S. 57ff., 61, 74ff.; Kofler und Tumpel in Achatz und Kirchmayr 2011, § 21 KStG, Tz. 132, 184; Marschner in Jakom 2012, § 94 EStG, Rz. 17.

Abbildung 1.11: Mutter- und Tochtergesellschaft im selben und Betriebsstätte in einem anderen EU-Mitgliedstaat (unionsinterne Sandwich-Situation)

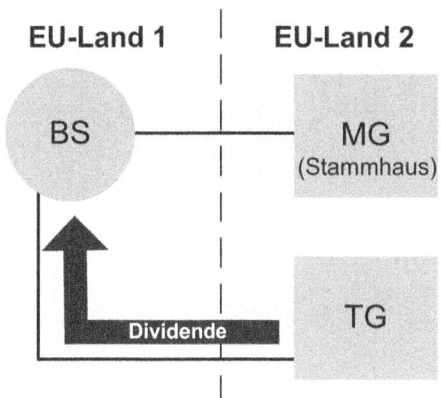

Da in diesem Fall die Muttergesellschaft im EU-Mitgliedsstaat 2, die Betriebsstätte im EU-Mitgliedsstaat 1 und die Tochtergesellschaft im EU-Mitgliedsstaat 2 ansässig bzw. belegen sind, spricht man von einer **Sandwich-Situation**, weil wie beim Sandwich die obere und untere Ebene gleich sind (hier: der gleiche EU-Mitgliedsstaat 2) und nur die mittlere Ebene anders ist (hier: ein anderer EU-Mitgliedsstaat 1).

Liegt in dieser Konstellation die Betriebsstätte in einen Drittstaat, so verpflichtet die Mutter-Tochter-Richtlinie nicht zu einer Entlastung von der Quellensteuer (vgl. **Abbildung 1.12**).[124]

---

[124] Vgl. Kofler und Tumpel in Achatz und Kirchmayr 2011, § 21 KStG, Tz. 184.

Abbildung 1.12: Mutter- und Tochtergesellschaft im selben EU-Mitgliedstaat und Betriebsstätte in einem Drittstaat (Sandwich-Situation mit Drittstaatbezug)

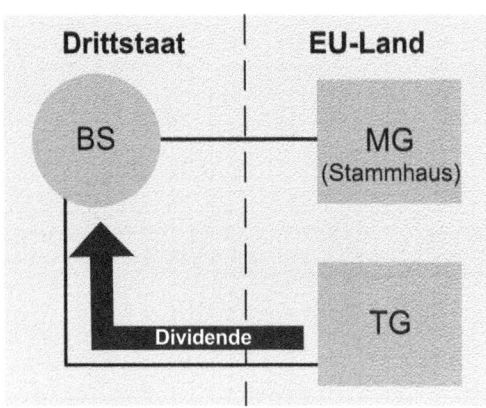

Ebenfalls begünstigt sind Sachverhalte, bei denen sich die Tochtergesellschaft in einem Mitgliedstaat und sowohl die Betriebsstätte als auch das Stammhaus (Muttergesellschaft) in einem anderen Mitgliedstaat ansässig bzw. belegen sind (vgl. **Abbildung 1.13**).[125]

Abbildung 1.13: Tochtergesellschaft in einem und Muttergesellschaft und Betriebsstätte im selben anderen EU-Mitgliedstaat

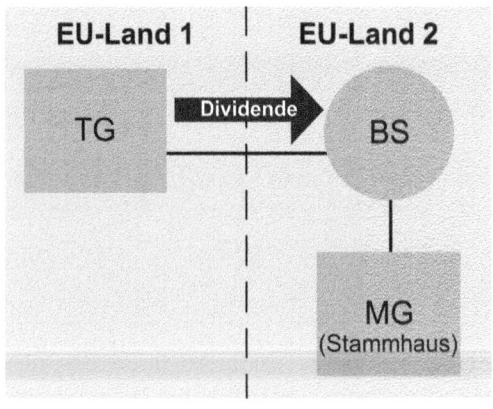

---

[125] Vgl. Kofler und Kofler 2008, S. 58.

Nicht von der Mutter-Tochter-Richtlinie begünstigt sind Dividendenzahlungen von Tochtergesellschaften an Betriebsstätten von EU-Muttergesellschaften, wenn die Betriebsstätte und die Tochtergesellschaft im gleichen Land belegen bzw. ansässig sind (vgl. **Abbildung 1.14**).[126]

Abbildung 1.14: Tochtergesellschaft und Betriebsstätte im selben und Muttergesellschaft in einem anderen EU-Mitgliedsstaat (vorgelagerte Betriebsstätte)

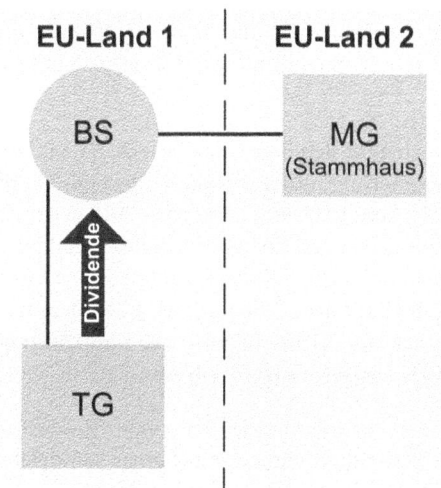

In dieser Konstellation erfolgt die Dividendenzahlung nicht grenzüberschreitend, so dass kein grenzüberschreitender, sondern ein nicht begünstigter, rein innerstaatlicher Sachverhalt vorliegt (Art. 1 Abs. 1 Buchstabe c) Mutter-Tochter-Richtlinie 2011).[127] Die Begünstigung dieser Konstellation könnte sich allerdings aus den Grundfreiheiten ergeben.[128]

Österreich hat die Vermeidung der Doppelbesteuerung der Beteiligungserträge einer EU-Muttergesellschaft (Stammhaus) über eine österreichische Betriebsstätte in § 21 Abs. 1 Ziffer 2 Buchstabe a) i.V.m. § 10 öKStG umgesetzt.[129] Die Nichterhebung der Kapitalertragsteuer auf Beteiligungserträge, die eine in Österreich ansässige Tochterkapitalgesellschaft an die in einem EU-Mitgliedsstaat belegene Betriebsstätte einer EU-Muttergesellschaft (Stammhaus) ausschüttet, wurde in § 94 Nr. 2 öEStG umgesetzt.[130]

---

[126] Vgl. Kofler und Tumpel in Achatz und Kirchmayr 2011, § 21 KStG, Tz. 184.
[127] Vgl. Kofler und Kofler 2008, S. 58f., 61, 78ff.; Kofler und Tumpel in Achatz und Kirchmayr 2011, § 21 KStG, Tz. 132, 184; Plansky 2011, S. 248.
[128] Vgl. Kofler und Tumpel in Achatz und Kirchmayr 2011, § 21 KStG, Tz. 132.
[129] Vgl. Kofler und Tumpel in Achatz und Kirchmayr 2011, § 21 KStG, Tz. 13, 46, 125, 128ff.; Plansky 2011, S. 245ff.
[130] Vgl. Kofler und Tumpel in Achatz und Kirchmayr 2011, § 21 KStG, Tz. 184.

1.1.5 Mindestbeteiligungshöhe und Mindestbehaltfrist

Die Mutter-Tochter-Richtlinie knüpft die Begünstigung an eine **Mindestbeteiligung** von „höchstens" 10%, das heißt die Mitgliedstaaten können die Vorteile auch schon bei einer geringeren Beteiligung gewähren (Art. 3 Abs. 1 Buchstabe a) Mutter-Tochter-Richtlinie 2011). Statt Kapitalanteilen können auch Stimmrechte zur Bewertung des Anteilsverhältnisses herangezogen werden, wenn eine entsprechende bilaterale Vereinbarung der Mitgliedstaaten getroffen wurde (Art. 3 Abs. 2 Buchstabe a) Mutter-Tochter-Richtlinie 2011).[131] Diese konzentrationsfördernde Voraussetzung ist unbefriedigend, da auch in Fällen mit geringerer Beteiligungshöhe die Notwendigkeit zur Vermeidung der Doppelbesteuerung besteht.

Einige Mitgliedstaaten sehen daher auch eine geringere Beteiligungshöhe vor. So sah z.B. **Deutschland** bei der Vermeidung der Doppelbesteuerung mittels Freistellungsmethode bis Februar 2013 keine Mindestbeteiligung vor (§ 8b Abs. 1 dKStG). Ab März 2013 wird die Freistellungsmethode im Inlands- wie im Outbound-Fall erst bei einer Mindestbeteiligung von 10% gewährt (§ 8b Abs. 4 dKStG n.F.).[132] Der unterjährige Ersterwerb oder der Hinzuerwerb einer mindestens 10%igen Beteiligung gilt fiktiv als zu Beginn des Kalenderjahres erfolgt (§ 8b Abs. 4 Satz 5 dKStG n.F.). Hinsichtlich der Nichterhebung der Kapitalertragsteuer wird eine Mindestbeteiligungshöhe von 10% vorausgesetzt (§ 43b Abs. 2 dEStG).

Österreich gewährt die Freistellungsmethode bei Portfoliodividenden ohne Mindestbeteiligung (§ 10 Abs. 1 Ziffer 5 öKStG)[133] und bei Schachteldividenden bei einer Mindestbeteiligung von 10% (§ 10 Abs. 1 Ziffer 7 i.V.m. § 10 Abs. 2 öKStG). Damit hat die Mindestbeteiligungshöhe bei Gewinnausschüttungen aus EU-Mitgliedsstaaten oder EWR-Staaten mit umfassender Amts- und Vollstreckungshilfe keine Bedeutung mehr.[134] Bei der Nichterhebung der Kapitalertragsteuer fordert Österreich eine Mindestbeteiligungshöhe von 10% (§ 94 Ziffer 2 Teilstrich 2 öEStG).

Bei Kapitalgesellschaften wird aufgrund der Abschirmwirkung davon ausgegangen, dass nur **unmittelbar**, nicht jedoch mittelbar **gehaltene Anteile** bei der Berechnung der Mindestbeteiligungsquote berücksichtigt werden. Ist z.B. die Mutterkapitalgesellschaft an einer Tochtergesellschaft (Enkelgesellschaft) unmittelbar zu 5% beteiligt und über eine zweite Tochtergesellschaft, an der die Muttergesellschaft zu 70% beteiligt ist, und die zu 8% an der Enkelgesellschaft beteiligt ist, so ist die Muttergesellschaft mittelbar zu (70% * 8% =) 5,6% an der Enkelgesellschaft beteiligt (vgl. **Abbildung 1.15**). Die relevante unmittelbare Beteiligung beträgt hier nur 5,6% und würde damit die Mindestbeteiligungshöhe von 10% nicht erfüllen.

---

[131] Zum Kapitalbegriff der Mutter-Tochter-Richtlinie vgl. Kofler und Tumpel in Achatz und Kirchmayr 2011, § 21 KStG, Tz. 188.
[132] Vgl. Bundesrat 2012, S. 71, 76f.; Ohne Verfasser 2012b, S. 15; Bundesrat 2013, S. 1.
[133] Vgl. Stefaner 2011, S. 93.
[134] Vgl. Kofler in Achatz und Kirchmayr 2011, § 10 KStG, Tz. 207.

Abbildung 1.15: Mittelbare und unmittelbare Beteiligung bei Zwischenschaltung einer Kapitalgesellschaft

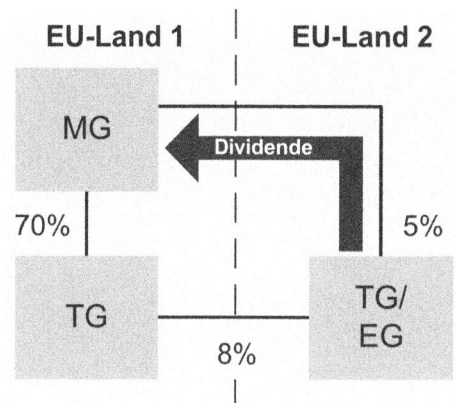

Im Fall der Zwischenschaltung einer steuerlich voll oder teilweise transparenten Personengesellschaft ist es z.T. strittig, ob die Zwischenschaltung der Personengesellschaft an der Unmittelbarkeit nichts ändert, weil die Erträge ertragsteuerlich unmittelbar den Gesellschaftern zuzurechnen und dementsprechend auch die Anteile der Mitunternehmer der Muttergesellschaft hinzuzurechnen sind (vgl. **Abbildung 1.16**).[135] Die relevante Beteiligung beträgt hier je nach Auffassung 5% (h.M.) oder 10,6%.

---

[135] Ablehnend Kofler in Achatz und Kirchmayr 2011, § 10 KStG, Tz. 195.

Abbildung 1.16: Mittelbare und unmittelbare Beteiligung bei Zwischenschaltung einer Personengesellschaft

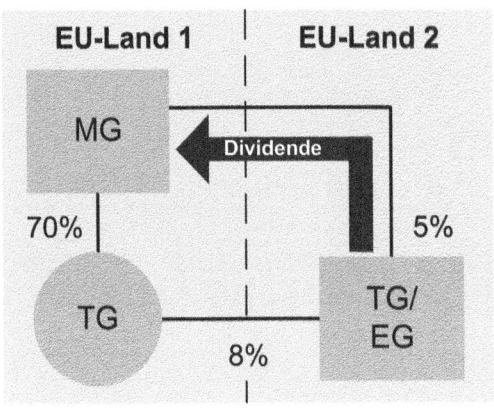

Deutschland z.B. stellt bei der Nichterhebung der Quellensteuer explizit auf eine unmittelbare Beteiligung ab (§ 43b Abs. 2 Satz 1 dEStG), so dass nicht nur die Zwischenschaltung einer Kapitalgesellschaft, sondern nach h.M. auch die Zwischenschaltung einer Personengesellschaft schädlich ist.[136] Bei der Berechnung der 10%igen Mindestbeteiligung im Rahmen der Freistellungsmethode werden hingegen die Anteile, die über eine Personengesellschaft gehalten werden, dem Mitunternehmer anteilig zugerechnet, wenn sich die Beteiligung im Gesamthandsvermögen befindet (§ 8b Abs. 4 Satz 4 dKStG n.F.). Diese Beteiligungen gelten als unmittelbare Beteiligung (§ 8b Abs. 4 Satz 5 dKStG n.F.).

Österreich hingegen berücksichtigt unmittelbare und mittelbare Beteiligungen (§ 94 Ziffer 2 Teilstrich 2 öEStG). Unter mittelbarer Beteiligung sind gem. den Erläuterungen der österreichischen Regierungsvorlage die Beteiligungen über transparente Personengesellschaften zu verstehen.[137] In Österreich beträgt die relevante Beteiligung im vorliegenden Beispiel daher im Fall der Zwischenschaltung einer Personengesellschaft 10,6% (vgl. **Abbildung 1.16**).[138] Zudem kann das erforderliche Beteiligungsausmaß auch durch eine Kombination einer unmittelbaren und einer mittelbaren Beteiligung erreicht werden, da die Höhe der Beteiligungsquote der Muttergesellschaft an der Tochtergesellschaft auf Basis der **multiplikativen Durchrechnung** erfolgt[139] und beträgt damit im vorliegenden Beispiel im Fall der Zwischenschaltung einer Kapitalgesellschaft (vgl. **Abbildung 1.15**) (5%+70%*8%=) 10,6%.

---

[136] Vgl. Lindberg in Blümich 2012, § 43b EStG, Rz. 26.
[137] Vgl. Kofler in Achatz und Kirchmayr 2011, § 10 KStG, Tz. 193; Jerabek und Rittsteuer 2012, S. 132; Marschner in Jakom 2012, § 94 EStG, Rz. 13; Steindl und Wörndl 2012, S. 155.
[138] Vgl. Canete 2011, S. 37, 39.
[139] Vgl. Kofler in Achatz und Kirchmayr 2011, § 10 KStG, Tz. 194f., 210.

Hinzu kommt eine **Mindestbehaltfrist** von mindestens zwei Jahren (Kann-Vorschrift gem. Art. 3 Abs. 2 Buchstabe b) Mutter-Tochter-Richtlinie 2011), in der die Beteiligung ununterbrochen bestanden haben muss. Maßgeblich ist der Zeitpunkt der Gewinnausschüttung, nicht jedoch der Zeitpunkt der Erwirtschaftung der ausgeschütteten Gewinne.[140] Es handelt sich um eine spezielle Missbrauchsvorschrift.[141] Sie beruht auf den Befürchtungen der Mitgliedstaaten, dass die Vergünstigungen durch kurzfristige Beteiligungserwerbe und -veräußerungen missbraucht werden könnten. Die Anwendung der allgemeinen Missbrauchsklausel (Art. 1 Abs. 2 Mutter-Tochter-Richtlinie 2011) hätte jedoch genügt, so dass die Mindestbeteiligungsdauer aus reinen Missbrauchsgründen überflüssig ist.[142] Die Behaltfrist könnte sich möglicherweise systematisch aus der Niederlassungsfreiheit ableiten, da die Niederlassungsfreiheit impliziert, dass sich jemand auf längere Dauer in die Wirtschaft eines anderen Staates integriert.[143] Das Halten einer Beteiligung über einen kurzen Zeitraum hingegen spricht eher für eine Portfolio-Investition.

Deutschland fordert bezüglich der Freistellungsmethode keine Mindestbehaltfrist (§ 8b Abs. 1 dKStG), aber hinsichtlich der Nichterhebung der Kapitalertragsteuer eine Mindestbehaltfrist von einem Jahr (§ 43b Abs. 2 dEStG).

Österreich fordert bezüglich der Freistellungsmethode bei Portfoliobeteiligungen keine Mindestbehaltfrist (§ 10 Abs. 1 Ziffer 5 öKStG) und bei Schachtelbeteiligungen (10% Mindestbeteiligung) eine Mindestbehaltfrist von einem Jahr (§ 10 Abs. 2 öKStG). Damit hat die Mindestbehaltfrist bei Gewinnausschüttungen aus EU-Mitgliedsstaaten oder EWR-Staaten mit umfassender Amts- und Vollstreckungshilfe keine Bedeutung mehr.[144] Ist bei Dividenden aus Outbound-Investitionen zwar die Mindestbeteiligung erfüllt, aber die Mindesthaltefrist nicht, so werden die Dividenden bei einer in Österreich ansässigen Muttergesellschaft trotzdem freigestellt (§ 10 Abs. 1 Ziffer 5 öKStG),[145] da Österreich alle EU-Dividenden, die keine internationalen Schachteldividenden darstellen, steuerfrei stellt. Bezüglich der Nichterhebung der Kapitalertragsteuer ist eine Mindestbehaltfrist von einem Jahr vorgegeben (§ 94 Ziffer 2 öEStG).

Bei Dividenden aus Inbound-Investitionen darf bei der Nichterhebung der Kapitalertragsteuer nicht gefordert werden, dass dieser Beteiligungszeitraum bereits zum Zeitpunkt der Ausschüttung erfüllt worden sein muss, vielmehr kann er auch nach dem Zeitpunkt der Entstehung der Kapitalertragsteuer vollendet werden.[146] Die Unsicherheit, ob es sich wirklich um eine dauerhafte Beteiligung und damit um einen Anwendungsfall der Nieder-

---

[140] Vgl. Kofler und Tumpel in Achatz und Kirchmayr 2011, § 21 KStG, Tz. 193.
[141] Vgl. Bergmann 2010, S. 261.
[142] Vgl. Knobbe-Keuk 1992, S. 339.
[143] Vgl. Dautzenberg 1996, S. 483f.
[144] Vgl. Kofler in Achatz und Kirchmayr 2011, § 10 KStG, Tz. 214.
[145] Vgl. Kofler in Achatz und Kirchmayr 2011, § 10 KStG, Tz. 125; Kofler und Prechtl-Aigner 2011, S. 177.
[146] Vgl. EuGH-Urteil vom 17.10.1996, Rs. C 283/94, C 291/94 und C 292/94, Denkavit I, S. 5098; Tischbirek in Vogel und Lehner 2008, Art. 10 OECD-MA, Rn. 175; Micker 2010, S. 708; Kofler in Achatz und Kirchmayr 2011, § 10 KStG, Tz. 219; Kofler und Tumpel in Achatz und Kirchmayr 2011, § 21 KStG, Tz. 194.

lassungsfreiheit handelt, könnte durch eine Sicherheitsleistung oder durch eine rückwirkende Gewährung der Begünstigung berücksichtigt werden.[147]

Für die zweite Variante haben sich z.B. **Deutschland** und **Österreich** entschlossen. Erfolgt eine Ausschüttung innerhalb der Mindestbeteiligungsdauer, so werden in Deutschland (§ 43b Abs. 2 Satz 5 dEStG)[148] und Österreich (§ 94 Ziffer 2 öEStG)[149] die Kapitalertragsteuer zunächst einbehalten und nach Erfüllung der Mindestbehaltfrist erstattet. Die Muttergesellschaft muss sich nach Erfüllung der Mindestbehaltfrist die Kapitalertragsteuer erstatten lassen können, da die Befreiung von der Kapitalertragsteuer nachträglich zu erteilen ist.[150]

1.1.6 Maßnahmen zur Verhinderung von Steuerhinterziehungen und Missbräuchen

Die Mitgliedstaaten haben die Möglichkeit, Maßnahmen zur Verhinderung von Steuerhinterziehungen oder Missbräuchen zu ergreifen (Art. 1 Abs. 2 Mutter-Tochter-Richtlinie 2011). Betrügerische **Steuerhinterziehung** liegt nach allgemeiner Auffassung vor, wenn ein Steuerpflichtiger vorsätzlich falsche Tatsachen vortäuscht oder steuerlich relevante Sachverhalte pflichtwidrig verschweigt.[151] Der Begriff „Missbräuche" ist autonom europarechtlich auszulegen[152] und von der angemessenen und somit zulässigen **Steuerplanung** abzugrenzen.[153] Im europäischen Steuerrecht liegt **Missbrauch** (Steuerumgehung, Steuervermeidung, Steuerflucht) bei einer rein künstlichen Gestaltung vor, die jeder wirtschaftlichen Realität entbehrt, bei der also die Ausübung einer wirklichen wirtschaftlichen Tätigkeit fehlt (Künstlichkeits-Test), und die mit der Absicht vorgenommen wird, der Steuer zu entgehen, die normalerweise für die Gewinne geschuldet wird, die durch Tätigkeiten im Inland erzielt werden (Motiv-Test).[154] Bislang liegt allerdings noch kein einheitlicher unionsrechtlicher Missbrauchsbegriff vor.[155]

Missbrauch setzt im deutschen und österreichischem Steuerrecht eine zivilrechtliche Gestaltung voraus, die verglichen mit dem angestrebten Ziel unangemessen ist, die der Steuerminderung dienen soll und die durch wirtschaftliche oder sonstige beachtliche Gründe nicht gerechtfertigt werden kann.[156] Die nationalen Missbrauchsvorschriften müssen den vom EuGH vorgegebenen Rahmen einhalten und insbesondere bei restriktiver

---

[147] Vgl. Dautzenberg 1996, S. 484.
[148] Vgl. Micker 2010, S. 710; Lindberg in Blümich 2012, § 43b EStG, Rz. 17.
[149] Vgl. Kofler und Tumpel in Achatz und Kirchmayr 2011, § 21 KStG, Tz. 193; Stieglitz 2011a, S. 256; Jerabek und Rittsteuer 2012, S. 264.
[150] Vgl. EuGH-Urteil vom 17.10.1996, Rs. C-283/94, C-291/94 und C-292/94, Denkavit I.
[151] Vgl. Bergmann 2010, S. 248.
[152] Vgl. Bergmann 2010, S. 246f.
[153] Vgl. Bergmann 2010, S. 248.
[154] Vgl. Bergmann 2010, S. 257ff.; Schönfeld 2012, S. 216; Schönfeld in Flick et al. 2012, § 50d Abs. 3 EStG, Anm. 22; Richter 2012, S. 1644.
[155] Vgl. Lang 2013, S. 66.
[156] Vgl. Schönfeld 2012, S. 215.

Auslegung verhältnismäßig sein.[157] Typisierende Missbrauchsbestimmungen müssen zudem vom Steuerpflichtigen gerichtlich überprüfbar wiederlegt werden können.[158]

Sowohl Deutschland als auch Österreich versuchen mithilfe von **switch-over clauses (Methodenwechsel)** unerwünschte Resultate der Freistellungsmethode zu berichtigen, indem sie bei Dividenden aus Outbound-Investitionen von der Freistellungsmethode zur indirekten Anrechnungsmethode übergehen, wenn die Einkünfte im Quellenland lediglich einer niedrigen Besteuerung unterliegen.

Deutschland sieht bei Dividenden aus Outbound-Investitionen einen switch-over vor, wenn die Dividenden bei der Ermittlung des Gewinns der ausschüttenden Gesellschaft abgezogen worden sind (§ 50d Abs. 9 Satz 2 dEStG)[159] und dadurch im Ausland von der Besteuerung mit Körperschaftsteuer ausgenommen wurden (sog. **weiße Einkünfte**) oder nur zu dem begrenzten Quellensteuersatz besteuert wurden (sog. **graue Einkünfte**).[160] Zu einer Abzugsfähigkeit im Quellenland bei gleichzeitiger Freistellung im Empfängerland kann es kommen, wenn die **hybride Kapitalhingabe (Mezzaninkapital)** im Quellenland als Fremdkapital und im Empfängerland als Eigenkapital eingestuft wird.[161] In diesem Fall liegt ein Qualifikationskonflikt vor.[162] Ein Qualifikationskonflikt bezeichnet eine Situation, bei der zwei verschiedene Staaten ein und denselben grenzüberschreitenden Sachverhalt ihrem nationalem Recht entsprechend unterschiedlich beurteilen (qualifizieren) und dementsprechend unterschiedlichen steuerpflichtigen Tatbeständen zuordnen. Ebenfalls betroffen sind typisch stille Beteiligungen.[163]

Ziel des Methodenwechsels (switch-over) ist die Vermeidung einer doppelten Nichtbesteuerung bei Anwendung der Freistellungsmethode.[164] Zur Vermeidung der Doppelbesteuerung durch Quellensteuern erfolgt eine direkte Anrechnung der Quellensteuer (§ 34c Abs. 6 Satz 5 dEStG).[165] Ab 2013 sollen Dividenden in Deutschland nur noch freigestellt werden, soweit die Dividenden das Einkommen der ausschüttenden Gesellschaft nicht gemindert haben (materielles Korrespondenzprinzip) (§ 8b Abs. 1 Satz 2 dKStG n.F.).[166]

Auch **Österreich** kennt eine ähnliche Regelung zur Verhinderung der doppelten Nichtbesteuerung.[167] Beteiligungserträge sind nur von der Körperschaftsteuer befreit, soweit sie

---

[157] Vgl. Prokisch in Vogel und Lehner 2008, Art. 1 OECD-Musterabkommen Rz. 133b; Schönfeld 2012, S. 216; Richter 2012, S. 1644.
[158] Vgl. Micker 2010, S. 710f.; Stieglitz 2011a, S. 273f.; von Bocke 2011, S. 316f.; Schönfeld in Flick et al. 2012, § 50d Abs. 9 EStG, Anm. 22.
[159] Vgl. Schiessl und Keller 2011, S. 289; Schönfeld in Flick et al. 2012, § 50d Abs. 9 EStG, Anm. 1; Wagner in Blümich 2012, § 50d EStG, Rz. 1, 110, 114.
[160] Vgl. Pohl 2012, S. 656.
[161] Vgl. Schönfeld in Flick et al. 2012, § 50d Abs. 9 EStG, Anm. 131; Stefaner 2012a, S. 370.
[162] Vgl. Pohl 2012, S. 657; Schönfeld in Flick et al. 2012, § 50d Abs. 9 EStG, Anm. 131.
[163] Vgl. mit Beispielen Schönfeld in Flick et al. 2012, § 50d Abs. 9 EStG, Anm. 132f., 135.
[164] Vgl. Wagner in Blümich 2012, § 50d EStG, Rz. 9; Micker 2012, S. 8.
[165] Vgl. Schönfeld in Flick et al. 2012, § 50d Abs. 9 EStG, Anm. 63; Wagner in Blümich 2012, § 50d EStG, Rz. 121.
[166] Vgl. Micker 2012, S. 13.
[167] Vgl. Canete 2011, S. 41; Kofler in Achatz und Kirchmayr 2011, Art. 60 Ziffer 4 Budgetbegleitgesetz

bei der ausländischen Körperschaft nicht abzugsfähig sind (§ 10 Abs. 7 öKStG).[168] Allerdings wird nur für den Teil der Früchte des hybriden Gesellschafterkapitals, die abzugsfähig sind, die Freistellungsmethode untersagt (§ 10 Abs. 7 öKStG).[169] Zudem erfolgt kein switch-over zur indirekten Anrechnung,[170] so dass es zu einer wirtschaftlichen Doppelbesteuerung kommt.[171] Für den Teil der Kapitalerträge, der nicht abzugsfähig ist, erfolgt hingegen die Freistellung.[172] Zu solchen Fällen kann es kommen, wenn die Kapitalbeteiligung im Ausland als Fremdkapital eingestuft wird, aber die Zinsen aufgrund von **thin-capitalization rules** teilweise nicht abzugsfähig sind, und die Kapitalbeteiligung aus österreichischer Sicht als Eigenkapital eingestuft wird.[173]

In Österreich verliert die Freistellungsmethode bei Outbound-Dividenden aus internationalen EU- bzw. EWR-Schachtelbeteiligungen ihre steuerbefreiende Wirkung (§ 10 Abs. 4 i.V.m. § 10 Abs. 1 Ziffer 7 i.V.m. § 10 Abs. 2 öKStG), wenn die Beteiligung an einer ausländischen Kapitalgesellschaft besteht, die in einer **Steueroase** ansässig ist, in der die Höhe der Besteuerung nicht mit einem österreichischen Körperschaftsteuerniveau von 15% vergleichbar ist (§ 10 Abs. 4 Ziffer 2 öKStG),[174] und die Kapitalgesellschaft nachhaltig und überwiegend einen **passiven Unternehmensschwerpunkt** aufweist, das heißt sich schwerpunktmäßig mit der Vereinnahmung von Zinsen, Leasingentgelten oder der Beteiligungsveräußerung beschäftigt (§ 10 Abs. 4 Ziffer 1 öKStG).[175] Alle zwei typisierenden Missbrauchsverdachtsgründe müssen kumulativ („gemeinsam") vorliegen.[176] Nach herrschender Meinung können die Missbrauchstatbestände wiederlegt werden.[177]

Das ausländische Steuerniveau muss eine durchschnittliche Belastung von mindestens 15% aufweisen.[178] Dabei wird sowohl die ausländische Steuerbemessungsgrundlage als auch der ausländische Steuertarif berücksichtigt.[179] Im Rahmen der Berechnung des Steuerniveaus ist deshalb die ausländische Steuerbemessungsgrundlage überzuleiten und nach österreichischem Recht zu ermitteln.[180] Österreich stellt also auf die effektive und nicht auf die nominelle Steuerbelastung ab.

2011, Tz. 8; Stefaner 2011, S. 102f.
[168] Vgl. Kofler in Achatz und Kirchmayr 2011, § 10 KStG, Tz. 155.
[169] Vgl. Kofler in Achatz und Kirchmayr 2011, Art. 60 Ziffer 4 Budgetbegleitgesetz 2011, Tz. 8; Stefaner 2012a, S. 371f.; Stefaner 2012b, S. 443.
[170] Vgl. Canete 2011, S. 41; Stefaner 2012a, S. 371.
[171] Vgl. Stefaner 2012a, S. 371.
[172] Vgl. Stefaner 2012a, S. 372.
[173] Vgl. Stefaner 2012a, S. 374.
[174] § 3 Ziffer 3 VO Internationale Schachtelbeteiligung.
[175] § 2 VO Internationale Schachtelbeteiligung; öKStR 2013, Rz. 1236; Kofler in Achatz und Kirchmayr 2011, § 10 KStG, Tz. 258; Stieglitz 2011b, S. 68ff.
[176] § 1 Abs. 1 Ziffer 2 VO Internationale Schachtelbeteiligung; Kofler in Achatz und Kirchmayr 2011, § 10 KStG, Tz. 262; Stieglitz 2011b, S. 75f.
[177] Vgl. Kofler in Achatz und Kirchmayr 2011, § 10 KStG, Tz. 275f.
[178] § 3 Ziffer 3 VO Internationale Schachtelbeteiligung; Kofler in Achatz und Kirchmayr 2011, § 10 KStG, Tz. 297; Stieglitz 2011c, S. 145f.
[179] § 3 Ziffer 1 und 2 VO Internationale Schachtelbeteiligung; Kofler in Achatz und Kirchmayr 2011, § 10 KStG, Tz. 297; Stieglitz 2011b, S. 74f.; Stieglitz 2011c, S. 141ff.
[180] Vgl. Kofler in Achatz und Kirchmayr 2011, § 10 KStG, Tz. 300.

Die passive Tätigkeit liegt vor, wenn nach dem Gesamtbild der Verhältnisse das gesamte Unternehmen in wirtschaftlicher Betrachtungsweise nachhaltig, das heißt mit Wiederholungsabsicht und jedenfalls nicht kurzfristig, die Einnahmen überwiegend, das heißt zu mehr als 50%, durch die Vereinnahmung von Zinsen und Leasingentgelten oder aus der Beteiligungsveräußerung erwirtschaftet.[181] Eine geschäftsleitende Holding fällt unabhängig von ihren tatsächlichen Einkünften nicht unter den Methodenwechsel.[182]

Statt der Freistellung der Dividenden kommt es nun zu einer Anrechnung der anteilsmäßigen ausländischen Körperschaftsteuer auf die ausgeschütteten Gewinne (indirekte Anrechnung) (§ 10 Abs. 6 öKStG).[183] Damit wird der Mutter-Tochter-Richtlinie entsprechend die wirtschaftliche Doppelbesteuerung vermieden.[184] Die indirekte Anrechnung ist nicht von Amts wegen, sondern auf Antrag vorzunehmen (§ 10 Abs. 6 öKStG), um der Muttergesellschaft im Fall eines geringen Anrechnungsbetrags unverhältnismäßig hohe administrative Aufwendungen zu ersparen.[185]

Der Methodenwechsel zielt darauf ab, den Mißbrauch des internationalen Schachtelprivilegs und damit die steuerfreie Weiterleitung (sekundäre Abschirmung) von vor allem passiven Einkünften zu verhindern, die eine österreichische Kapitalgesellschaft auf ihre in einem Niedrigsteuerstaat ansässige Tochtergesellschaft verlagert hat (primäre Abschirmung).[186] Möglicherweise ist der Methodenwechsel nicht europarechtskonform.[187]

Auch das internationale Privileg der Freistellung von EU- bzw. EWR-Portfoliodividenden verliert in Österreich seine steuerbefreiende Wirkung (§ 10 Abs. 5 i.V.m. § 10 Abs. 1 Ziffer 5 öKStG), wenn die Beteiligung an einer ausländischen Kapitalgesellschaft besteht, die in einer Steueroase ansässig ist, in der die Kapitalgesellschaft direkt oder indirekt keiner mit der österreichischen Körperschaftsteuer vergleichbaren Steuer unterliegt, diese vergleichbare Steuer nicht mindestens einen Körperschaftsteuersatz von zur Zeit (25% - 10% =) 15% aufweist oder der Kapitalgesellschaft eine umfassende persönliche oder sachliche Steuerbefreiung gewährt wird (§ 10 Abs. 5 Ziffer 2 öKStG).[188] Wenn eines der drei Kriterien erfüllt wird, kommt es zum Methodenwechsel (switch-over) und damit zur indirekten Anrechnung.[189]

Hinsichtlich der Vorbelastung wird auf den nominellen Körperschaftsteuersatz und nicht auf die effektive Steuerbelastung abgestellt.[190] Die Ermittlung der Bemessungsgrundlage wird aus Vereinfachungsgründen und Problemen der Informationsbeschaffung außer Acht gelassen.[191]

---

[181] Vgl. Kofler in Achatz und Kirchmayr 2011, § 10 KStG, Tz. 285ff.
[182] Vgl. Kofler in Achatz und Kirchmayr 2011, § 10 KStG, Tz. 292.
[183] Vgl. Kofler in Achatz und Kirchmayr 2011, § 10 KStG, Tz. 311; Stieglitz 2011b, S. 77.
[184] Vgl. Kofler in Achatz und Kirchmayr 2011, § 10 KStG, Tz. 268.
[185] Vgl. Kofler in Achatz und Kirchmayr 2011, § 10 KStG, Tz. 312f.
[186] Vgl. Kofler in Achatz und Kirchmayr 2011, § 10 KStG, Tz. 262.
[187] Vgl. Stieglitz 2011b, S. 62, 80ff.; a.A. Kofler in Achatz und Kirchmayr 2011, § 10 KStG, Tz. 281ff.; Marschner in Jakom 2012, § 94 EStG, Rz. 62.
[188] Vgl. Kofler in Achatz und Kirchmayr 2011, § 10 KStG, Tz. 324; Linzner-Strasser 2011, S. 121ff.; Stefaner 2011, S. 102; Stieglitz 2011c, S. 141ff., 144ff.
[189] Vgl. Kofler in Achatz und Kirchmayr 2011, § 10 KStG, Tz. 333; Linzner-Strasser 2011, S. 121f.
[190] Vgl. Kofler in Achatz und Kirchmayr 2011, § 10 KStG, Tz. 325f.; Stieglitz 2011c, S. 145.
[191] Vgl. Stieglitz 2011c, S. 145.

Der switch-over findet bei Niedrigbesteuerung statt. Auf einen passiven Unternehmensschwerpunkt kommt es nicht an.[192] Insofern ist dieser switch-over besonders weit gefasst und damit strenger. Auf EU- bzw. EWR-Portfoliodividenden wird in der Regel zudem eine Quellensteuer erhoben (Art. 10 Abs. 2 Buchstabe a und b OECD-Musterabkommen), die ebenfalls angerechnet wird (Art. 23 B Abs. 1 Buchstabe a) OECD-Musterabkommen) (direkte Anrechnung). Der Methodenwechsel ist möglicherweise nicht europarechtskonform.[193]

Das Europäische Parlament empfiehlt, dass die Freistellungsmethode nur angewendet wird, wenn der ausländische nominelle Körperschaftsteuersatz mindestens 70% des durchschnittlichen nominellen Körperschaftsteuersatzes aller EU-Mitgliedsstaaten beträgt.[194]

Switch-over clauses gibt es auch in Doppelbesteuerungsabkommen, wenn es aufgrund eines Qualifikations- oder Zurechnungskonflikts zu einer Doppelbesteuerung oder einer zu niedrigen Besteuerung im Quellenland kommt.[195] In der jüngeren deutschen Abkommenspolitik zeigt sich zudem eine Tendenz, insbesondere bei Niedrigsteuerstaaten vermehrt die Anrechnungsmethode anzuwenden.[196] Sieht ein Doppelbesteuerungsabkommen einschlägige Antimissbrauchsregeln oder Verweise auf das unilaterale nationale Recht vor,[197] so ist ein nationaler Methodenwechsel unproblematisch.[198] Stimmen die unilateralen switch-over clauses jedoch nicht mit Regelungen in den Doppelbesteuerungsabkommen überein, so liegt ein treaty override vor.[199] Unter einem treaty override versteht man eine nationale Besteuerungsregelung, mit der sich ein Steuergesetzgeber über die bestehenden völkerrechtlichen Verpflichtungen aus einem Doppelbesteuerungsabkommen oder einem anderweitigen internationalen Vertrag hinwegsetzt.[200]

Ein treaty override ist möglich, wenn völkerrechtliche Verträge innerstaatlich nur durch ein Zustimmungsgesetz rechtskräftig werden. Da dieses Zustimmungsgesetz verfassungsrechtlich ein ganz normales Gesetz ist, können die in ihm enthaltenen Regelungen durch spätere entgegenstehende Gesetze wieder ganz oder teilweise aufgehoben werden, indem das spätere Gesetz das frühere Gesetz bricht oder die Sonderregelung die Grundregelung verdrängt. Da Finanzämter und Gerichte an die gültigen Gesetze gebunden sind, stellt der treaty override zwar einen Bruch der völkerrechtlichen Verpflichtungen da, ist aber in diesen Fällen zwingendes innerstaatliches Recht, dessen Nichtigkeit sich nach inländischem Verfassungs-

---

[192] Vgl. Kofler in Achatz und Kirchmayr 2011, § 10 KStG, Tz. 125, 261; Linzner-Strasser 2011, S. 122; Stieglitz 2011c, S. 140.
[193] Vgl. Stieglitz 2011c, S. 149ff.
[194] Vgl. Kofler 2012, S. 88.
[195] Vgl. Petereit 2003, S. 577; Schiessl und Keller 2011, S. 289.
[196] Vgl. Schiessl und Keller 2011, S. 285.
[197] Vgl. Kofler in Achatz und Kirchmayr 2011, § 10 KStG, Tz. 280.
[198] Vgl. Kofler in Achatz und Kirchmayr 2011, § 10 KStG, Tz. 279.
[199] Vgl. Kofler in Achatz und Kirchmayr 2011, § 10 KStG, Tz. 279; Stieglitz 2011b, S. 79.
[200] Vgl. Cloer und Trinks 2012, S. 402ff.; Wagner in Blümich 2012, § 50d EStG, Rz. 18, 20, 111.

recht bestimmt.[201] Ob und wann ein treaty override zulässig ist, ist in der Literatur stark umstritten.[202]

Deutschland und Österreich versuchen dem directive shopping vorzubeugen, damit ein international tätiger Konzern nicht durch eine Zwischenschaltung einer funktionslosen EU-Gesellschaft die deutsche bzw. österreichische **Quellensteuer auf Dividenden aus Inbound-Investitionen** vermeiden kann.[203] Den missbräuchlichen Versuch von Nichtbegünstigten, in den Genuss der Steuervorteile einer EU-Richtlinie zu gelangen, sich also in den Anwendungsbereich der Richtlinie „einzukaufen", bezeichnet man als **directive shopping** (Richtlinien-Shopping).[204]

Auch neuere Doppelbesteuerungsabkommen enthalten häufig **limitation-of-benefits clauses** (LOB-Klauseln), um zu gewährleisten, dass die Abkommensvorteile nur Steuerpflichtigen gewährt werden, die ausreichende wirtschaftliche Gründe für die konkret gewählte Unternehmensstruktur haben.[205] Limitation-of-benefits clauses versagen denjenigen ansässigen Steuerpflichtigen die Vorteile des Doppelbesteuerungsabkommens, die nicht bestimmte zusätzliche Kriterien erfüllen. Diese Klauseln knüpfen meist an eine bestimmte Mindestaktivität an, um das **treaty shopping** (Abkommen-Shopping) zu vermeiden.

In **Deutschland** hat eine ausländische Gesellschaft dann keinen Anspruch auf Kapitalertragsteuerermäßigung auf Dividenden aus Inbound-Investitionen, soweit Personen an ihr beteiligt sind, denen die Steuerentlastung nicht zustände, wenn sie die Einkünfte unmittelbar erzielen (**persönliche Voraussetzungen**) und die von der ausländischen Gesellschaft im betreffenden Wirtschaftsjahr erzielten Bruttoerträge nicht aus eigener Wirtschaftstätigkeit stammen (**Substanztest 1**) sowie wenn für die Einschaltung der ausländischen Gesellschaft wirtschaftliche oder sonst beachtliche Gründe fehlen oder die ausländische Gesellschaft nicht mit einem für ihren Geschäftszweck angemessen eingerichteten Geschäftsbetrieb am allgemeinen wirtschaftlichen Verkehr teilnimmt (**Substanztest 2**) (**sachliche Voraussetzungen**) (§ 50d Abs. 3 dEStG).[206] Derartige Gesellschaften, die keine oder keine nennenswerten Geschäftsräume und -ausstattung aufweisen und keine nennenswerte wirtschaftliche Tätigkeit ausüben, aus der sie auch keine Bruttoerträge erzielen, und nur zur Ausnutzung von steuerlichen Vorteilen an entsprechenden Standorten gegründet werden, werden auch als „**Briefkastengesellschaften**" bezeichnet. Die geschilderte typisierende Missbrauchsvorschrift soll das directive shopping[207] und das treaty shopping[208] verhindern.

---

[201] Vgl. Ernst und Bachmann 2010, S. 274.
[202] Vgl. Ernst und Bachmann 2010, S. 274ff.; Kofler in Achatz und Kirchmayr 2011, § 10 KStG, Tz. 279; Lüdicke 2011, S. 1080; Hahn 2012a, S. 1957ff.
[203] Vgl. Birker 2012, S. 1961.
[204] Vgl. Bermann 2010, S. 259; Stieglitz 2011a, S. 265f., 270ff.
[205] Vgl. Schiessl und Keller 2011, S. 289.
[206] Vgl. BMF Streubesitzdividenden, Tz. 1; Richter 2012, S. 1644; Schönfeld 2012, S. 219; Schönfeld in Flick et al. 2012, § 50d Abs. 3 EStG, Anm. 10f.; Wagner in Blümich 2012, § 50d EStG, Rz. 79ff.
[207] Vgl. Micker 2010, S. 710; Schönfeld in Flick et al. 2012, § 50d Abs. 3 EStG, Anm. 10.
[208] Vgl. Micker 2010, S. 710; von Brocke 2011, S. 316; Schönfeld in Flick et al. 2012, § 50d Abs. 3 EStG, Anm. 10.

Eine Gesellschaft ist in Deutschland bereits entlastungsberechtigt, wenn lediglich einer der beiden Substanztests erfüllt ist.[209] Liegen Einkünfte aus eigener wirtschaftlicher Tätigkeit vor, so ist der Substanztest 1 erfüllt und die Erfüllung der Bedingungen des Substanztests 2, nämlich die wirtschaftlichen oder sonstigen beachtlichen Gründe und ein angemessener Geschäftsbetrieb, muss nicht mehr nachgewiesen werden.[210] Gesellschaften, die geschäftsleitende Aufgaben[211] oder Finanzierungsaufgaben übernehmen, entfalten hinreichende eigene wirtschaftliche Tätigkeiten. Auch bei Holdinggesellschaften, die nur das bloße Halten und Verwalten von Kapitalbeteiligungen übernehmen, liegt ein ausreichender Grund vor, wenn die Holdinggesellschaften auf eine gewisse Dauer angelegt sind und über ein Mindestmaß an sachlicher und personeller Geschäftsausstattung verfügen (sog. **aktive Beteiligungsverwaltung**).[212] Bei lediglich vermögensverwaltenden Gesellschaften hingegen fehlt es an einer eigenen Wirtschaftstätigkeit.[213]

Die Bedingungen des Substanztests 2, nämlich die wirtschaftlichen oder sonstigen beachtlichen Gründe und ein angemessener Geschäftsbetrieb, müssen kumulativ erfüllt werden.[214] Zu den sonstigen beachtlichen Gründen zählen z.B. rechtliche, politische oder religiöse Gründe.[215] Gesellschaften, die substanzarm sind und für deren Zwischenschaltung wirtschaftlichen Gründe fehlen, können in Deutschland weder eine Freistellung von der Kapitalertragsteuer noch eine Erstattung der Kapitalertragsteuer erhalten, wenn die an dieser Gesellschaft beteiligten Personen nicht zu einer Entlastung von der Kapitalertragsteuer berechtigt wären (§ 50d Abs. 3 dEStG).[216] Aufgrund der „oder"-Verknüpfung der aufgeführten Tatbestände des Substanztests 2, liegt bei einer „Briefkastengesellschaft" Missbrauch unabhängig davon vor, ob für ihre Zwischenschaltung Gründe vorgebracht werden können oder nicht.[217]

In Deutschland ist eine **quotale Entlastung** in Abhängigkeit vom Erfüllungsgrad der beiden Substanztests vorgesehen.[218] Werden z.B. Bruttoerträge aus eigener Wirtschaftstätigkeit erzielt, so wären zwei Interpretationen der Aufteilungsmethode denkbar. Es könnten z.B. diejenigen Bruttoerträge, die aus eigener Wirtschaftstätigkeit stammen, vollständig entlastet werden, während diejenigen aus passiver Tätigkeit gar nicht entlastet werden (ertragsbezogene Aufteilung).[219] Es könnte jedoch auch eine Entlastungsquote im Verhältnis der Bruttoerträge aus eigener Wirtschaftstätigkeit zu den gesamten Bruttoerträgen im betreffenden Wirtschaftsjahr berechnet werden (gesellschaftsbezogene Auf-

---

[209] Vgl. Birker 2012, S. 1962.
[210] Vgl. Richter 2012, S. 1647.
[211] Vgl. BMF Streubesitzdividenden, Tz. 5.3; Birker 2012, S. 1962; Richter 2012, S. 1646.
[212] Vgl. BMF Streubesitzdividenden, Tz. 5.2, 7; Schönfeld in Flick et al. 2012, § 50d Abs. 3 EStG, Anm. 155, 182, 186ff.; Wagner in Blümich 2012, § 50d EStG, Rz. 83.
[213] Vgl. BMF Streubesitzdividenden, Tz. 5.1; Wagner in Blümich 2012, § 50d EStG, Rz. 88.
[214] Vgl. Birker 2012, S. 1962.
[215] Vgl. BMF Streubesitzdividenden, Tz. 6; Schönfeld in Flick et al. 2012, § 50d Abs. 3 EStG, Anm. 124.
[216] Vgl. Duttiné und Stumm 2012, S. 872; Richter 2012, S. 1643.
[217] Vgl. Wagner in Blümich 2012, § 50d EStG, Rz. 71.
[218] Vgl. Birker 2012, S. 1962ff.; Richter 2012, S. 1644.
[219] Vgl. Birker 2012, S. 1962f.; Richter 2012, S. 1645.

teilung).[220] Die letztere Methode entspricht der Auffassung der Finanzverwaltung.[221] Möglicherweise ist nur die ertragsbezogene Aufteilung mit den europarechtlichen Vorgaben vereinbar.[222]

Eine in **Österreich** ansässige Tochtergesellschaft hat auf die Dividenden aus Inbound-Investitionen eine Kapitalertragsteuer abzuführen, falls mittels eines Missbrauch von Formen und Gestaltungsmöglichkeiten des bürgerlichen Rechtes die Abgabepflicht umgangen oder gemindert werden soll (**Missbrauch von rechtlichen Gestaltungsmöglichkeiten**) (§ 22 BAO)[223] und der Missbrauch von der zum Abzug verpflichteten Tochtergesellschaft zu vertreten wäre.[224] Mit dieser Regelung soll das directive shopping durch die Zwischenschaltung von „Briefkastengesellschaften" verhindert werden.[225]

Einen Missbrauch hat die Tochtergesellschaft jedoch nur dann nicht zu vertreten, wenn sie über eine schriftliche Erklärung der Muttergesellschaft verfügt, in der die Muttergesellschaft bescheinigt, dass die Muttergesellschaft eine Beschäftigung entfaltet, die über die bloße Vermögensverwaltung hinausgeht (**Tätigkeitsbestätigung**), und die Muttergesellschaft eigene Arbeitskräfte beschäftigt sowie über eigene Betriebsräumlichkeiten verfügt (**Substanzbestätigung**).[226] Der Tochtergesellschaft dürfen keine Umstände erkennbar sein, die einen Zweifel an der Richtigkeit der Erklärung auslösen.[227] Wird die Quellensteuer einbehalten, so muss die Muttergesellschaft in einem Rückerstattungsverfahren nachweisen, dass die Holdingstruktur keinen Missbrauch darstellt.[228]

Eine geschäftsleitende Holding, die laufende Dienstleistungen an Dritte oder im Konzern erbringt, wird wohl als operative und nicht als vermögensverwaltende Gesellschaft eingestuft.[229] Nach Meinung des österreichischen BMF sind auch dann keine Umstände zu erkennen, die für die Annahme eines Missbrauchs sprechen würden, wenn die Dividenden an eine ausländische reine Holdinggesellschaft gezahlt werden, an der eine operative Großmuttergesellschaft beteiligt ist, die im gleichen Ausland ansässig ist.[230]

---

[220] Vgl. Birker 2012, S. 1963f.; Richter 2012, S. 1645.
[221] Vgl. mit Beispiel BMF Streubesitzdividenden, Tz. 2, 12; Birker 2012, S. 1963; Richter 2012, S. 1645.
[222] So Birker 2012, S. 1965.
[223] Vgl. Stieglitz 2011a, S. 256ff.
[224] § 1 VO KESt-Erstattung Mutter- und Tochtergesellschaften; Kofler und Tumpel in Achatz und Kirchmayr 2011, § 21 KStG, Tz. 200f.; Marschner in Jakom 2012, § 94 EStG, Rz. 30; Steindl und Wörndl 2012, S. 156.
[225] Vgl. Kofler und Tumpel in Achatz und Kirchmayr 2011, § 21 KStG, Tz. 201.
[226] § 2 VO KESt-Erstattung Mutter- und Tochtergesellschaften; Kofler und Tumpel in Achatz und Kirchmayr 2011, § 21 KStG, Tz. 202; Stieglitz 2011a, S. 256, 275; Marschner in Jakom 2012, § 94 EStG, Rz. 30; Steindl und Wörndl 2012, S. 156.
[227] § 2 VO KESt-Erstattung Mutter- und Tochtergesellschaften; Kofler und Tumpel in Achatz und Kirchmayr 2011, § 21 KStG, Tz. 202; Marschner in Jakom 2012, § 94 EStG, Rz. 30.
[228] Vgl. Stieglitz 2011a, S. 259; Jerabek und Rittsteuer 2012, S. 134; Marschner in Jakom 2012, § 94 EStG, Rz. 34; Steindl und Wörndl 2012, S. 156f.
[229] Vgl. Jerabek und Rittsteuer 2012, S. 134.
[230] Vgl. Kofler und Tumpel in Achatz und Kirchmayr 2011, § 21 KStG, Tz. 204; Stieglitz 2011a, S. 269; Jerabek und Rittsteuer 2012, S. 135f.; Marschner in Jakom 2012, § 94 EStG, Rz. 31; Steindl und Wörndl 2012, S. 158.

1.2 Zins-Lizenzgebühren-Richtlinie

Literatur: Dautzenberg N (2005) Die Besteuerung von Zinsen und Lizenzgebühren in einem europäischen Konzern. StuB 7:524-531; Dörr I (2005) Praxisfragen zur Umsetzung der Zins- und Lizenzrichtlinie in § 50g EStG. IStR 14:109-117; Ernst M, Bachmann C (2010) Steuerliche Behandlung der grenzüberschreitenden Unternehmensfinanzierung – Überlegungen zur Problemlösung auf Gläubiger-Ebene. StuW 87:262-277; Goebel S, Küntscher A (2011) Gewerbesteuerliche Hinzurechnung von Zinsen auf dem europarechtlichen Prüfstand – Ein Beitrag anlässlich der Urteilsverkündung im Fall Scheuten Solar Technology. IStR 20:630-635; Hahn H (2012b) Zur Gemeinschaftsrechtskonformität der Missbrauchsklausel in § 50g Abs. 4 EStG – Zugleich ein Beitrag zur Auslegung der Zins-/Lizenzgebühren-Richtlinie. IStR 21:638-644; [Jannl et al. (2007)] Jannl M, Petutschnig M, Six M (2007) Praxisprobleme der Abzugsteuer bei Lizenzgebühren. SWI 17:159-163

Das **Ziel** der Richtlinie über eine gemeinsame Steuerregelung für Zahlungen von Zinsen und Lizenzgebühren zwischen verbundenen Unternehmen verschiedener Mitgliedstaaten (Zins-Lizenzgebühren-Richtlinie 2003) ist

1. die Vermeidung der internationalen Doppelbesteuerung von Dividenden und Lizenzgebühren, die ein in der Europäischen Union ansässiges Unternehmen an ein mit ihm verbundenes Unternehmen in einem anderen Mitgliedstaat zahlt,

2. die Vermeidung von Verwaltungsaufwand und Liquiditätsbelastungen der Unternehmen und

3. die Sicherstellung der Einmalbesteuerung von Zinsen und Lizenzgebühren in dem Mitgliedstaat, in dem die darlehens- bzw. lizenzgebende Gesellschaft und damit der Empfänger der Darlehenszinsen bzw. der Lizenzgebühren ansässig ist.[231]

Der Richtlinienvorschlag sieht daher **inhaltlich** eine Befreiung von Zinsen und Lizenzgebühren zwischen verbundenen Unternehmen in der Rechtsform der Kapitalgesellschaft von allen Quellen- oder sonstigen Steuern vor.

1.2.1 Abschaffung der Quellensteuer

Bei der zahlenden Gesellschaft (Darlehensnehmer, Schuldner) sind Aufwendungen für Zinsen bereits im Zuge der Ermittlung des handelsrechtlichen Gewinn abzugsfähig (vgl. **Abbildung 1.17**).

---

[231] Vgl. Erwägungsgrund 2 und 3 Zins-Lizenzgebühren-Richtlinie 2003.

Abbildung 1.17: Besteuerung von Zinsen zwischen verbundenen Unternehmen

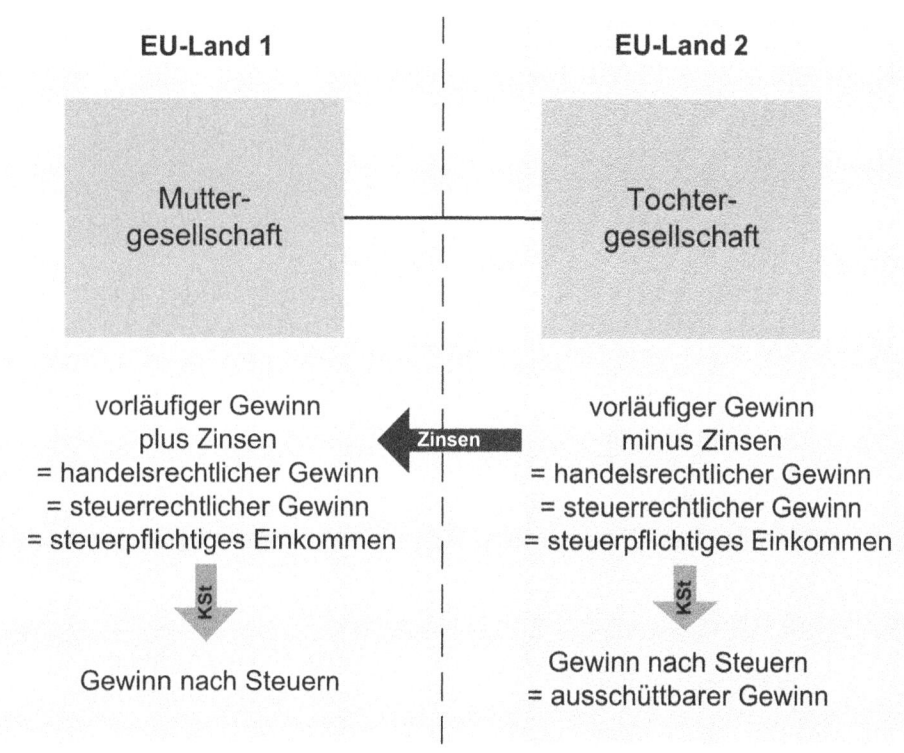

Die Zinsaufwendungen gehen daher über das Maßgeblichkeitsprinzip nicht in den steuerrechtlichen Gewinn und anschließend auch nicht in das körperschaftsteuerpflichtige Einkommen ein.

Schließt man nun die Besteuerung an der Quelle aus, so werden die Zinsen auf Ebene der zahlenden Gesellschaft weder mit Körperschaftsteuer noch mit Kapitalertragsteuer belastet. Da die Zinserträge jedoch bei der empfangenden Gesellschaft (Darlehensgeber, Gläubiger) im Zuge der Ermittlung des handelsrechtlichen Gewinns berücksichtigt werden, gehen die Zinserträge daher über das Maßgeblichkeitsprinzip auch in den steuerrechtlichen Gewinn und anschließend in das körperschaftsteuerpflichtige Einkommen ein. Die Zinserträge werden damit genau einmal, nämlich auf Ebene der empfangenden Gesellschaft (Darlehensgeber) besteuert.

Bei Lizenzgebühren kommt es zu dem gleichen Besteuerungsmechanismus (vgl. **Abbildung 1.18**).

Abbildung 1.18: Besteuerung von Lizenzgebühren zwischen verbundenen Unternehmen

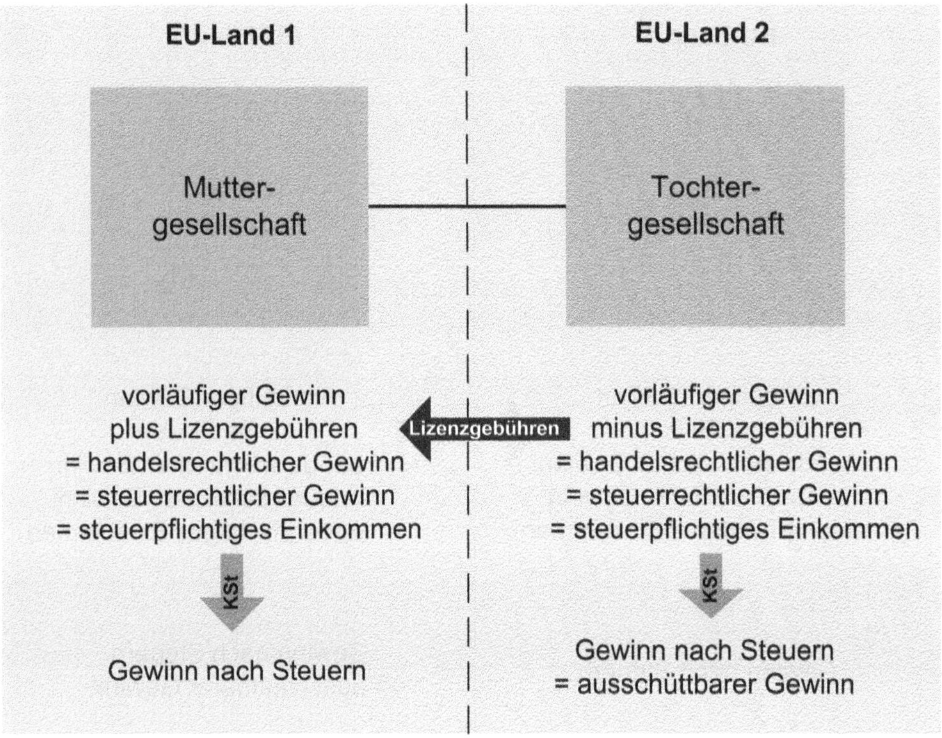

EU-Land 1	EU-Land 2
Muttergesellschaft	Tochtergesellschaft
vorläufiger Gewinn plus Lizenzgebühren = handelsrechtlicher Gewinn = steuerrechtlicher Gewinn = steuerpflichtiges Einkommen ↓ KSt Gewinn nach Steuern	vorläufiger Gewinn minus Lizenzgebühren = handelsrechtlicher Gewinn = steuerrechtlicher Gewinn = steuerpflichtiges Einkommen ↓ KSt Gewinn nach Steuern = ausschüttbarer Gewinn

(Lizenzgebühren fließen von Tochter- an Muttergesellschaft)

Der **Begriff der Quellensteuer** der Zins-Lizenzgebühren-Richtlinie bezieht sich nicht nur auf die Kapitalertragsteuer. Der Wortlaut des Art. 1 Abs. 1 Zins-Lizenzgebühren-Richtlinie 2003 legt fest, dass die Zahlungen im Herkunftsmitgliedstaat „von allen in diesem Staat darauf erhebbaren Steuern – unabhängig davon, ob sie an der Quelle abgezogen oder durch Veranlagung erhoben werden – befreit" werden. Die Formulierung ist weiter gewählt als die der Mutter-Tochter-Richtlinie.[232]

In der Zins-Lizenzgebühren-Richtlinie fehlen allerdings umfassende und klare Angaben zum Umfang des **Abzugs von Betriebsausgaben**.[233] Dies ist von erheblicher Bedeutung, da Zins- und Lizenzgebührenzahlungen **indirekt besteuert** werden würden, wenn sie vom Abzug als Betriebsausgabe ausgeschlossen werden.[234] Nach Auffassung des EuGH verhindert die Zins-Lizenzgebühren-Richtlinie nur die **juristische Doppelbesteuerung**.[235]

---

[232] Vgl. Goebel und Küntscher 2011, S. 632.
[233] Vgl. Goebel und Küntscher 2011, S. 632.
[234] Vgl. Dautzenberg 2005, S. 527.
[235] Vgl. EuGH-Urteil vom 21.07.2011, Rs. C-397/09, Scheuten Solar Technology; Goebel und Küntscher 2011, S. 632f.

jedoch nicht die **wirtschaftliche Doppelbesteuerung**.[236] Die Hinzurechnung von Dauerschuldzinsen im Rahmen der deutschen **Gewerbesteuer** fällt nicht unter den Anwendungsbereich der Richtlinie.[237] Auch die Nichtabzugsfähigkeit von Zinsen aufgrund der deutschen **Zinsschranke**, mit der die Finanzierungen inländischer Kapitalgesellschaften (Schuldner) durch ihre ausländischen Anteilseigner (Gläubiger) und die damit verbundene Gewinnverlagerung in ein niedriger besteuertes Ausland eingeschränkt werden, fällt nicht unter den Anwendungsbereich der Richtlinie.[238]

Wenn die Zins-Lizenzgebühren-Richtlinie nicht zur Anwendung kommt, so erhebt der Quellenstaat gem. **OECD-Musterabkommen** i.d.R. eine begrenzte Quellensteuer auf **Zinsen** in Höhe von max. 10% (Art. 11 Abs. 2 OECD-Musterabkommen) und bei der empfangenden Gesellschaft findet eine direkte Anrechnung der Quellensteuer statt (Art. 23A Abs. 1 Buchstabe a) OECD-Musterabkommen) (vgl. **Abbildung 1.19**).

---

[236] Vgl. Ernst und Bachmann 2010, S. 269; Marschner in Jakom 2012, § 99a EStG, Rz. 1. A.A. Dautzenberg 2005, S. 527.
[237] Vgl. EuGH-Urteil vom 21.07.2011, Rs. C-397/09, Scheuten Solar Technology; Goebel und Küntscher 2011, S. 633f.; Marschner in Jakom 2012, § 99a EStG, Rz. 1. A.A. Dautzenberg 2005, S. 528.
[238] Vgl. Wagner in Blümich 2012, § 50g EStG, Rz. 30.

Abbildung 1.19: Erhebung und direkte Anrechnung einer Quellensteuer auf Zinsen nach OECD-Musterabkommen

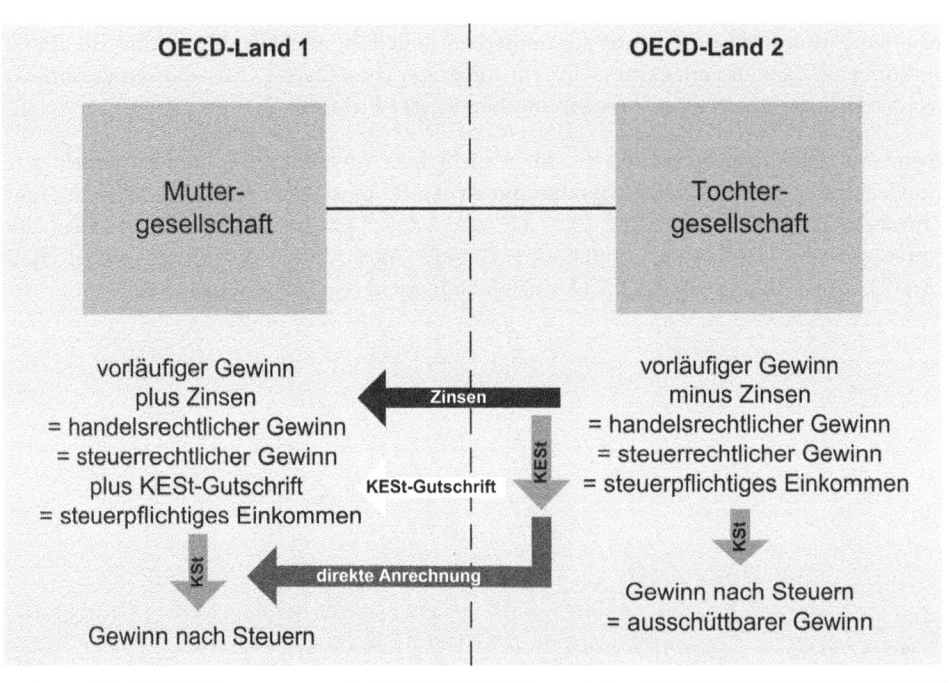

Die um die Quellensteuer verminderten Zinsen, das heißt die Nettozinsen, erhöhen als Ertrag zunächst den handelsrechtlichen Gewinn und damit auch den steuerlichen Gewinn. Im Zuge der Ermittlung des körperschaftsteuerpflichtigen Einkommens ist nun die Kapitalertragsteuer, die auf die Zinsen erhoben wurden, als sog. Kapitalertragsteuergutschrift hinzuzurechnen. Die Kapitalertragsteuergutschrift zählt damit zum körperschaftsteuerpflichtigen Einkommen. Dies bewirkt, dass nun die Bruttozinsen im körperschaftsteuerpflichtigen Einkommen enthalten sind. Das so erhöhte körperschaftsteuerpflichtige Einkommen wird mit dem Körperschaftsteuersatz multipliziert, um die inländische Körperschaftsteuer zu ermitteln, von der dann die anzurechnende ausländische Kapitalertragsteuer abzuziehen ist. Kommt es nicht zu einem Anrechnungsüberhang, so gleicht die anzurechnende ausländische Kapitalertragsteuer der Kapitalertragsteuergutschrift, andernfalls fällt sie geringer aus.

Da Quellensteuern gem. OECD-Musterabkommen auf Bruttoeinkünfte erhoben werden (sog. **Bruttosteuerabzugssystem**), sind sie jedoch nicht in allen Fällen anrechenbar, weil z.B. die zugehörigen Betriebsausgaben zu hoch sind oder ein negatives Gesamteinkommen vorliegt. Die direkte Anrechnung bringt in diesen Fällen keine finanzielle Entlastung mit sich.[239]

---

[239] Vgl. Sapusek 1996, S. 1040.

Das Problem der Erhebung der Quellensteuern auf Bruttoeinkünfte besteht in der EU bzw. dem EWR allerdings nicht mehr, da die unmittelbar mit der Tätigkeit zusammenhängenden **Betriebsausgaben** bzw. **Werbungskosten** bereits beim Abzugsverfahren berücksichtigt werden müssen (sog. **Nettosteuerabzugssystem**), wenn sie dem Vergütungsschuldner mitgeteilt werden.[240] Insbesondere bei Lizenzgebühren sind diese Aufwendungen erheblich, da es sich häufig um eine Verwertung gewerblich erzeugter Technologie mit erheblichen Forschungs- und Entwicklungskosten handelt.[241] Aufgrund der schmalen Gewinnspanne bei Lizenzgebühren führt bereits eine Quellensteuer auf die Brutto-Lizenzgebühren in Höhe von 10% bei einer Umsatzrendite von 20% zu einer praktisch völligen Ausschöpfung des Steuergutes.[242]

Die Begrenzung der Abzugsfähigkeit auf diejenigen Aufwendungen, die mit den inländischen Einkünften im unmittelbaren wirtschaftlichen Zusammenhang stehen (sog. **Korrespondenzprinzip**), ist ein Ausfluss des Territorialitätsprinzips.[243] Das **Territorialitätsprinzip** ist eine gebietsbezogene Anknüpfung der Besteuerung, die auf das Gebiet abstellt, in der sich die Einkunftsquelle befindet. Es besagt, dass ein jeder Staat aufgrund seiner Oberhoheit über Unternehmen, die ihren Sitz in seinem Staatsgebiet haben, berechtigt ist, alle auch außerhalb seines Territoriums verwirklichten Tatbestände des Unternehmens zu besteuern. Das Prinzip führt zusammen mit dem Prinzip der Quellenbesteuerung zur beschränkten Quellensteuerpflicht hinsichtlich der im Inland belegenen Besteuerungsgrundlagen.

In **Deutschland** können die Betriebsausgaben bzw. Werbungskosten, die im unmittelbaren wirtschaftlichen Zusammenhang mit Lizenzgebühren stehen, ohne Einschränkung abgezogen werden, so dass die Quellensteuer nur auf die Nettoeinnahmen (objektives Nettoprinzip) erhoben wird (§ 50a Abs. 3 dEStG).[244]

In **Österreich** besteht neben der generellen Möglichkeit einer nachträglichen Antragsveranlagung (§ 102 Abs. 1 Ziffer 3 öEStG)[245] auch die Möglichkeit der Erhebung der Quellensteuer nur auf den Nettobetrag, indem die Betriebsausgaben bzw. Werbungskosten abgezogen werden, die im unmittelbaren wirtschaftlichen Zusammenhang mit Lizenzgebühren stehen (§ 99 Abs. 2 Ziffer 2 öEStG).[246] Die nachträgliche Geltendmachung im Veranlagungsverfahren ermöglicht es den Lizenzgebern davon abzusehen, ihren abzugs-

---

[240] Vgl. EuGH-Urteil vom 03.10.2006, Rs. C-290/04, Scorpio; Pöllath und Lohbeck in Vogel und Lehner 2008, Art. 12 OECD-Musterabkommen, Rn. 31; Ernst und Bachmann 2010, S. 268; Kofler und Tumpel in Achatz und Kirchmayr 2011, § 21 KStG, Tz. 44f., 244; Wied in Blümich 2012, § 50 EStG, Rz. 21; Wied in Blümich 2012, § 50a EStG, Rz. 10, 33.
[241] Vgl. Pöllath und Lohbeck in Vogel und Lehner 2008, Art. 12 OECD-Musterabkommen, Rn. 12.
[242] Vgl. Pöllath und Lohbeck in Vogel und Lehner 2008, Art. 12 OECD-Musterabkommen, Rn. 6.
[243] Vgl. Kofler und Tumpel in Achatz und Kirchmayr 2011, § 21 KStG, Tz. 285.
[244] Vgl. Pöllath und Lohbeck in Vogel und Lehner 2008, Art. 12 OECD-Musterabkommen, Rn. 31; Wied in Blümich 2012, § 49 EStG, Rn. 44; Wied in Blümich 2012, § 50 EStG, Rz. 21, 93.
[245] Vgl. Jannl et al. 2007, S. 159; Pöllath und Lohbeck in Vogel und Lehner 2008, Art. 12 OECD-Musterabkommen, Rn. 31; Kofler und Tumpel in Achatz und Kirchmayr 2011, § 21 KStG, Tz. 21, 44, 110, 271.
[246] Vgl. Kofler und Tumpel in Achatz und Kirchmayr 2011, § 21 KStG, Tz. 21, 110, 268.

verpflichteten Lizenznehmern z.B. die Kalkulationsgrundlagen und die Gewinnspanne offen zu legen.[247]

Bezüglich der **Lizenzgebühren** sieht das **OECD-Musterabkommen** eine Besteuerung ausschließlich im Ansässigkeitsstaat der empfangenden Gesellschaft vor (Art. 12 Abs. 1 OECD-Musterabkommen). Das Quellenland hat nicht einmal ein beschränktes Besteuerungsrecht. Dies wird für sinnvoll erachtet, da die Aufwendungen zur Entwicklung der Vermögenswerte, die dem Lizenzvertrag zu Grunde liegen, steuerlich ausschließlich vom Ansässigkeitsstaat des Lizenzgebers getragen werden.[248] Zudem stehen die Lizenzgebühren den Unternehmensgewinnen nahe, die ebenfalls nur im Belegenheitsstaat der Betriebsstätte besteuert werden.[249]

Einige EU-Staaten gestehen bei Zinsen und Lizenzgebühren in bestimmten **Doppelbesteuerungsabkommen** dem Quellenstaat grundsätzlich nicht einmal ein beschränktes Quellensteuerrecht zu, sondern weisen das Besteuerungsrecht alleine dem Ansässigkeitsstaat der empfangenden Gesellschaft zu und sehen folglich gar keine Quellensteuer auf Zinsen und Lizenzgebühren vor (so z.B. Art. 11 Abs. 1 und Art. 12 Abs. 1 DBA Deutschland-Österreich). Bezüglich Lizenzgebühren im Konzernverbund hat sich aber z.B. **Österreich** in mehreren Doppelbesteuerungsabkommen ausbedungen, bei mehrheitlicher mittelbarer bzw. unmittelbarer Beteiligung des Lizenzgebers die Lizenzgebühren nicht von der Quellensteuer freizustellen, sondern nur reduzierte Quellensteuersätze zu erheben.[250] Damit kann Österreich zwar die Gewinnverlagerung im Konzern mittels Lizenzgebühren nicht verhindern, aber erhält zumindest eine reduzierte Quellensteuer.

Hinzu kommt, dass einige Staaten unabhängig von den Doppelbesteuerungsabkommen bereits **nach nationalem Recht** keine Quellensteuer erheben. Die Nichterhebung der Quellensteuer auf z.B. Zinsen kann sich positiv auf die Produktivität und das Wirtschaftswachstum auswirken, da Fremdkapital leichter ins Inland zufließen kann, wenn im ausländischen Ansässigkeitsstaates der Kreditgeber keine Anrechnungsverluste aufgrund z.B. Verlustsituationen entstehen können, und keine Quellensteuern auf die Kreditnehmer abgewälzt werden können.

So erhebt z.B. **Deutschland** auf Zinsen aus festverzinslichen Forderungen nur noch Quellensteuern, sofern diese grundpfandrechtlich gesichert sind (§ 49 Abs. 1 Nr. 5 Buchstabe c) Doppelbuchstabe aa) dEStG).[251] **Österreich** erhebt nur noch Quellensteuern auf Zinsen, die mittelbar oder unmittelbar durch inländischen Grundbesitz oder Schiffe gesichert, es sei denn es handelt sich um Forderungspapiere (§ 98 Abs. 1 Ziffer 5 Buchstabe b) öEStG).[252] Für Deutschland und Österreich umfasst der Hauptanwendungsbereich der Richtlinie demensprechend Lizenzgebühren.

---

[247] Vgl. Kofler und Tumpel in Achatz und Kirchmayr 2011, § 21 KStG, Tz. 45.
[248] Vgl. Pöllath und Lohbeck in Vogel und Lehner 2008, Art. 12 OECD-Musterabkommen, Rn. 8.
[249] Vgl. Pöllath und Lohbeck in Vogel und Lehner 2008, Art. 12 OECD-Musterabkommen, Rn. 4.
[250] Vgl. Pöllath und Lohbeck in Vogel und Lehner 2008, Art. 12 OECD-Musterabkommen, Rn. 6.
[251] Vgl. Schmidt 2012, § 49 EStG, Rz. 100; Wagner in Blümich 2012, § 50g EStG, Rz. 7, 61.
[252] Vgl. Marschner in Jakom 2012, § 98 EStG, Rz. 94.

Ansonsten vermeidet die Zins-Lizenzgebühren-Richtlinie jedoch,

1. dass eine internationalen Doppelbesteuerung von Zinsen und Lizenzgebühren entsteht, die ein in der EU-ansässiges Unternehmen an ein mit ihm verbundenes Unternehmen in einem anderen Mitgliedstaat zahlt (falls z.B. kein Doppelbesteuerungsabkommen besteht),
2. dass der Gesellschaft, die die Zinsen bzw. Lizenzgebühren empfängt, dadurch ein zusätzlicher Verwaltungsaufwand entsteht, dass sie einen Antrag auf direkte Anrechnung der erhobenen Quellensteuer stellen muss,
3. dass der Gesellschaft Liquiditätsbelastungen durch die Quellensteuerabführung entstehen und,
4. dass der Gesellschaft ein negativer Zinseffekt aufgrund des zeitlichen Unterschieds zwischen der Zahlung der Quellensteuer und der direkten Anrechnung der Quellensteuer entsteht.

In **Deutschland** unterliegen Zinsen und Lizenzgebühren, die eine im Ausland ansässige Kapitalgesellschaft erhält, der beschränkten Körperschaftsteuerpflicht (§ 2 Abs. 1 Nr. 1, § 8 Abs. 1 dKStG i.V.m. § 49 Abs. 1 Nr. 5 Buchstabe c) dEStG (Zinsen) bzw. § 49 Abs. 1 Nr. 6 dEStG (Lizenzgebühren)). Deutschland übt sein Besteuerungsrecht allerdings bei **Zinsen** nur aus, wenn die zugrunde liegende Forderung durch inländischen Grundbesitz gesichert ist (Inlandsbezug) (§ 49 Abs. 1 Nr. 5 Buchstabe c) Doppelbuchstabe aa) dEStG).[253] Davon sind trotz entsprechender Sicherung Zinsen aus z.B. Teilschuldverschreibungen ausgenommen (§ 49 Abs. 1 Nr. 5 Buchstabe c) Doppelbuchstabe aa) dEStG).[254] Die Steuer wird überwiegend im Wege des Steuerabzuges erhoben. Ein Wahlrecht der beschränkt steuerpflichtigen EU-Körperschaft auf Veranlagung der Zinsen oder Lizenzgebühren besteht nicht.[255] Nur bei dinglich gesicherten Zinsen, die nicht unter § 43 Abs. 1 Satz 1 Nr. 7 dEStG fallen, findet eine Veranlagung statt.[256]

Bei **Lizenzzahlungen** für die Überlassung von Rechten und Know-how wird die Steuer in Deutschland im Wege des Steuerabzugs erhoben (§ 50a Abs. 1 Nr. 3 dEStG),[257] indem eine Quellensteuer in Höhe von 20% des Bruttobetrages erhoben wird (§ 50a Abs. 2 Satz 1 dEStG).

Es besteht bei **Zins- und Lizenzzahlungen** zwischen verbundenen Unternehmen (bei einer 25%igen Mindestbeteiligung) eine vollständige Befreiung jeglicher Steuern unabhängig davon, ob sie an der Quelle abgezogen oder durch Veranlagung erhoben werden, wenn das zahlende Unternehmen bzw. die Betriebsstätte in Deutschland ansässig bzw. belegen ist

---

[253] Vgl. Schmidt 2012, § 49 EStG, Rz. 100; Wagner in Blümich 2012, § 50g EStG, Rz. 7, 61; Wied in Blümich 2012, § 49 EStG, Rz. 190.
[254] Vgl. Wied in Blümich 2012, § 49 EStG, Rz. 193.
[255] Vgl. Werning in Blümich 2012, § 32 KStG, Rz. 11a.
[256] Vgl. Dörr 2005, S. 110.
[257] Vgl. Wied in Blümich 2012, § 50a EStG, Rz. 57.

und das nutzungsberechtigte Unternehmen bzw. die Betriebsstätte im EU-Ausland ansässig bzw. belegen ist (§ 50g dEStG).[258]

In **Österreich** unterliegen **Zinsen**, die an Gesellschaften gezahlt werden, die nicht in Österreich ansässig sind, nicht der beschränkten Einkommensteuerpflicht, es sei denn, sie sind mittelbar oder unmittelbar durch inländischen Grundbesitz oder Schiffe gesichert (§ 98 Abs. 1 Ziffer 5 Buchstabe b) i.V.m. § 27 Abs. 2 Ziffer 2 öEStG).[259] Sind Zinsen eines Steuerausländers im Katalog der in § 98 öEStG erschöpfend aufgezählten inländischen Einkünfte nicht enthalten, so unterliegen sie nicht der österreichischen Steuerpflicht und sind somit nicht steuerbar.

Zinsen aus Darlehen werden von der Kapitalertragsteuer befreit, wenn sie aus einer Kapitalanlage stammen, die im Betriebsvermögen einer juristischen Person liegt (§ 94 Ziffer 5 Buchstabe a) öEStG).[260] Die Zinserträge müssen bei der ausländischen Gesellschaft steuerlich erfasst werden.[261] Voraussetzung ist die Abgabe einer Befreiungserklärung.[262] Es ist keine besondere Form und keine Frist für die Befreiungserklärung vorgesehen.[263]

In Österreich bestehen für Zinsen unabhängig von der Umsetzung der Zins-Lizenzgebühren-Richtlinie Befreiungen.[264] Diese Befreiungen bleiben ungeachtet der Umsetzung der Zins-Lizenzgebühren-Richtlinie in § 99a öEStG anwendbar.[265] Hypothekarisch gesicherte, nicht verbriefte Konzernforderungen werden hingegen erst durch § 99a öEStG von der beschränkten Steuerpflicht ausgenommen.[266]

Lizenzgebühren unterliegen in Österreich der beschränkten Einkommensteuerpflicht (§ 98 Abs. 1 Ziffer 6 öEStG). Im Fall von Lizenzgebühren wird ein endgültiger Steuerabzug durchgeführt (§ 99 Abs. 1 Ziffer 3 i.V.m. § 28 Abs. 1 Ziffer 3 öEStG),[267] indem Österreich eine endgültige, das heißt nicht anrechenbare oder erstattbare Quellensteuer in Höhe von 20% erhebt (§ 100 Abs. 1 öEStG).[268] Lizenzgebühren im Konzernverbund werden allerdings durch § 99a öEStG von der beschränkten Steuerpflicht ausgenommen.[269]

Neben den geschilderten Befreiungen für Zinsen bestehen in Österreich Befreiungen bei **Zins- und Lizenzzahlungen**, die im Konzernverbund gezahlt werden, aufgrund der Umsetzung der Zins-Lizenzgebühren-Richtlinie in § 99a öEStG. Es besteht eine Befreiung vom KESt-Abzug, wenn die Muttergesellschaft in einem EU-Mitgliedstaat ansässig ist und

---

[258] Vgl. Wied in Blümich 2012, § 50a EStG, Rz. 58.
[259] Vgl. Kofler und Tumpel in Achatz und Kirchmayr 2011, § 21 KStG, Tz. 99; Marschner in Jakom 2012, § 98 EStG, Rz. 94.
[260] Vgl. Marschner in Jakom 2012, § 94 EStG, Rz. 51, 53.
[261] Vgl. Marschner in Jakom 2012, § 94 EStG, Rz. 52.
[262] Vgl. Marschner in Jakom 2012, § 94 EStG, Rz. 51.
[263] Vgl. Marschner in Jakom 2012, § 94 EStG, Rz. 56.
[264] Vgl. Marschner in Jakom 2012, § 99a EStG, Rz. 3.
[265] Vgl. Kofler und Tumpel in Achatz und Kirchmayr 2011, § 21 KStG, Tz. 214.
[266] Vgl. Kofler und Tumpel in Achatz und Kirchmayr 2011, § 21 KStG, Tz. 214.
[267] Vgl. Kofler und Tumpel in Achatz und Kirchmayr 2011, § 21 KStG, Tz. 110, 258ff.
[268] Vgl. Jannl et al. 2007, S. 159.
[269] Vgl. Kofler und Tumpel in Achatz und Kirchmayr 2011, § 21 KStG, Tz. 214.

mindestens mit 25% an der Tochtergesellschaft beteiligt ist sowie diese Beteiligung mindestens ein Jahr gehalten wird (§ 99a Abs. 6 Satz 1 Ziffer 1 und Satz 3 öEStG). Wenn eine Befreiung vom KESt-Abzug zutrifft, weil die 25%ige Mindestbeteiligung und die Mindesthaltedauer von einem Jahr erfüllt sind, liegt keine beschränkte Einkommensteuerpflicht vor (§ 98 Abs. 2 i.V.m. § 99a Abs. 1 Satz 1 i.V.m. § 99a Abs. 6 öEStG).[270] Falls diese Mindesthaltedauer noch nicht erfüllt ist, wird die Kapitalertragsteuer provisorisch einbehalten und nach Ablauf der Mindesthaltedauer auf Antrag der Gesellschaft, die die Lizenzgebühren erhält, das heißt dem Lizenzgeber, zurückerstattet (§ 99a Abs. 8 öEStG). In diesem Fall gilt dies auch für hypothekarisch gesicherte Zinsen.[271] Über § 21 Abs. 1 öKStG finden diese Bestimmungen auch auf beschränkt steuerpflichtige Kapitalgesellschaften Anwendung.[272]

Hinsichtlich der **Steuerwirkungen** führt die Zins-Lizenzgebühren-Richtlinie zu einer Besteuerung auf dem Steuerniveau des Staates des Nutzungsberechtigten. Aus Gründen der Finanzierungsneutralität sollte allerdings die Besteuerung aller Leistungsentgelte, also neben den Zinsen (und Lizenzgebühren) auch die Dividenden, verzerrungsfrei sein. Ansonsten würde der Steuerpflichtige aus rein steuerlichen Gründen die jeweils günstigere Fremdfinanzierung oder Eigenfinanzierung wählen. Dividenden werden jedoch nur im Fall der indirekten Anrechnungsmethode ohne Anrechnungshöchstbetrag auf dem Steuerniveau des Staates der empfangenden Gesellschaft besteuert (vgl. **Abbildung 1.20**).

---

[270] Vgl. Kofler und Tumpel in Achatz und Kirchmayr 2011, § 21 KStG, Tz. 213; Marschner in Jakom 2012, § 98 EStG, Rz. 13.
[271] öEStR 2000, Rz. 7971.
[272] Vgl. Marschner in Jakom 2012, § 98 EStG, Rz. 1.

Abbildung 1.20: Besteuerung der Leistungsentgelte zwischen verbundenen Unternehmen im Fall der indirekten Anrechnung

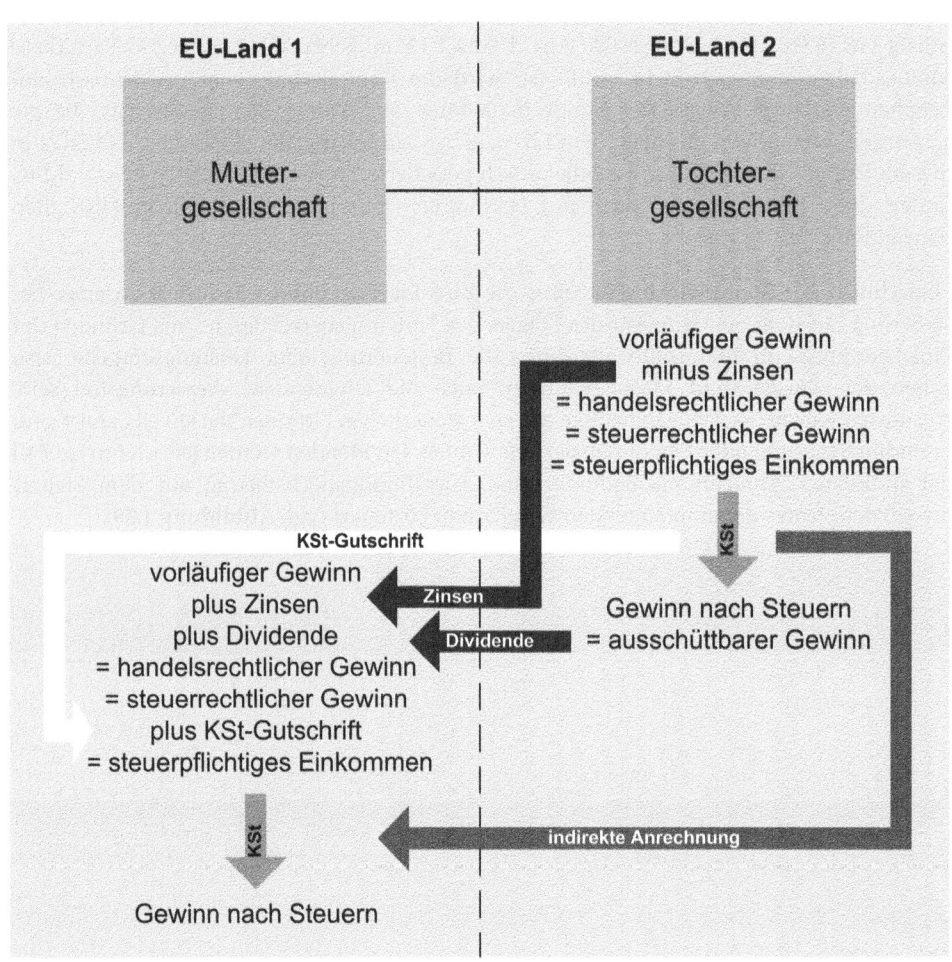

Alternativ käme für die Dividendenbesteuerung nach der Mutter-Tochter-Richtlinie die Freistellungsmethode in Frage. In diesem Fall wird Finanzierungsneutralität nur erreicht, wenn die Körperschaftsteuersätze in beiden Ansässigkeitsstaaten gleich hoch sind. Bei der Eigenfinanzierung kommt noch hinzu, dass die Gesellschaft statt der Ausschüttung auch eine Thesaurierung beschließen könnte. Liegt z.B. der Thesaurierungskörperschaftsteuersatz der Tochtergesellschaft unter dem Körperschaftsteuersatz der Muttergesellschaft, so wird die Eigenkapitalfinanzierung in Verbindung mit der Thesaurierung bei der Tochtergesellschaft bevorzugt.

1.2.2 Begünstigte Zinsen und Lizenzgebühren

Als **Zinsen** definiert die Zins-Lizenzgebühren-Richtlinie alle Einkünfte aus gesicherten und ungesicherten Forderungen jeder Art, auch wenn die zugrundeliegende Forderung eine Beteiligung am Gewinn des Zinsschuldners vermittelt (Art. 2 Buchstabe a) Zins-Lizenzgebühren-Richtlinie 2003). Die Begriffsdefinition der Zinsen deckt sich im Wesentlichen mit denen des OECD-Musterabkommens.[273]

Der Quellenstaat muss die Quellensteuerbefreiung jedoch nicht gewähren bei Gewinnausschüttungen, Ausschüttungen aufgrund von Kapitalherabsetzungen oder Zahlungen aus Forderungen, die einen Anspruch auf Beteiligung am Gewinn des Darlehensnehmers begründen (Art. 4 Abs. 1 Buchstabe a), b) und c) Zins-Lizenzgebühren-Richtlinie 2003).

Gewinnabhängige Zinsen sind insbesondere Zinsen aus partiarischen Darlehen und Gewinnobligationen sowie Einnahmen aus der Beteiligung als stiller Gesellschafter an einem Handelsgewerbe sowie Einnahmen aus Genussrechten.[274] Umsatzabhängige Zinsen fallen nicht unter den Begriff der gewinnabhängigen Zahlungen.[275] **Deutschland** hat z.B. von dem Recht Gebrauch gemacht, hybride bzw. mezzanine Finanzierungen, die einen Anspruch auf gewinnabhängige Zinsen begründen, auszuschließen (§ 50g Abs. 2 Nr. 1 Buchstabe b) dEStG). **Österreich** hat gewinnabhängige Zinsen aus hybriden Finanzinstrumenten ausgeschlossen (§ 99a Abs. 9 Ziffer 1 öEStG).[276] Da gewinnabhängige Zinsen unter Art. 11 Abs. 3 OECD-Musterabkommen fallen, könnten sie jedoch zumindest nach einem entsprechenden Doppelbesteuerungsabkommen von der Quellensteuer befreit sein.[277]

Die Abgrenzung zwischen Zinsen und Dividenden ist von praktischer Bedeutung, da eine Quellenbesteuerung zwar aufgrund der Mutter-Tochter-Richtlinie auch bei Dividenden nicht erfolgt, aber sich die Mindestbeteiligungsquoten unterscheiden. Während die Mindestbeteiligungsquote im Fall von Dividenden max. 10% beträgt (Art. 3 Abs. 1 Buchstabe a) Mutter-Tochter-Richtlinie 2011), liegt sie im Fall von Zinsen bei max. 25% (Art. 3 Buchstabe b) Zins-Lizenzgebühren-Richtlinie 2003). Finanzierungsneutralität wird damit erst bei einer Beteiligungsquote von 25% hergestellt. Zurzeit steht eine Senkung der Mindestbeteiligungsquote im Fall von Zinsen (und Lizenzgebühren) auf 10% aus (Art. 2 Buchstabe d) Zins-Lizenzgebühren-Richtlinie 2011-E).

Liegen unangemessen hohe Zinsaufwendungen vor, weil zwischen dem Darlehensnehmer und dem Darlehensgeber besondere Beziehungen vorliegen, so wird auf die überhöhten Zinsen (**verdeckte Gewinnausschüttung**) nicht die Zins-Lizenzgebühren-Richtlinie (Art. 4

---

[273] Vgl. Sapusek 1996, S. 1043; Pöllath und Lohbeck in Vogel und Lehner 2008, Art. 11 OECD-Musterabkommen, Rn. 7; Marschner in Jakom 2012, § 88a EStG, Rz. 6; Wagner in Blümich 2012, § 50g EStG, Rz. 60, 62.
[274] Vgl. Wagner in Blümich 2012, § 50g EStG, Rz. 72.
[275] Vgl. Dörr 2005, S. 113.
[276] Vgl. Kofler und Tumpel in Achatz und Kirchmayr 2011, § 21 KStG, Tz. 228; Marschner in Jakom 2012, § 99a EStG, Rz. 6.
[277] Vgl. Dörr 2005, S. 114.

Abs. 2 Zins-Lizenzgebühren-Richtlinie 2003), sondern die Mutter-Tochter-Richtlinie angewendet. Nur die Zinsen, die dem Fremdvergleichsgrundsatz entsprechen, werden nach der Zins-Lizenzgebühren-Richtlinie von der Quellensteuer befreit.[278] Es wird auf einen durchzuführenden Fremdvergleich und auf die Veranlassung der überhöhten Zinsen aufgrund des Gesellschafterverhältnisses abgestellt.[279] Von diesem Recht haben z.B. **Deutschland** (§ 50g Abs. 2 Nr. 2 dEStG i.V.m. § 8 Abs. 3 Satz 2 dKStG)[280] und **Österreich** (§ 99a Abs. 9 Satz 2 öEStG) Gebrauch gemacht.

Bei verbundenen grenzüberschreitenden Unternehmen erfolgt eine Korrektur der Gewinne, falls der **Fremdvergleichsgrundsatz** (dealing-at-arm's-length principle) nicht eingehalten wurde (Art. 9 OECD-Musterabkommen). Eine Mindestbeteiligungsgrenze ist nicht vorgesehen. Die Korrektur erfolgt in beiden Staaten gleichermaßen. Eine Korrektur des Verrechnungspreises (z.B. von einem zinslosen Darlehen zu einem mit dem Marktpreis verzinslichen Darlehen) und der Annahme einer **verdeckten Gewinnausschüttung** kann gegen die Kapitalverkehrsfreiheit verstoßen, wenn trotz des Verstoßes gegen den Fremdvergleichsgrundsatz im Einzelfall wirtschaftliche Gründe für den Abschluss des Geschäftes zu diesen nicht fremdüblichen Bedingungen sprechen.[281] In diesem Fall ist eine verdeckte Gewinnausschüttung europarechtlich nicht zulässig.

Beispiel: Das zinslose Darlehen der Muttergesellschaft an die Tochtergesellschaft stellt eine wirtschaftlich vernünftige Stützungsmaßnahme dar, damit die notleidende Tochtergesellschaft dringend fällige Lieferantenverbindlichkeiten bezahlen oder gar eine sonst drohende Zahlungsunfähigkeit vermeiden kann.

Gegen-Beispiel: Das zinslose Darlehen wird von der Tochtergesellschaft am gleichen Tag zinsbringend auf einem Bankkonto angelegt, um daraus Gewinne zu erzielen (schädliche Steuerumgehung).

Lizenzgebühren sind nach der Zins-Lizenzgebühren-Richtlinie Vergütungen jeder Art für die Nutzung oder die Berechtigung zur Nutzung von Urheberrechten, Patenten, Warenzeichen, Geschmacksmustern, jeder Art von Know-how und Erfahrungen sowie gewerblicher, kommerzieller oder wissenschaftlicher Ausrüstungen (Art. 2 Buchstabe b) Zins-Lizenzgebühren-Richtlinie 2003). Enthalten sind auch Vergütungen für die Überlassung von Computersoftware und von gewerblichen, kaufmännischen oder wissenschaftlichen Ausrüstungen.[282] Die Richtlinie fasst damit den Lizenzgebührenbegriff weiter als Art. 12 Abs. 2 OECD-Musterabkommen.[283]

---

[278] Vgl. Kofler und Tumpel in Achatz und Kirchmayr 2011, § 21 KStG, Tz. 228.
[279] Vgl. Wagner in Blümich 2012, § 50g EStG, Rz. 73.
[280] Vgl. Schulte in Erle und Sauter 2010, § 8 Rn. 72.
[281] Vgl. EuGH-Urteil vom 21.01.2010, Rs. C-311/08, SGI.
[282] Vgl. Pöllath und Lohbeck in Vogel und Lehner 2008, Art. 12 OECD-Musterabkommen, Rn. 13; Kofler und Tumpel in Achatz und Kirchmayr 2011, § 21 KStG, Tz. 228; Marschner in Jakom 2012, § 99a EStG, Rz. 7.
[283] Vgl. Pöllath und Lohbeck in Vogel und Lehner 2008, Art. 12 OECD-Musterabkommen, Rn. 13, 54; Kofler und Tumpel in Achatz und Kirchmayr 2011, § 21 KStG, Tz. 228; Marschner in Jakom 2012, § 99a EStG, Rz. 7.

Liegen unangemessen hohe Lizenzaufwendungen vor, weil zwischen dem Lizenznehmer und dem Lizenzgeber besondere Beziehungen vorliegen, so wird die Zins-Lizenzgebühren-Richtlinie auch auf die überhöhten Lizenzaufwendungen (**verdeckte Gewinnausschüttung**) angewendet (Art. 4 Abs. 2 Zins-Lizenzgebühren-Richtlinie 2003).

1.2.3 Begünstigte Konzernstrukturen

Der **subjektive Anwendungsbereich** der Zins-Lizenzgebühren-Richtlinie bezieht sich auf Schuldner und Gläubiger der Zins- oder Lizenzzahlungen von Körperschaften, die in verschiedenen **EU-Mitgliedstaaten** ansässig sind (Art. 3 Buchstabe a) römisch iii) Zins-Lizenzgebühren-Richtlinie 2003). Der Anwendungsbereich der Richtlinie dehnt sich über Unternehmen, die in den Mitgliedstaaten der Europäischen Union ansässig sind, möglicherweise auch auf Unternehmen aus, die in den Staaten des **Europäischen Wirtschaftsraumes** (EWR), das heißt Island, Lichtenstein und Norwegen, ansässig sind. Zwar sind in den EWR-Vertrag die steuerlichen Regelungen des EU-Rechtes nicht ausdrücklich aufgenommen, jedoch gelten die Grundfreiheiten auch im EWR-Vertrag und untersagen auch dort Diskriminierungen auf dem Gebiet des Steuerrechts.[284]

Aufgrund des Zinsabkommens zwischen der Europäischen Union und der Schweiz sind auch Unternehmen (und ihre Betriebsstätten) begünstigt, die in der **Schweiz** ansässig sind (Art. 15 Abs. 2 Zinsabkommen Schweiz).[285] Zinszahlungen und Lizenzgebühren zwischen einer schweizer Kapitalgesellschaft und einer Kapitalgesellschaft, die in einen EU-Mitgliedstaat ansässig ist, müssen quellensteuerfrei bleiben, wenn die Muttergesellschaft an der Tochtergesellschaft oder die Obergesellschaft an den Schwestergesellschaften mindestens zwei Jahre lang direkt mindestens zu 25% am Gesellschaftskapital beteiligt ist (Art. 15 Abs. 2 Zinsabkommen Schweiz).

Die Gesellschaften müssen ohne Wahlmöglichkeit einer der in Anhang I Teil B aufgeführten Körperschaftsteuer unterliegen, ohne von ihr befreit zu sein (**subject-to-tax clause**) (Art. 3 Buchstabe a) römisch iii) Zins-Lizenzgebühren-Richtlinie 2003). In den Fällen, in denen die empfangende Gesellschaft im Empfangsstaat nicht besteuert wird, kann nämlich auch keine Doppelbesteuerung entstehen. Käme es hier zu einer Quellensteuerbefreiung wäre nicht einmal die Einmalbesteuerung sichergestellt. Um Schlupflöcher zu vermeiden, die zur Steuerhinterziehung genutzt werden können, sollen die Quellenstaaten nicht verpflichtet sein, eine Quellensteuer zu erheben, wenn die Zinsen und Lizenzgebühren bei den Unternehmen durch innerstaatliche Sonderregelungen von der Steuer befreit sind.[286] Deshalb soll die Zins-Lizenzgebühren-Richtlinie dergestalt geändert werden, dass die Unternehmen nicht von der Körperschaftsteuer befreit sein dürfen und überdies die Zinsen und Lizenzgebühren tatsächlich der Besteuerung unterliegen müssen (Art. 1 Abs. 1 Zins-Lizenzgebühren-Richtlinie 2011-E). Falls jedoch die Gesellschaft, die die

---

[284] Vgl. Hummer in Dauses 2012, K.III, Rn. 117f.
[285] Vgl. Dautzenberg 2005, S. 530f.; Pöllath und Lohbeck in Vogel und Lehner 2008, Art. 12 OECD-Musterabkommen, Rn. 14; Kofler und Tumpel in Achatz und Kirchmayr 2011, § 21 KStG, Tz. 167.
[286] Zins-Lizenzgebühren-Richtlinie 2011-E, Erläuterung zu den Bestimmungen der Steuerbefreiung.

Zinsen oder Lizenzgebühren erhält, Verluste aufweist, so dass die Erträge den Verlustvortrag kürzen und es zu einer lediglich temporären Nichtbesteuerung der Zinsen oder Lizenzgebühren kommt, dürfte die Quellensteuerbefreiung nicht untersagt werden.[287]

Die Körperschaft muss zudem eine **Rechtsform** aufweisen, die explizit im Anhang der Richtlinie aufgeführt ist (Art. 3 Buchstabe a) römisch i) Zins-Lizenzgebühren-Richtlinie 2003). Der Anwendungsbereich der Richtlinie wurde auf den gleichen Unternehmenskreis begrenzt, der auch von der Mutter-Tochter-Richtlinie begünstigt war.[288] Aufgrund der Erweiterungen der Liste der Rechtsformen der Mutter-Tochter-Richtlinie stimmen die Anwendungsbereiche nicht mehr überein. Zurzeit steht eine Erweiterung der Liste der Rechtsformen um die Europäische Gesellschaft und die Europäische Genossenschaft aus (Anhang I Teil A Zins-Lizenzgebühren-Richtlinie 2011-E) sowie die Wiederherstellung der Übereinstimmung mit der geänderten Liste der Rechtsformen der Mutter-Tochter-Richtlinie.[289] Bei einigen wenigen Mitgliedstaaten ist die umgesetzte Liste der Rechtsformen der Zins-Lizenzgebühren-Richtlinie 2003 sogar weiter gefasst als die umgesetzte Liste der Mutter-Tochter-Richtlinie. Eine übereinstimmende Reduzierung wird nicht vorgenommen.[290]

Begünstigt werden zum einen Schuldner und Gläubiger, die in der direkten Linie als **Mutter- und Tochtergesellschaften** (vertikale Struktur) (vgl. **Abbildung 1.21**) durch eine unmittelbare Beteiligung verbunden sind (Art. 3 Buchstabe b) i) und ii) Zins-Lizenzgebühren-Richtlinie 2003).[291] Dabei sind beide Richtungen der Zahlung begünstigt.[292]

Abbildung 1.21: Zinszahlung zwischen Mutter- und Tochtergesellschaft (vertikale Struktur)

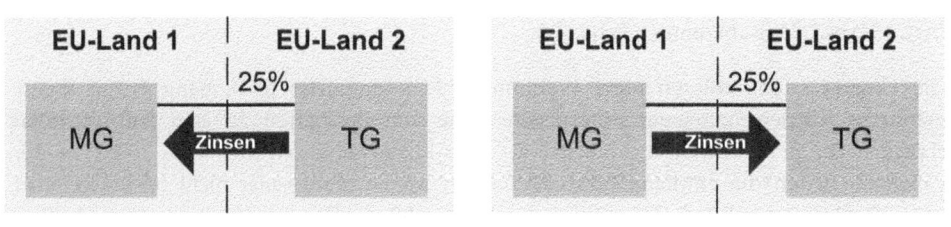

---

[287] Vgl. Kofler und Tumpel in Achatz und Kirchmayr 2011, § 21 KStG, Tz. 219.
[288] Vgl. Dautzenberg 1996, S. 727f.; Sapusek 1996, S. 1040.
[289] Zins-Lizenzgebühren-Richtlinie 2011-E, Erläuterung zu den Bestimmungen des Begriffs „Unternehmen".
[290] Zins-Lizenzgebühren-Richtlinie 2011-E, Erläuterung zu den Bestimmungen des Begriffs „Unternehmen".
[291] Vgl. Saß 1999, S. 78; Kofler und Tumpel in Achatz und Kirchmayr 2011, § 21 KStG, Tz. 223.
[292] Vgl. Kofler und Tumpel in Achatz und Kirchmayr 2011, § 21 KStG, Tz. 224.

Zum anderen werden Schuldner und Gläubiger begünstigt, die in der Seitenlinie als **Schwestergesellschaften** (horizontale Struktur) (vgl. **Abbildung 1.22**) durch eine unmittelbare Beteiligung verbunden sind (Art. 3 Buchstabe b) iii) Zins-Lizenzgebühren-Richtlinie 2003).[293] Auch hier sind beide Richtungen der Zahlung begünstigt.

Abbildung 1.22: Zinszahlung zwischen Tochter-Schwestergesellschaften (horizontale Struktur)

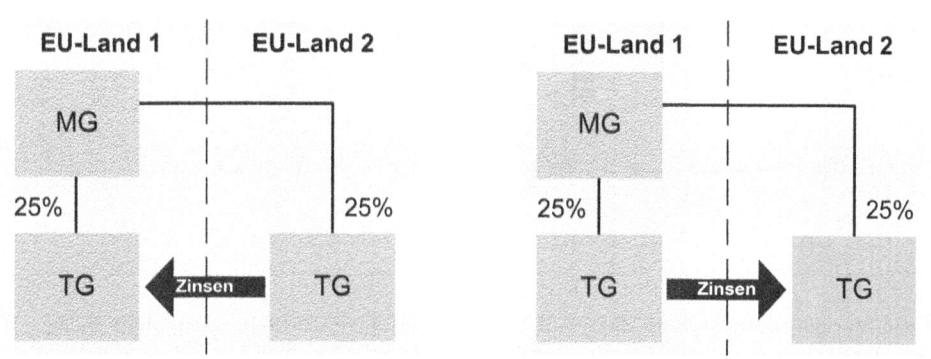

Bei Zahlungen zwischen Schwestergesellschaften ist es wohl erforderlich, dass die gemeinsame Muttergesellschaft in einem EU-Mitgliedsstaat ansässig ist, aber sie muss nicht in einem anderen Mitgliedsstaat ansässig sein als ihre Tochtergesellschaften.[294]

Die Einschränkung, dass die beteiligten Unternehmen nur in einem unmittelbaren Mutter-Tochter-Verhältnis oder in einem unmittelbaren Schwesterverhältnis zueinander stehen dürfen, bildet nicht die Realität grenzüberschreitender Konzerne ab.[295] Zudem bedeutet das „Überspringen" einer Konzernstufe, wie z.B. das „Überspringen" der Tochtergesellschaft durch den Abschluss eines Lizenzvertrages zwischen Mutter- und Enkelgesellschaft, den Verlust der Quellensteuerbefreiung (vgl. **Abbildung 1.23**).[296]

---

[293] Vgl. Saß 1999, S. 78; Kofler und Tumpel in Achatz und Kirchmayr 2011, § 21 KStG, Tz. 223.
[294] Vgl. Kofler und Tumpel in Achatz und Kirchmayr 2011, § 21 KStG, Tz. 223.
[295] Vgl. Dautzenberg 2005, S. 529.
[296] Vgl. Kofler und Tumpel in Achatz und Kirchmayr 2011, § 21 KStG, Tz. 223.

Abbildung 1.23: Nicht begünstigte Leistungsentgelte zwischen Mutter- und Enkelgesellschaft (vertikale Struktur)

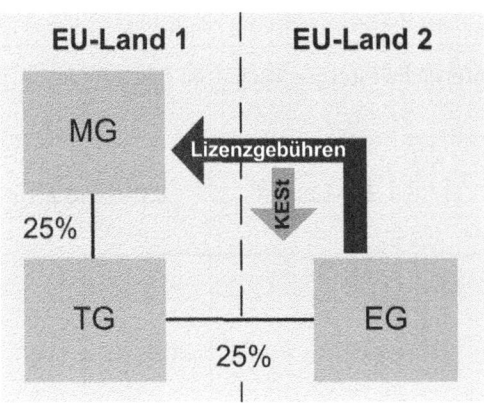

Diese Verlustgefahr fordert dazu auf, Kredit- und Lizenzbeziehungen nicht mehr z.B. zwischen Mutter- und Enkelgesellschaft zu begründen.[297] Das Recht, das der Lizenzvergabe zugrunde liegt, sollte nicht der in dem EU-Land 2 ansässigen Enkelgesellschaft, sondern z.B. einer in dem EU-Land 2 belegenen Betriebstätte der in dem EU-Land 1 ansässigen Tochtergesellschaft zugeordnet werden.[298] Statt der Enkelgesellschaft unmittelbar eine Lizenz zu gewähren, könnte die Muttergesellschaft auch die Lizenz zunächst der Tochtergesellschaft erteilen, die wiederum der Enkelgesellschaft eine Unterlizenz gibt.

Ein solcher Konzern setzt sich allerdings der Gefahr des Vorwurfs des Missbrauchs aus, da in den vorstehenden Beispielen der hauptsächliche Beweggrund für die Lizenz- und Unterlizenzvergabe die Umgehung des eingegrenzten Kreises der begünstigten Gesellschaften ist (directive shopping).[299] Gegen Missbrauch können die Mitgliedstaaten vorgehen, indem sie die Vergünstigungen der Richtlinie nicht gewähren (Art. 5 Zins-Lizenzgebühren-Richtlinie 2003).

Das Erfordernis der unmittelbaren Beteiligung führt dazu, dass auch im Fall der Zinszahlungen oder Lizenzgebühren zwischen Enkel-Schwestergesellschaften kein Recht auf Quellensteuerbefreiung besteht (vgl. **Abbildung 1.24**),[300] so dass auch hier steuerpolitische Anpassungsmaßnahmen erforderlich sind.

---

[297] Vgl. Dautzenberg 2005, S. 529.
[298] Vgl. Dörr 2005, S. 117.
[299] Vgl. Dautzenberg 2005, S. 529f.
[300] Vgl. Dörr 2005, S. 116; Kofler und Tumpel in Achatz und Kirchmayr 2011, § 21 KStG, Tz. 223.

Abbildung 1.24: Nicht begünstigte Leistungsentgelte zwischen Enkel-Schwestergesellschaften (horizontale Struktur)

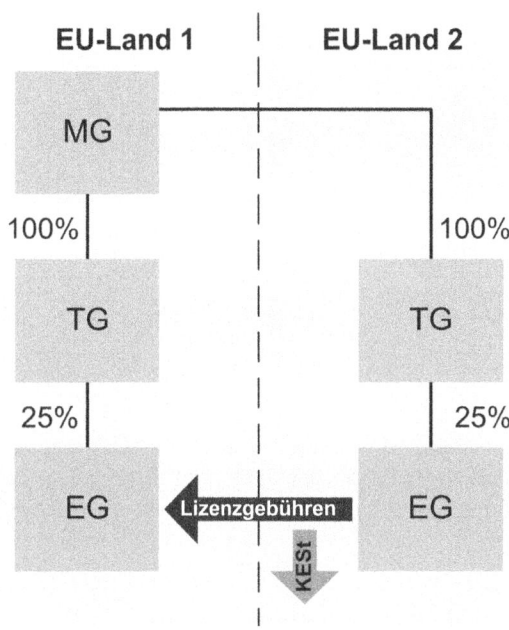

Betriebsstätten werden den Körperschaften sowohl als Empfänger wie auch als Leistender der Vergütungen gleichgestellt (Art. 3 Abs. 1 Zins-Lizenzgebühren-Richtlinie 2003). Als Betriebsstätten gelten dabei alle festen Geschäftseinrichtungen (Art. 3 Buchstabe c) Zins-Lizenzgebühren-Richtlinie 2003), so dass der Begriff der Betriebsstätte nach dem Richtlinienvorschlag weiter gefasst ist als nach dem OECD-Musterabkommen.[301]

Aufgrund der Ausdehnung des Anwendungsbereichs auf Betriebsstätten hat z.B. eine in dem EU-Land 3 belegene Betriebsstätte einer Muttergesellschaft, die in dem EU-Land 1 ansässig ist, einen Anspruch auf Quellensteuerentlastung, wenn sie eine Zahlung der in dem EU-Land 2 ansässigen Tochtergesellschaft erhält (vgl. **Abbildung 1.25**).

---

[301] Vgl. Saß 1999, S. 79.

Abbildung 1.25: Betriebsstätte der Muttergesellschaft in einem dritten EU-Mitgliedstaat (Drei-Länder-Situation)

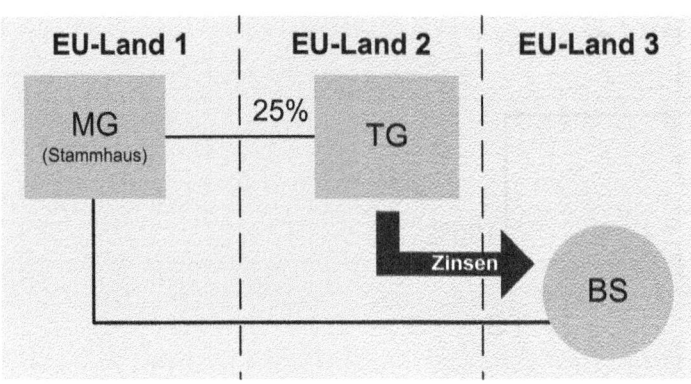

Ebenso hat z.B. eine in dem EU-Land 1 ansässige Muttergesellschaft einen Anspruch auf Quellensteuerentlastung, wenn sie eine Zahlung einer in dem EU-Land 3 belegenen Betriebstätte einer Tochtergesellschaft, die in dem EU-Land 2 ansässig ist, erhält (vgl. **Abbildung 1.26**).[302]

Abbildung 1.26: Betriebsstätte der Tochtergesellschaft in einem dritten EU-Mitgliedstaat (Drei-Länder-Situation)

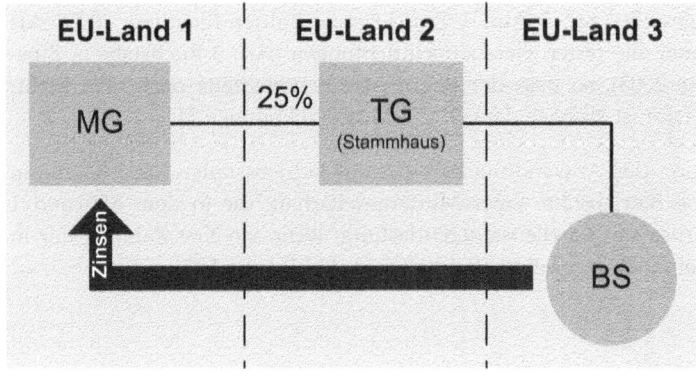

Gleiches gilt, wenn die beiden beteiligten Gesellschaften im selben Mitgliedstaat ansässig sind, jedoch die Zahlung an eine in einem anderen Mitgliedstaat belegene Betriebsstätte

---

[302] Entsprechend Dörr 2005, S. 111.

abfließt.[303] Die Richtlinie fordert die Verschiedenheit der Mitgliedstaaten nur für den Quellenstaat des verbundenen Tochterunternehmens und den Belegenheitsstaat der nutzungsberechtigten Betriebsstätte der Muttergesellschaft, nicht jedoch zwischen dem nutzungsberechtigten Stammhaus und dem zahlenden verbundenen Unternehmen (Art. 1 Zins-Lizenzgebühren-Richtlinie 2003). Demensprechend müsste auch die mit ihrer Betriebsstätte in dem EU-Land 2 beschränkt steuerpflichtige Muttergesellschaft in den Genuss der Quellensteuerbefreiung kommen (vgl. **Abbildung 1.27**).[304]

Abbildung 1.27: Stammhaus der Muttergesellschaft und Tochtergesellschaft im gleichen EU-Mitgliedstaat (Zwei-Länder-Situation)

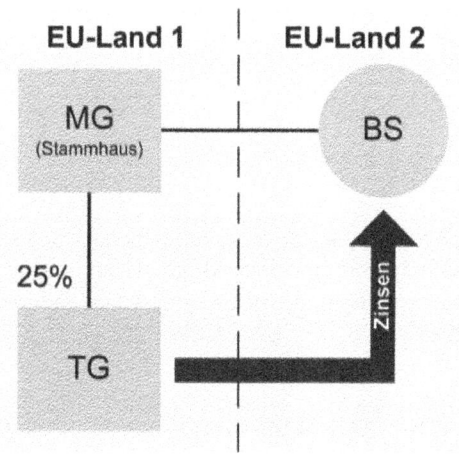

Fehlt es an einer grenzüberschreitenden Zahlung (**Inlandssachverhalt**), so ist die Richtlinie nicht anwendbar.[305] Handelt es sich z.B. um Zahlungen an eine feste Niederlassung (Betriebsstätte) der empfangenden Gesellschaft im Staat der zahlenden Gesellschaft (das heißt keine grenzüberschreitende Zahlung), so hat der Ansässigkeitsstaat der zahlenden Gesellschaft oder der Belegenheitsstaat der Betriebsstätte einer Gesellschaft eines anderen Mitgliedstaates die Zahlungen daher nur dann vom Quellenabzug freizustellen (vgl. **Abbildung 1.28**), wenn Zahlungen zwischen Gesellschaften dieses Staates ebenfalls freigestellt sind (Art. 1 Abs. 9 Buchstabe Zins-Lizenzgebühren-Richtlinie 2003).[306]

---

[303] Vgl. Kofler und Tumpel in Achatz und Kirchmayr 2011, § 21 KStG, Tz. 225.
[304] Entsprechend Dörr 2005, S. 111.
[305] Vgl. Dörr 2005, S. 112; Kofler und Tumpel in Achatz und Kirchmayr 2011, § 21 KStG, Tz. 225.
[306] Vgl. Wagner in Blümich 2012, § 50g EStG, Rz. 43.

Abbildung 1.28: Betriebsstätte der Muttergesellschaft und Tochtergesellschaft im gleichen EU-Mitgliedstaat (Inlandssachverhalt)

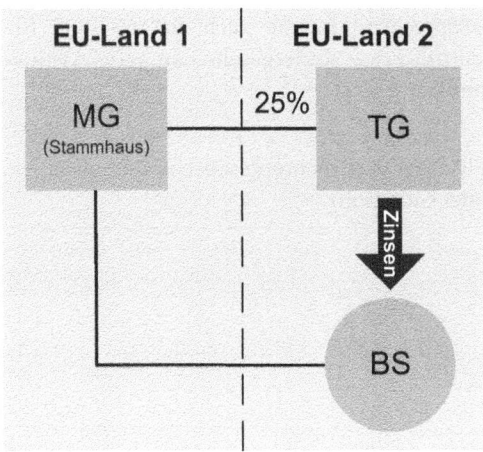

Gleiches gilt, wenn die beiden beteiligten Gesellschaften im selben Mitgliedstaat ansässig sind und die Zahlung zwischen zwei Betriebsstätten erfolgt, die beide im gleichen anderen Mitgliedstaat belegen sind (vgl. **Abbildung 1.29**).[307]

---

[307] Vgl. Dörr 2005, S. 112; Kofler und Tumpel in Achatz und Kirchmayr 2011, § 21 KStG, Tz. 225.

Abbildung 1.29: Betriebsstätte der Muttergesellschaft und Betriebsstätte der Tochtergesellschaft im gleichen EU-Mitgliedstaat (Inlandssachverhalt)

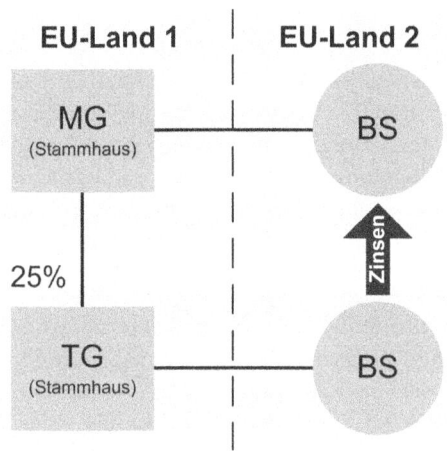

In Betriebsstättensituationen setzt die Zins-Lizenzgebühren-Richtlinie voraus, dass die empfangende Betriebsstätte und das Stammhaus der empfangenden Betriebsstätte in einem EU-Mitgliedstaat belegen bzw. ansässig sein müssen.[308] Im Fall einer zahlenden Betriebsstätte setzt die Zins-Lizenzgebühren-Richtlinie ebenfalls voraus, dass die zahlende Betriebsstätte in einem EU-Mitgliedstaat belegen ist.[309] Unklar ist jedoch, ob auch das Stammhaus der zahlenden Betriebsstätte in einem EU-Mitgliedsstaat ansässig sein muss.[310]

1.2.4 Mindestbeteiligungshöhe und Mindestbehaltfrist

Die Zins-Lizenzgebühren-Richtlinie setzt voraus, dass die Beteiligung der Muttergesellschaft an der Tochtergesellschaft mindestens 25% am Kapital (**Mindestbeteiligung**) beträgt, wobei die Mitgliedstaaten die Quellensteuer auch schon bei einer geringeren Beteiligung nicht erheben können, jedoch keinen höheren Beteiligungsprozentsatz als 25% beschließen können (Art. 3 Buchstabe b) Zins-Lizenzgebühren-Richtlinie 2003). Statt Kapitalanteilen können auch Stimmrechte zur Bewertung des Anteilsverhältnisses herangezogen werden (Art. 3 Abs. 1 Buchstabe b) Satz 3 Zins-Lizenzgebühren-Richtlinie 2003).

Zurzeit steht eine Senkung der Mindestbeteiligungsquote auf 10% aus sowie eine Erweiterung der unmittelbaren Beteiligung auf unmittelbare und mittelbare Beteiligungen (Art. 2 Buchstabe d) Zins-Lizenzgebühren-Richtlinie 2011-E), um die Beteiligungsanforderungen der

---

[308] Vgl. Kofler und Tumpel in Achatz und Kirchmayr 2011, § 21 KStG, Tz. 226.
[309] Vgl. Kofler und Tumpel in Achatz und Kirchmayr 2011, § 21 KStG, Tz. 226.
[310] Vgl. Kofler und Tumpel in Achatz und Kirchmayr 2011, § 21 KStG, Tz. 226.

Zins-Lizenzgebühren-Richtlinie auf die Anforderungen der Mutter-Tochter-Richtlinie abzustimmen.[311]

Da z.B. **Österreich** bei der Kapitalertragsteuerbefreiung im Rahmen der Umsetzung der Mutter-Tochter-Richtlinie sowohl unmittelbare als auch mittelbare Beteiligungen berücksichtigt (§ 94 Ziffer 2 öEStG), aber im Rahmen der Umsetzung der Zins-Lizenzgebühren-Richtlinie nur unmittelbare Beteiligungen akzeptiert (§ 99a Abs. 6 öEStG), wären in Österreich die Anforderungen an die Gewährung der Kapitalertragsteuerbefreiung von Zinsen und Lizenzgebühren jedoch auch im Fall der Absenkung der Beteiligunganforderungen höher.[312] Aufgrund der Forderung einer unmittelbaren Beteiligung, wäre eine Beteiligung über die Zwischenschaltung einer transparent besteuerten Personengesellschaft in Österreich wohl ausgeschlossen.[313]

Die Mitgliedstaaten können auch eine **Mindestbehaltfrist** von mindestens zwei Jahren vorsehen (Art. 1 Abs. 10 Zins-Lizenzgebühren-Richtlinie 2003), müssen dies aber nicht. Viele Mitgliedstaaten haben von dieser Regelung Gebrauch gemacht, weil sie befürchten, dass die Vergünstigungen durch kurzfristige Beteiligungserwerbe und -veräußerungen missbraucht werden könnten. Einige Staaten, wie z.B. **Deutschland** (§ 50g Abs. 3 Nr. 5 Buchstabe b) dEStG),[314] haben auf eine Mindestbehaltfrist verzichtet. **Österreich** hingegen fordert eine Mindestbehaltfrist von einen Jahr (§ 99a Abs. 6 Satz 3 öEStG). Wird aufgrund der zum Zahlungszeitpunkt noch nicht erfüllten Mindestbehaltfrist eine Kapitalertragsteuer einbehalten, so besteht bei Ablauf der Frist die Möglichkeit der Rückerstattung (§ 99a Abs. 8 öEStG).[315]

Die Quellenstaaten dürfen die Quellensteuerbefreiung davon abhängig machen, dass ein **Befreiungsverfahren** durchgeführt wird (Art. 1 Abs. 12 und 13 Zins-Lizenzgebühren-Richtlinie 2003). Mithilfe des Befreiungsverfahrens können die Mitgliedstaaten überprüfen, ob die Voraussetzungen für die Gewährung der Quellensteuerbefreiung vorliegen, da die zahlende Gesellschaft das empfangende Unternehmen, die Nutzungsberechtigung des empfangenden Unternehmens, die Besteuerung des empfangenden Unternehmens mit einer Körperschaftsteuer, die Mindestbeteiligungsquote und die Mindestbeteiligungsdauer anzugeben und nachzuweisen hat (Art. 1 Abs. 13 Zins-Lizenzgebühren-Richtlinie 2003). Zusätzlich darf der Quellenstaat auch die Vorlage z.B. der Darlehensvereinbarung oder des Lizenzvertrages verlangen. Die Anforderungen an die Nachweispflicht dürfen allerdings nur moderat sein, so dass die Zielsetzungen der Richtlinie nicht beeinträchtigt werden.[316]

Das Befreiungsverfahren ist innerhalb von höchstens drei Monaten durchzuführen und schließt mit einer **Freistellungsbescheinigung** ab. Diese Freistellungsbescheinigung ist

---

[311] Zins-Lizenzgebühren-Richtlinie 2011-E, Erläuterung zu den Bestimmungen des Begriffs „verbundenes Unternehmen".
[312] Vgl. Kofler und Tumpel in Achatz und Kirchmayr 2011, § 21 KStG, Tz. 223.
[313] Vgl. Kofler und Tumpel in Achatz und Kirchmayr 2011, § 21 KStG, Tz. 223.
[314] Vgl. Wagner in Blümich 2012, § 50g EStG, Rz. 21.
[315] Vgl. Kofler und Tumpel in Achatz und Kirchmayr 2011, § 21 KStG, Tz. 230.
[316] Vgl. Tumpel 1993, S. 366.

mindestens ein Jahr und höchstens drei Jahre gültig. Hat der Mitgliedstaat von seinem Recht Gebrauch gemacht, eine Freistellungsbescheinigung zu fordern, so darf er eine Quellensteuer erheben, falls diese Bescheinigung von der Gesellschaft, die die Zinsen oder Lizenzgebühren zahlt, nicht vorgelegt wird (Art. 1 Abs. 11 Satz 2 Zins-Lizenzgebühren-Richtlinie 2003).

Von dem Befreiungsverfahren haben z.B. Deutschland und Österreich Gebrauch gemacht. In **Deutschland** wird die Kapitalertragsteuer auf Zinsen und Lizenzgebühren auf Antrag nicht erhoben (§ 50g Abs. 1 dEStG). Der Vergütungsschuldner darf den Steuerabzug auf Lizenzgebühren nur dann unterlassen, wenn eine entsprechende Freistellungsbescheinigung nach § 50d Abs. 2 dEStG oder eine allgemeine Bescheinigung nach dem Kontrollmeldeverfahren nach § 50d Abs. 5 und 6 dEStG vorliegt.[317] In **Österreich** muss eine Bescheinigung des Ansässigkeitsstaates der empfangenden Gesellschaft über die Ansässigkeit und den Status des Mutterunternehmens als unbeschränkt steuerpflichtiger Gesellschaft sowie eine Bescheinigung des zahlenden Unternehmens über die Mindestbeteiligungserfordernisse und die Dauer der Beteiligung beigebracht werden (§ 99a Abs. 7 öEStG).[318] Diese Bescheinigung ist zwei Jahre gültig.

Hat das Unternehmen eine zu befreiende Quellensteuer einbehalten, so besteht ein Anspruch auf **Erstattung der Quellensteuer** (Art. 1 Abs. 15 Zins-Lizenzgebühren-Richtlinie 2003), der zu verzinsen ist, wenn die Erstattung nicht innerhalb eines Jahres nach der ordnungsgemäßen Antragsstellung erfolgt (Art. 1 Abs. 16 Zins-Lizenzgebühren-Richtlinie 2003). Die Umsetzung erfolgte in **Deutschland** in § 50d Abs. 1 und Abs. 1a dEStG i.V.m. § 238f. AO und in **Österreich**[319] in § 99a Abs. 8 öEStG i.V.m. § 205 BAO. Die Steuererhebung mit anschließendem Erstattungsverfahren führt jedoch zu Liquiditätsproblemen sowie verbleibenden Zinseffekten für die Unternehmen.

1.2.5 Maßnahmen zur Verhinderung von Steuerhinterziehungen und Missbräuchen

Eine Freistellung von der Quellensteuer erfolgt nur, wenn der Zahlungsempfänger zugleich der **Nutzungsberechtigte** (beneficial owner) der Zinsen und Lizenzgebühren ist (Art. 1 Abs. 1 und Abs. 4 Zins-Lizenzgebühren-Richtlinie 2003).[320] Diese Regelung führt dazu, dass Mittelspersonen wie Vertreter, Bevollmächtigte oder Treuhänder nicht in den Genuss der Quellensteuerbefreiung kommen.[321] Dabei geht es nicht um die Verfügungsmacht im Zeitpunkt der Zahlung, sondern um denjenigen Steuerpflichtigen, der das Kapital, das den Zinsen zugrunde liegt, bzw. das Recht, das den Lizenzgebühren zugrunde liegt, zur Nutzung überlässt.[322] Durch diese Maßnahme könnte sichergestellt werden, dass Gesell-

---

[317] Vgl. Dörr 2005, S. 110; Wagner in Blümich 2012, § 50g EStG, Rz. 8, 84.
[318] Vgl. Marschner in Jakom 2012, § 99a EStG, Rz. 8.
[319] Vgl. Kofler und Tumpel in Achatz und Kirchmayr 2011, § 21 KStG, Tz. 229.
[320] Vgl. Kofler und Tumpel in Achatz und Kirchmayr 2011, § 21 KStG, Tz. 221.
[321] Vgl. Kofler und Tumpel in Achatz und Kirchmayr 2011, § 21 KStG, Tz. 221; Stieglitz 2011a, S. 273.
[322] Vgl. Wagner in Blümich 2012, § 50g EStG, Rz. 47.

schaften, die nicht von der Zinz-Lizenzgebühren-Richtlinie begünstigt werden, sich diese Vorteile nicht indirekt durch Mittelspersonen verschaffen.[323] Das Kriterium des Nutzungsberechtigten soll damit das directive shopping verhindern.[324]

Eine Betriebsstätte gilt z.B. in **Österreich** als Nutzungsberechtigter der Zinsen oder Lizenzgebühren, wenn die Grundlage für die Zahlungen mit der Betriebsstätte in einem konkreten Zusammenhang stehen, weil die Zahlungsgrundlage im gewillkürtem Betriebsvermögen liegt, und die Zahlungen Einkünfte darstellen, aufgrund derer die Betriebsstätte im Belegenheitsstaat der Körperschaftsteuer unterliegt.[325] Gem. des sog. Authorized OECD Approach (AOA) könnte jedoch ein funktionaler Zusammenhang und damit die Zuordnung zum notwendigen Betriebsvermögen erforderlich sein.[326]

Die Zinz-Lizenzgebühren-Richtlinie sieht **Antimissbrauchsregeln** vor. Die Mitgliedstaaten können von der Quellenbesteuerung absehen, wenn ihre einzelstaatlichen oder vertraglichen Vorschriften gegen die Steuerhinterziehung bzw. gegen den Steuermissbrauch der Befreiung entgegenstehen (Art. 5 Abs. 1 Zins-Lizenzgebühren-Richtlinie 2003) oder der Hauptgrund oder einer der hauptsächlichen Bewegungsgründe der Transaktion die Steuerhinterziehung, die Steuerumgehung oder der Missbrauch ist (Art. 5 Abs. 2 Zins-Lizenzgebühren-Richtlinie 2003). Dies ist zu vermuten, wenn rein künstliche oder effektive wirtschaftliche Tätigkeiten vorliegen, denen keine vernünftigen wirtschaftlichen Gründe zu Grunde liegen.[327] Art. 5 Abs. 1 Zins-Lizenzgebühren-Richtlinie 2003 zielt dabei in erster Linie auf die vertraglichen Doppelbesteuerungsabkommen ab, um die Weitergeltung der abkommensrechtlichen Doppelbesteuerungsabkommen sicher zu stellen.[328]

Deutschland und Österreich haben von dem Recht Gebrauch gemacht und die Formulierung des Art. 5 Abs. 2 Zins-Lizenzgebühren-Richtlinie 2003 teilweise bzw. weitgehend wörtlich übernommen. In **Deutschland** versagt die Missbrauchsvorschrift die Entlastung von der Quellensteuer, wenn der hauptsächliche Bewegungsgrund oder einer der hauptsächlichen Bewegungsgründe für die Geschäftsvorfälle die Steuervermeidung oder der Missbrauch sind (§ 50g Abs. 4 dEStG).[329] Der Tatbestand der Steuerhinterziehung ist in Deutschland in § 370 AO und der Tatbestand der Steuerumgehung und des Missbrauchs in § 42 AO definiert.[330] Eine Steuerplanung zur Ausnutzung von Steuersatzunterschieden zählt jedoch nicht zum Missbrauch und ist ein anzuerkennendes Ziel.[331] Das steuerplanerische Ziel muss allerdings durch ein akzeptables Mittel erreicht werden.[332] Im Fall einer fremdunüblichen Gesellschafter-Fremdfinanzierung, wenn z.B. die Tochtergesellschaft nicht mehr kreditwürdig ist, könnte hingegen eine missbräuchliche Steuerumgehung

---

[323] Vgl. Dörr 2005, S. 114.
[324] Vgl. Kofler und Tumpel in Achatz und Kirchmayr 2011, § 21 KStG, Tz. 221.
[325] Vgl. Kofler und Tumpel in Achatz und Kirchmayr 2011, § 21 KStG, Tz. 222.
[326] Vgl. Kofler und Tumpel in Achatz und Kirchmayr 2011, § 21 KStG, Tz. 222.
[327] Vgl. Ernst und Bachmann 2010, S. 272.
[328] Vgl. Hahn 2012b, S. 641.
[329] Vgl. Dörr 2005, S. 111; Ernst und Bachmann 2010, S. 272; Hahn 2012b, S. 638ff.
[330] Vgl. Hahn 2012b, S. 640, 643f.
[331] Vgl. Bergmann 2010, S. 256; Ernst und Bachmann 2010, S. 272.
[332] Vgl. Bergmann 2010, S. 256.

vorliegen, um die Gewinne aus dem Hochsteuerland der Muttergesellschaft in den Niedrigsteuerstaat der Tochtergesellschaft zu verlagern.[333]

In Deutschland gilt die gleiche Missbrauchsregelung bei der Kapitalertragsteuerermäßigung für Zinsen und Lizenzgebühren wie bei Dividenden aus Inbound-Investitionen, um ein directive shopping mittels einer **funktionslosen EU-Gesellschaft** zu verhindern (§ 50d Abs. 3 dEStG).

In **Österreich** besteht keine Befreiung von der Kapitalertragsteuer, wenn der Hauptbeweggrund oder einer der hauptsächlichen Bewegungsgründe der Transaktion die Steuerhinterziehung, die Steuerumgehung oder der Missbrauch ist (§ 99a Abs. 9 Ziffer 2 öEStG). Die Steuerumgehung ist in Österreich in § 22 BAO definiert.

1.2.6 Übergangsfristen

Für einige Mitgliedstaaten bestehen **Übergangsfristen**. So dürfen Griechenland, Lettland, Polen und Portugal bis zum 01.07.2013 und Bulgarien bis zum 31.12.2014 Quellensteuern auf Zinsen und Lizenzgebühren in Höhe von maximal 5% erheben (Art. 6 Abs. 1 Zins-Lizenzgebühren-Richtlinie 2003; Art. 5 Abs. 1 Zins-Lizenzgebühren-Richtlinie 2011-E). Der Ansässigkeitsstaat der empfangenden Gesellschaft muss die Quellensteuer mit oder ohne Anrechnungshöchstbetrag direkt anrechnen (Art. 6 Abs. 2-3 Zins-Lizenzgebühren-Richtlinie 2003; Art. 5 Abs. 2-3 Zins-Lizenzgebühren-Richtlinie 2011-E). Die Begründung der Übergangsfristen liegt in Haushaltsgründen.[334] **Deutschland** hat die direkte Anrechnung in § 26 Abs. 6 Satz 3-9 dKStG umgesetzt.[335]

1.3 Zusammenfassung

Die Harmonisierung der direkten Unternehmensbesteuerung befindet sich noch immer im Anfangsstadium. Im Bereich der laufenden Besteuerung sind Erfolge bezüglich der Behandlung von Eigen- und Fremdkapital erreicht worden, indem die Mutter-Tochter-Richtlinie bei grenzüberschreitenden Dividenden die Kapitalertragsteuer abgeschafft und die Vermeidung der wirtschaftlichen Doppelbesteuerung sichergestellt hat und die Zins-Lizenzgebühren-Richtlinie bei grenzüberschreitenden Zinsen und Lizenzgebühren in verbundenen Unternehmen die Kapitalertragsteuer abgeschafft hat.

Wie der Vergleich der steuerlichen Behandlung von Dividenden sowie Zinsen und Lizenzgebühren in Deutschland und Österreich zeigt, bestehen allerdings vielfältige Besteuerungsunterschiede und insbesondere aufgrund der Missbrauchsvermeidungsmaßen auch eine hohe Komplexität.

---

[333] Vgl. Ernst und Bachmann 2010, S. 273.
[334] Vgl. Erwägungsgründe 7-8 Zins-Lizenzgebühren-Richtlinie 2003; Erwägungsgründe 13-16 Zins-Lizenzgebühren-Richtlinie 2011-E.
[335] Vgl. Roser in Gosch 2009, § 26 KStG, Rn. 164; Müller-Dott in Flick et al. 2012, § 26 KStG, Anm. 277ff.

1.4 Literaturverzeichnis

Achatz M, Kirchmayr S (2011) (Hrsg) KStG, Kommentar. Facultas wuv, Wien

Behrens P (2011) Anmerkung zu EuGH-Urteil vom 20.10.2011 – C-284/09, Europäische Kommission gegen Bundesrepublik Deutschland. BB 66:2910-2919

Bendlinger S (2013) Die Betriebsstätte in der Praxis des internationalen Steuerrechts. LexisNexis, Wien

Bergmann S (2010) Mißbrauch in Anwendungsbereich der Mutter-Tochter-Richtlinie. StuW 87:246-261

Birker C (2012) Die „Aufteilungsklausel" des § 50d Abs. 3 EStG n.F. BB 67:1961-1965

Blum D W (2012) Besteuerung von Portfoliodividenden aus Drittstaaten. SWI 22:317-322

[Blümich 2012] Heuermann B, Brandis P (Hrsg) Einkommensteuergesetz, Körperschaftsteuergesetz, Gewerbesteuergesetz, Kommentar. Onlinekommentar (Stand: April 2012, inkl. 115. Ergänzungslieferung), Vahlen, München

Bullinger P (2004) Änderung der Mutter-Tochter-Richtlinie ab 2005: Erweiterung des Anwendungsbereiches und verbleibende Probleme. IStR 13:406-412

Canete B (2011) Internationale Schachtelbefreiung für Dividenden. In: Stefaner M, Schragl M (Hrsg) Grenzüberschreitende Beteiligungserträge. Linde, Wien, S 27-42

Cloer A, Trinks M (2012) BFH vom 10.1.2012 – I R 66/09 – BVErfG-Vorlage zum treaty override, § 50d Abs. 8 EStG verfassungskonform? IWB ohne Jahrgang:402-407

Dauses M A (2012) Handbuch des EU-Wirtschaftsrechtes. Onlinekommentar (Stand: Februar 2012, inkl. 30. Ergänzungslieferung), C. H. Beck, München

Dautzenberg N (1996) Unternehmensbesteuerung im EG-Binnenmarkt. Problembereiche und Perspektiven. Dissertation, Universität Köln 1996. Steuer, Wirtschaft und Recht, herausgegeben von J G Bischoff, A Kellermann, G Sieben und N Herzig, Bd 142. Josef Eul, Köln, 1997

Dautzenberg N (2005) Die Besteuerung von Zinsen und Lizenzgebühren in einem europäischen Konzern. StuB 7:524-531

Dinkhoff H (2000/2001) Internationale Sitzverlegung von Kapitalgesellschaften unter besonderer Berücksichtigung des Internationalen Gesellschaftsrechts und des Steuerrechts. Dissertation, Universität Trier 2000/2001. Europäisches Hochschulschriften, Reihe 2, Rechtswissenschaft, Bd 3124. Peter Lang, Frankfurt am Main-Berlin-Bern-Bruxelles-New York-Oxford-Wien, 2001

Dörr I (2005) Praxisfragen zur Umsetzung der Zins- und Lizenzrichtlinie in § 50g EStG. IStR 14:109-117

Duttiné T, Stumm O (2012) Europarechtswidrigkeit deutscher Dividendenbesteuerung. BB 67:867-873

Eidenmüller H (2004) (Hrsg) Ausländische Kapitalgesellschaften. 1. Aufl, C. H. Beck, München

Erle B, Sauter T (2010) (Hrsg) Körperschaftsteuergesetz. Die Besteuerung der Kapitalgesellschaft und ihrer Anteilseigner. 3. Aufl, C. F. Müller, Heidelberg

Ernst M, Bachmann C (2010) Steuerliche Behandlung der grenzüberschreitenden Unternehmensfinanzierung – Überlegungen zur Problemlösung auf Gläubiger-Ebene. StuW 87:262-277

[Flick et al. (2012)] Wassermeyer F, Baumhoff H, Schönfeld J (Hrsg) Flick Wassermeyer Baumhoff Schönfeld Außensteuerrecht, Kommentar, Außensteuerrechtliche Vorschriften des Einkommensteuergesetzes und des Körperschaftsteuergesetzes. Loseblatt (Stand: September 2012, inkl. 69. Ergänzungslieferung), Dr. Otto Schmidt, Köln

Fraedrich J (2012) Das österreichische Erstattungsverfahren als Gestaltungsoption für die erforderliche Neuregelung der Streubesitzdividendenbesteuerung in Deutschland. IStR 21:565-572

Frey J, Mückl N (2011) Substanzerfordernisse bei der einseitigen Kapitalertragsteuerentlastung für beschränkt steuerpflichtige Körperschaften – Zusammenspiel von § 44a Abs. 9 und § 50d Abs. 3 EStG. DStR 49:2125- 2131

Goebel S, Küntscher A (2011) Gewerbesteuerliche Hinzurechnung von Zinsen auf dem europarechtlichen Prüfstand – Ein Beitrag anlässlich der Urteilsverkündung im Fall Scheuten Solar Technology. IStR 20:630-635

Gosch D (2009) (Hrsg) Körperschaftsteuergesetz. 2. Aufl, C. H. Beck, München

Grieser U, Faller P (2012) Verfahrensrechtliche Fragen zur KapESt-Entlastung bei Dividenden an EU-/EWR-KapGes. Zugleich Anmerkung zum BFH-Urteil vom 11.1.2012 – I R 25/10. DB 65:1296-1299

Hahn H (2012a) Treaty-Override als Verfassungsverstoß. Erläuterungen und praktische Hinweise zum Vorlagenbeschluss des BFH vom 10.1.2012. BB 67:1955-1961

Hahn H (2012b) Zur Gemeinschaftsrechtskonformität der Missbrauchsklausel in § 50g Abs. 4 EStG – Zugleich ein Beitrag zur Auslegung der Zins-/Lizenzgebühren-Richtlinie. IStR 21:638-644

Helminen M (2000) Dividend equivalent benefits and the concept of profit distribution of the EC Parent-Subsidary directive. EC Tax Review 9:161-171

Hofstätter F, Reichel K (2012) Die Einkommensteuer (EStG 1988). Loseblatt (Stand: Februar 2012, inkl. 51. Ergänzungslieferung), LexisNexis ARD Orac, Wien

Holthaus J (2012) Systemwechsel in der Abkommenspolitik – tatsächliche Besteuerung im Quellenstaat Voraussetzung für Freistellungen nach den neuen DBA. IStR 21:537-540

Jacobs O H (2011) Internationale Unternehmensbesteuerung. Deutsche Investitionen im Ausland. Ausländische Unternehmen im Inland. 7. Aufl, C. H. Beck, München

[Jakom 2012] Baldauf A, Kanduth-Kristen S, Laudacher M, Lenneis C, Marschner E (2012) Jakom Einkommensteuergesetz. 5. Aufl, Linde, Wien

[Jannl et al. (2007)] Jannl M, Petutschnig M, Six M (2007) Praxisprobleme der Abzugsteuer bei Lizenzgebühren. SWI 17:159-163

Jerabek R, Rittsteuer F (2012) Entwicklungen bei Gewinnausschüttungen an ausländische EU-Gesellschaften. SWI 22:131-136

Joklik-Fürst M (2012) Die Anwendung der Antimissbrauchsbestimmung des § 10 Abs. 4 KStG in der Praxis. SWI 22:22-39

Kessler W, Dietrich M-L (2011) (Keine) Kapitalertragsteuer auf Streubesitzdividenden beschränkt steuerpflichtiger Kapitalgesellschaften. Klares Votum des EuGH dürfte Diskussion über Abschaffung der Steuerbefreiung neu beleben. DStR 49:2121-2134

Kessler W, Dietrich M-L (2012) Praxis- und Zweifelsfragen bei der Anrechnung ausländischer Steuern. IWB ohne Jahrgang:544-550

Kirchhof P (2012) (Hrsg) Einkommensteuergesetz, Kommentar. 11. Aufl, Dr. Otto Schmidt, Köln

Knobbe-Keuk B (1992) Die beiden Unternehmenssteuerrichtlinien. Insbesondere die Mißbrauchsklauseln und die Mängel der deutschen Umsetzung. EuZW 3:336-343

Kofler G (2012) Indirect Credit versus Exemption: Double Taxation Relief for Intercompany Distributions. Bulletin for International Taxation 66:77-89

Kofler G, Kofler H (2008) Betriebsstätten in der Mutter-Tochter-Richtlinie. In: Quantschnigg P, Wiesner W, Mayr G (Hrsg) Steuern im Gemeinschaftsrecht. Festschrift für Wolfgang Nolz, LexisNexis ARD Orac, Wien, S 53-82

Kofler G, Marschner E (2011) Die Quellensteuerrückzahlung bei grenzüberschreitenden Portfoliodividenden nach § 21 Abs 1 Z 1a KStG. GES 9:289-298

Kofler G, Prechtl-Aigner B (2011) Die Beteiligungsertragsbefreiung nach Haribo und Salinen. GES 9:175-197

Lang M (2013) „Aggressive Steuerplanung" – eine Analyse der Empfehlungen der Europäischen Kommission. SWI 22:62-68

[Lang et al. (2009)] Lang M, Schuch J, Staringer C (2009) Körperschaftsteuergesetz, Kommentar. Linde, Wien

Linzner-Strasser M (2011) Nachweis ausländischer Vorbelastung bei Portfoliodividenden. In: Stefaner M, Schragl M (Hrsg) Grenzüberschreitende Beteiligungserträge. Linde, Wien, S 121-135

Loukota W (2011) Möglichkeiten der Entlastung von der Quellenbesteuerung bei mangelnder Anrechenbarkeit im Ausland. In: Stefaner M, Schragl M (Hrsg) Grenzüberschreitende Beteiligungserträge. Linde, Wien, S 277-298

Loukota W (2012) Rückerstattung österreichischer Kapitalertragsteuer an ausländische Investmentfonds im Lichte der Kapitalverkehrsfreiheit. SWI 22:305-316

Lüdicke J (2011) DBA-Politik der Bundesregierung. FR 93:1077-1082

Marschner E (2012) Besteuerung von Kapitalvermögen nach dem KESt-Erlass, SWK-Spezial. Linde, Wien

Micker L (2010) Offene und beantwortete Fragen bei der Umsetzung der Mutter-Tochter-Richtlinie. StBW ohne Jahrgang:707-711

Micker L (2012) Änderungen des internationalen Steuerrechts zum Jahreswechsel. Auswirkungen dreier Artikelgesetze in 2013. IWB ohne Jahrgang:6-14

Nacke A T (2012) Entwurf des Jahressteuergesetzes 2013. Die wichtigsten Änderungen durch den Gesetzentwurf unter Berücksichtigung der Stellungnahme des Bundesrates und der Gegenäußerung der Bundesregierung. DB 65:2117-2129

Ohne Verfasser (2012a) Kabinett beschließt Gesetzentwurf zur vollständigen Erstattung von KapESt auf Streubesitzdividenden für ausländische Gesellschaften. DB 65, Heft 45:14

Ohne Verfasser (2012b) Verschiebung des JStG 2013 und weiterer Steuergesetze. DB 65, Heft 51/52:14-15

Petereit A (2003) Die sog. switch-over-Klausel in den deutschen Doppelbesteuerungsabkommen – Überblick, Inhalt und Steuerplanung. IStR 12:577-586

Petersen S (2012) Abgeltungswirkung der Kapitalertragsteuer für beschränkt steuerpflichtige Kapitalgesellschaften bei Investition über Betriebsstätten bzw. Personengesellschaften? IStR 21:238-244

Plansky P (2011) Behandlung von Beteiligungserträgen bei Betriebsstätten beschränkt steuerpflichtiger Anteilseigner. In: Stefaner M, Schragl M (Hrsg) Grenzüberschreitende Beteiligungserträge. Linde, Wien, S 229-254

Pohl C (2012) Ausgewählte Einzelfragen zu § 50d Abs 9 EStG. IWB ohne Jahrgang:656-661

Rehm H, Nagler J (2013) Europäisches Steuerrecht. Gabler, Wiesbaden

Richter T (2012) Substanzerfordernisse für ausländische Holding- und Zweckgesellschaften. Insbesondere Analyse des § 50d Abs. 3 EStG i.d.F. des BeitrRLUmsG. BB 67:1643-1649

Saß G (1999) Überblick über die steuerlichen Maßnahmen in der EU angesichts der Währungsunion. FR 81:77-83

Sapusek A (1996) Ökonomische und juristische Analyse der Steuerharmonisierung in der Europäischen Union. Umsatzsteuer, spezielle Verbrauchsteuern, direkte Unternehmensteuern. Dissertation, Wirtschaftsuniversität Wien 1996. Europäische Hochschulschriften, Reihe 5, Volks- und Betriebswirtschaft, Bd 2051. Peter Lang, Frankfurt am Main-Berlin-Bern-New York-Paris-Wien, 1997

Schiessl M, Keller B (2011) Übergang auf die Anrechnungsmethode – Paradigmenwechsel in der Abkommenspolitik? IStR 20:285-289

[Schmidt 2012] Weber-Grellet H (Hrsg) EStG Einkommensteuergesetz, Kommentar. 31. Aufl, C. H. Beck, München, 2012

Schönfeld J (2012) Missbrauchsvermeidung und Steuervergünstigungen im Lichte des Europarechts – dargestellt anhand von Fallbeispielen. IStR 21:215-222

Schönhaus M, Broekmann J (2012) Verfahrensfragen der Erstattung gemeinschaftsrechtswidriger Quellensteuern. IWB ohne Jahrgang:623-628

Stefaner M (2011) Erträge aus Portfoliobeteiligungen an EU- und EWR-Gesellschaften. In: Stefaner M, Schragl M (Hrsg) Grenzüberschreitende Beteiligungserträge. Linde, Wien, S 91-111

Stefaner M (2012a) Konsequenzen der Anwendung von § 10 Abs. 7 KStG. SWI 22:370-374

Stefaner M (2012b) Besteuerung von Beteiligungserträgen gemäß § 10 Abs. 7 KStG auch bei fehlendem Abzug im Ausland? SWI 22:443-445

Stefaner M, Schragl M (2011) (Hrsg) Grenzüberschreitende Beteiligungserträge. Linde, Wien

Steindl M, Wörndl C (2012) KESt-Befreiung für Outbounddividenden. Die Neufassung des § 94 EStG. ÖStZ 65:155-159

Stieglitz A (2011a) Beteiligungserträge ausländischer Gesellschafter ohne Betriebsstätte. In: Stefaner M, Schragl M (Hrsg) Grenzüberschreitende Beteiligungserträge. Linde, Wien, S 255-276

Stieglitz A (2011b) Der Methodenwechsel bei Schachtelbeteiligungen. In: Stefaner M, Schragl M (Hrsg) Grenzüberschreitende Beteiligungserträge. Linde, Wien, S 61-89

Stieglitz A (2011c) Methodenwechsel bei Portfoliobeteiligungen. In: Stefaner M, Schragl M (Hrsg) Grenzüberschreitende Beteiligungserträge. Linde, Wien, S 137-152

Treisch C (2004) Europataugliche Ausgestaltung der Unternehmensbesteuerung. Anforderungen, Probleme und Lösungsmöglichkeiten. Gabler Edition Wissenschaft, Schriften zum Steuer-, Rechnungs- und Prüfungswesen. Deutscher Universitätsverlag, Wiesbaden

Thömmes O (1993) Commentary on the Parent/Subsidiaries Directive. In: Thömmes O, Bierlach H M M (eds) EC Corporate Tax Law. Commentary on the EC Direct Tax Measures and Member States Implementation. Loose-leaf edition (updated: February 1993, including 2nd release), International Bureau of Fiscal Documentation (IBFD), Amsterdam

Tumpel M (1993) Harmonisierung der direkten Unternehmensbesteuerung in der EU. Dissertation, Wirtschaftsuniversität Wien 1993. Schriftenreihe Europa des Bundeskanzleramts, Bd 4. Verlag Österreich, Wien, 1994

Vogel K, Lehner, M (2008) Doppelbesteuerungsabkommen der Bundesrepublik Deutschland auf dem Gebiet der Steuern vom Einkommen und Vermögen. Kommentar auf der Grundlage der Musterabkommen. 5. Aufl, Verlag C. H. Beck, München

Volpini de Maestri J (2011) Behandlung von mit Beteiligungen zusammenhängenden Betriebsausgaben. In: Stefaner M, Schragl M (Hrsg) Grenzüberschreitende Beteiligungserträge. Linde, Wien, S 153-167

von Brocke K (2011) Überblick über die Beteiligungsertragsbesteuerung in Deutschland. In: Stefaner M, Schragl M (Hrsg) Grenzüberschreitende Beteiligungserträge. Linde, Wien, S 311-320

von Brocke K (2012) Behandlung von Streubesitzdividenden und Pensionsfonds nach Denkavit. IWB ohne Jahrgang:884-888

1.5 Quellenverzeichnis

[AO] Abgabenordnung. In der Fassung der Bekanntmachung vom 1. Oktober 2002 ([deutsches] BGBl. I S. 3866, ber. I S. 61). FNA 610-1-3. Zuletzt geändert durch Art. 9 Gesetz über die Vereinfachung des Austauschs von Informationen und Erkenntnissen zwischen den Strafverfolgungsbehörden der Mitgliedstaaten der Europäischen Union vom 21. 7. 2012 ([deutsches] BGBl. I S. 1566)

[BAO] Bundesabgabenordnung 1961. [Österreichisches] BGBl. 0194/1961, zuletzt geändert durch [österreichisches] BGBl. I 0022/2012

[BMF Streubesitzdividenden] [Deutsches] BMF, Schreiben vom 24.01.2012 – IV B 3 – S 2411/07/10016, betr. Entlastungsberechtigung ausländischer Gesellschaften (§ 50 d Abs. 3 EStG), DOK 2011/1032913, Entscheidung des EuGH zu Streubesitzdividenden vom 20.10.2011 C-284/09. BStBl. I 2012, 171

Bundesrat (2012) Empfehlungen der Ausschüsse vom 22.06.2012, Entwurf eines Jahressteuergesetzes 2013. Bundesrat-Drucksache 302/1/12. Gemeinsames Dokumentations- und Informationszentrum für Parlamentarische Vorgänge von Bundestag und Bundesrat (DIP) (Onlinedatenbank), Berlin

Bundesrat (2013) Beschluss des Bundesrates vom 01.03.2013, Gesetz zur Umsetzung des EuGH-Urteils vom 20. Oktober 2011 in der Rechtssache C-284/09. Bundesrat-Drucksache 146/13. Gemeinsames Dokumentations- und Informationszentrum für Parlamentarische Vorgänge von Bundestag und Bundesrat (DIP) (Onlinedatenbank), Berlin

[DBA Deutschland-Österreich] Abkommen zwischen der Bundesrepublik Deutschland und der Republik Österreich zur Vermeidung der Doppelbesteuerung auf dem Gebiet der Steuern vom Einkommen und vom Vermögen. Vom 24. August 2000. [Deutsches] BGBl. 2002 II S. 735. In der Fassung des Änderungsprotokolls vom 29. Dezember 2010. [Deutsches] BGBl. 2011 II, 1210

[dEStG] Einkommensteuergesetz (EStG). In der Fassung der Bekanntmachung vom 8. Oktober 2009. [Deutsches] BGBl. I S. 3366, ber. I 2009 S. 3862. FNA 611-1. Zuletzt geändert durch Art. 3 Gesetz zur Änderung des Gemeindefinanzreformgesetzes und von steuerlichen Vorschriften vom 08.05.2012. [Deutsches] BGBl. I, 1030

[dKStG] Körperschaftsteuergesetz (KStG). In der Fassung der Bekanntmachung vom 15. Oktober 2002. [Deutsches] BGBl. I S. 4144. FNA 611-4-4. Zuletzt geändert durch Art. 4 Gesetz zur Umsetzung der Beitreibungsrichtlinie sowie zur Änderung steuerlicher Vorschriften (Beitreibungsrichtlinie-Umsetzungsgesetz – BeitrRLUmsG) vom 07.12.2011. [Deutsches] BGBl. I, 2592

[EStDV] [deutsche] Einkommensteuer-Durchführungsverordnung 2000 (EStDV 2000). Vom 10. Mai 2000. [Deutsches] BGBl. I, 717. FNA 611-1-1. Zuletzt geändert durch Art. 2 Steuervereinfachungsgesetz 2011 vom 01.11.2011. [Deutsches] BGBl. I, 2131

[EuGH-Dividenden-Umsetzungsgesetz-E] Fraktionen der CDU/CSU und FDP (2012) Entwurf eines Gesetzes zur Umsetzung des EuGH-Urteils vom 20. Oktober 2011 in der Rechtssache C-284/09. Bundestag-Drucksache 17/11314. Vom 06.11.2012. Gemeinsames Dokumentations- und Informationszentrum für Parlamentarische Vorgänge von Bundestag und Bundesrat (DIP) (Onlinedatenbank), Berlin

[Europäische Kommission (1992)] Unterrichtung durch die Bundesregierung. Mitteilungen der Kommission der Europäischen Gemeinschaften an den Rat und das Europäische Parlament im Anschluss an die Schlussfolgerungen des unabhängigen Sachverständigenausschusses über die Leitlinien für die Unternehmensbesteuerung im Rahmen der Vertiefung des Binnenmarktes. [Vom 26.06.1992.] SEK(1992) 1118 endg. Ratsdok. 7021/92. Bundesrat-Drucksache 540/92. Vom 20.07.1992. Gemeinsames Dokumentations- und Informationszentrum für Parlamentarische Vorgänge von Bundestag und Bundesrat (DIP) (Onlinedatenbank), Berlin

[Europäische Kommission (2001)] Commission of the European Communities (2001) Communication from the Commission to the Council, the European Parliament and the Economic and Social Committee. Towards an Internal Market without tax obstacles. A strategy for providing companies with a consolidated corporate tax base for their EU-wide activities. 23.10.2001. COM(2001) 582 final

[Jahressteuergesetz-E 2013] Gesetzentwurf der Bundesregierung vom 19.06.2012, Entwurf eines Jahressteuergesetzes 2013. Bundestag-Drucksache 17/10000. Gemeinsames Dokumentations- und Informationszentrum für Parlamentarische Vorgänge von Bundestag und Bundesrat (DIP) (Onlinedatenbank), Berlin

[Mutter-Tochter-Richtlinie 1969] [Europäische] Kommission (1969) Vorschlag einer Richtlinie über das gemeinsame Steuersystem für Mutter- und Tochtergesellschaften verschiedener Mitgliedstaaten. Vom 16.01.1969. ABl. 1969, C 39/7-9

[Mutter-Tochter-Richtlinie 1993] [Europäische] Kommission (1993) Vorschlag für eine Richtlinie des Rates zur Änderung der Richtlinie 90/435/EWG des Rates vom 23. Juli 1990 über das gemeinsame Steuersystem der Mutter- und Tochtergesellschaften verschiedener Mitgliedstaaten. (93/C 225/06). Vom 26.07.1993. KOM(1993) 293 endg. ABl. 1993, C 225/5-6

[Mutter-Tochter-Richtlinie 2011] Richtlinie 2011/96/EU des Rates vom 30. November 2011 über das gemeinsame Steuersystem der Mutter- und Tochtergesellschaften verschiedener Mitgliedstaaten. ABl. 2011, L 345/8-16

[OECD-Musterabkommen] OECD-Musterabkommen 2010 zur Vermeidung der Doppelbesteuerung auf dem Gebiet der Steuern vom Einkommen und vom Vermögen. Onlinedatenbank (Stand: Oktober 2010), C. H. Beck, München

[OECD-Verrechnungspreisrichtlinien 2010] OECD-Verrechnungspreisleitlinien für multinationale Unternehmen und Steuerverwaltungen. OECD, Paris, 2011. Abgedruckt in Kodex des Österreichischen Rechts, Doppelbesteuerungsabkommen. 10. Aufl, Linde, Wien, 2012

[öEStG] Einkommensteuergesetz 1988. [Österreichisches] BGBl. 0400/1988, zuletzt geändert durch [österreichisches] BGBl. I 0022/2012

[öEStR 2000] Einkommensteuerrichtlinien (EStR) 2000 in der Fassung des Wartungserlasses 2011 vom 14.12.2011. Onlinedatenbank, Linde, Wien

[öKStG] Körperschaftsteuergesetz 1988. [Österreichisches] BGBl. 0401/1988, zuletzt geändert durch [österreichisches] BGBl. I 0022/2012

[öKStR 2013] Körperschaftsteuerrichtlinien (KStR). Richtlinie des [österreichischen] BMF, GZ BMF-010216/0009-VI/6/2013 vom 13.03.2013, Körperschaftsteuerrichtlinien 2013 (KStR 2013), [österreichische] Finanzdokumentation (Findok)

[Ruding-Bericht (1992)] Commission of the European Communities (1992) Report of the committee of independent experts on company taxation. Office for Official Publications of the European Communities, Luxembourg

[VO Internationale Schachtelbeteiligung] Verordnung des [österreichischen] Bundesministers für Finanzen betreffend die steuerliche Entlastung von Erträgen aus der internationalen Schachtelbeteiligung (VO Internationale Schachtelbeteiligung). [Österreichisches] BGBl. II 0295/2004

[VO KESt-Erstattung Mutter- und Tochtergesellschaften] Verordnung des [österreichischen] Bundesministers für Finanzen zur Einbehaltung von Kapitalertragsteuer und deren Erstattung bei Mutter- und Tochtergesellschaften im Sinne der Mutter-Tochter-Richtlinie. [Österreichisches] BGBl. 0056/1995

[Zinsabkommen Schweiz] Abkommen zwischen der Europäischen Gemeinschaft und der Schweizerischen Eidgenossenschaft über Regelungen, die den in der Richtlinie 2003/48/EG des Rates im Bereich der Besteuerung von Zinserträgen festgelegten Regelungen gleichwertig sind. Vom 29.12.2004. ABl. 2004, L 385/30

[Zins-Lizenzgebühren-Richtlinie 1998] [Europäische] Kommission (1998) Vorschlag für eine Richtlinie des Rates über eine gemeinsame Steuerregelung für Zahlungen von Zinsen und Lizenzgebühren zwischen verbundenen Unternehmen verschiedener Mitgliedstaaten. (98/C 123/07). Vom 06.03.1998. KOM(1998) 67 endg. 98/0087(CNS). ABl. 1998, C 123/9-13

[Zins-Lizenzgebühren-Richtlinie 2003] Richtlinie 2003/49/EG des Rates vom 3. Juni 2003 über eine gemeinsame Steuerregelung für Zahlungen von Zinsen und Lizenzgebühren zwischen verbundenen Unternehmen verschiedener Mitgliedstaaten. ABl. 2003, L 157/49. Zuletzt geändert durch RL 2006/98/EG des Rates vom 20.11.2006. ABl. 2003, L 363129/136

[Zins-Lizenzgebühren-Richtlinie 2011-E] Europäische Kommission (2011) Vorschlag für Richtlinie des Rates über eine gemeinsame Steuerregelung für Zahlungen von Zinsen und Lizenzgebühren zwischen verbundenen Unternehmen verschiedener Mitgliedstaaten KOM(2011) 714 end.

1.6 Rechtsprechungsverzeichnis

Gericht	Datum	Aktenzeichen	Urteilsbezeichnung	Fundstelle
EuGH	17.10.1996	Rs. C-283/94, C-291/94 und C-292/94	Denkavit I	EuGHE 1996 I, 5063
EuGH	08.06.2000	Rs. C-375/98	Epson Europe	EuGH Slg. 2000 I, 4243
EuGH	04.10.2001	Rs. C-294/99	Athinaïki Zythopoiia AE / Elliniko Dimosio	EuGH Slg. 2001 I, 6797
EuGH	03.10.2006	Rs. C-290/04	Scorpio	EuGH Slg. 2006, I-9461
EuGH	21.01.2010	Rs. C-311/08	SGI	EuGH Slg. 2006, I-9461
EuGH	10.02.2011	verb. Rs. C-436/08 und C-437/08	Haribo und Österreichische Salinen	BeckRS 2011, 80119
EuGH	21.07.2011	Rs. C-397/09	Scheuten Solar Technology	BeckRS 2011, 81155
EuGH	20.10.2011	RS. C-284/09	Kommission / Deutschland	BeckEuRS 2011, 621112
Schlussanträge GA Kokott	11.11.2010	verb. Rs. C-436/08 und C-437/08	Haribo und Österreichische Salinen	BeckRS 2010, 526138

2 Harmonisierung der Gewinnermittlung und Verlustverrechnung

Corinna Treisch

Die Harmonisierung der direkten Unternehmensbesteuerung befindet sich noch immer im Angangsstadium, wie anhand des folgenden Überblicks über den erreichten Stand der Harmonisierung hinsichtlich der Gewinnermittlung und Verlustverrechnung unter besonderer Berücksichtigung von Deutschland und Österreich aufzeigt wird. Dazu wird zunächst der mit dem EU-Schiedsübereinkommen erreichte Stand der Harmonisierung auf dem Gebiet der Gewinnberichtigungen und Verrechnungspreise aufgezeigt. Anschließend werden die innerstaatliche Verlustverrechnung und die grenzüberschreitende Berücksichtigung der Verluste von ausländischen Betriebsstätten und Tochterkapitalgesellschaften nach deutschem und österreichischem Steuerrecht dargestellt. Mit dem Richtlinienvorschlag zur Schaffung einer Gemeinsamen Konsolidierten Körperschaftsteuerbemessungsgrundlage wird zudem das aktuell anspruchsvollste Reformvorhaben behandelt.

Bereits 1964 legte die Kommission einen ausführlichen Bericht über die Vorschriften der steuerlichen Gewinnermittlung vor, der insbesondere Abschreibungen, Investitionsfördermaßnahmen, Wertsteigerungen und Veräußerungsgewinne des Anlagevermögens, Vorratsbewertungen und die Behandlung von Betriebsverlusten untersuchte.[336] Die Harmonisierung der Vorschriften zur steuerlichen Gewinnermittlung[337] und zur grenzüberschreitenden Verlustverrechnung[338] ist bereits frühzeitig und wiederholt gefordert worden. Schon 1988 wurde ein Vorentwurf zur Gewinnermittlung verfasst.[339] Verwirklicht werden konnte bisher jedoch nur das Schiedsübereinkommen hinsichtlich der Abgrenzung der Gewinne grenzüberschreitend tätiger Unternehmen nach dem Fremdvergleichsgrundsatz, welches 1990 verabschiedet wurde.[340]

Bezüglich der Verlustverrechnung wurden Richtlinienentwürfe zum innerstaatlichen Verlustausgleich[341] sowie Richtlinienentwürfe zur Verlustberücksichtigung von Betriebsstättenverlusten und zu Verlusten ausländischer Tochterkapitalgesellschaften erarbeitet[342]. Zudem gab es Anläufe zur Berücksichtigung ausländischer Verluste zum Beispiel im Rahmen einer Besteuerung des konsolidierten Gewinns als Bestandteile anderer Richt-

---

[336] Vgl. Tsourouflis 1996/1997, S. 36.
[337] Vgl. Europäische Kommission 1967a, S. 5; Europäische Kommission 1967b, S. 9; Europäisches Parlament 1979, S. 19f.; Europäisches Parlament 1983, S. 75f.; Europäische Kommission 1987, S. 7.
[338] Zur Entwicklung vgl. Saß 1991b, S. 1161.
[339] Vgl. Bünning und Möser 2011, S. 2647.
[340] Vgl. Kempf und Gelsdorf 2012, S. 329.
[341] Verlustrichtlinie 1984; Verlustrichtlinie 1985.
[342] Auslands-Verlust-Richtlinie 1990; Auslands-Verlust-Richtlinie 1992.

linienvorschläge.[343] 2011 veröffentlichte die Kommission einen Richtlinienentwurf zu einer Gemeinsamen Konsolidierten Körperschaftsteuerbemessungsgrundlage (GKKB) bzw. englisch Common Consolidated Corporate Tax Base (CCCTB) (CCCTB-E), der sowohl die Gewinnermittlung als auch die grenzüberschreitende Verlustverrechnung behandelt. Damit sollen die unternehmensteuerlichen Hindernisse mittels einer umfassenden Lösung beseitigt werden.[344]

Eine singuläre Vereinheitlichung der Verlustberücksichtigungsmöglichkeiten ist ohne eine Angleichung der ertragsteuerlichen Gewinnermittlung mit dem Nachteil verbunden, dass nicht nur die ermittelten Auslandsverluste, sondern auch die zur Verlustverrechnung heranzuziehenden künftigen oder vergangenen Gewinne der Höhe nach in den Mitgliedstaaten abweichen können. Eine wettbewerbsneutrale Anrechnung ausländischer Verluste ist ohne eine Harmonisierung sowohl der nationalen Gewinnermittlungsregelungen als auch der Verlustberücksichtigungsvorschriften nicht möglich.[345]

2.1 Gewinnberichtigungen und Verrechnungspreise

Literatur: Bödefeld A, Kuntschik N (2009b) Verständigungs- und Schiedsverfahren nach dem EU-Schiedsabkommen – Theorie und Praxis. IStR 18:268-273; Bödefeld A, Kuntschik N (2010) Der Überarbeitete Verhaltenskodex zur Anwendung des EU-Schiedsübereinkommen. IStR 19:474-478; Kempf A, Gelsdorf F (2012) Die EU-Schiedsverfahrenskonvention im Konkurrenzverhältnis zu Doppelbesteuerungsabkommen. IStR 21:329-335; Merz S, Sajogo D (2010a) Aktuelle Entwicklungen bei internationalen Verständigungs- und Schiedsverfahren. PIStB 12:44-50; Peters H M, Haverkamp L H (2011) Verbesserte Möglichkeiten zur Beseitigung von Doppelbesteuerungen – Vergleich des Schiedsverfahrens nach Art. 25 Abs. 5 OECD-MA und des EU-Schiedsverfahrens. BB 66:1303-1312; Vögele A, Forster F (2006) Das EU-Schiedsübereinkommen. IStR 15:537-540

Das **Ziel** des Übereinkommens zur Beseitigung der Doppelbesteuerung im Falle von Gewinnberichtigungen zwischen verbundenen Unternehmen (EU-Schiedsübereinkommen) liegt in der Vermeidung der Doppelbesteuerung von Konzernen und Betriebsstättengewinnen im Bereich der Verrechnungspreise zwischen verbundenen Unternehmen aufgrund von Gewinnberichtigungen.

Wenn die Finanzverwaltung im Staat der Muttergesellschaft etwa anlässlich einer Betriebsprüfung den Verrechnungspreis einer Warenlieferung (oder Dienstleistung) der Muttergesellschaft an die Tochtergesellschaft erhöht, so steigt der Gewinn der Muttergesellschaft,

---

[343] Art. 12 Abs. 3-5 Fusionsrichtlinie 1969; Art. 7 Mutter-Tochter-Richtlinie 1969; Art. 278 und 281 Statut der Europäischen Aktiengesellschaft 1970; Art. 281 Statut der Europäischen Aktiengesellschaft 1975. Vgl. dazu auch Debatin (1969), S. 149ff.
[344] Vgl. Kußmaul et al. 2010, S. 178.
[345] Vgl. Sapusek 1996, S. 1014.

während der der Tochtergesellschaft sinkt. Wenn der Staat der Tochtergesellschaft die Gewinnberichtigung ignoriert, kommt es zu einer steuerlichen Doppelbelastung.

Ein weiterer typischer Anwendungsfall betrifft einen unangemessenen Zinssatz auf Darlehen.[346] Ob auch Gewinnkorrekturen im Zusammenhang mit thin-capitalization rules unter das EU-Schiedsübereinkommen fallen, ist unter den Vertragsstaaten strittig.[347] Zwar empfiehlt dies der EU-Verhaltenskodex zur Anwendung des EU-Schiedsübereinkommens 2009 in Rz. 1.2, jedoch haben mehrere Vertragsstaaten Vorbehalte geäußert.[348]

Der **Rechtsnatur** nach handelt es sich bei dem Schiedsübereinkommen um ein multilaterales Übereinkommen und folglich um einen völkerrechtlichen Vertrag.[349] Da es sich nur um ein multilaterales Übereinkommen handelt, ist die Kontrolle durch die Organe der Europäischen Union eingeschränkt.[350] Um eine solche Kontrolle zu vermeiden, wurde die ursprünglich als Richtlinie[351] vorgesehene Vereinbarung nur als multilaterales Übereinkommen verabschiedet.[352] Gerade eine Kompetenz des EuGH zur Überprüfung von Schiedsentscheidungen wird in der Literatur jedoch für wünschenswert befunden.[353] Aus der Rechtsnatur folgt zudem, dass die neuen EU-Mitgliedstaaten nicht automatisch Vertragspartei des Übereinkommens werden, sondern dieses einzeln unterzeichnen und ratifizieren müssen.[354]

Der überarbeitete **EU-Verhaltenskodex** zur Anwendung des EU-Schiedsübereinkommens 2009 stellt eine Auslegungshilfe dar und entfaltet nur eine politische, jedoch keine rechtliche Bindungswirkung.[355] Der EU-Verhaltenskodex beruht maßgeblich auf den bisherigen Erfahrungen mit dem EU-Schiedsverfahren.[356]

Der sachliche und persönliche **Anwendungsbereich** umfasst alle gewinnabhängigen Steuern, wie beispielsweise die Einkommensteuer, die Körperschaftsteuer, die Gewerbeertragsteuer und den Solidaritätszuschlag, von selbständigen Unternehmen der Vertragsstaaten und von Betriebsstätten der in den Vertragsstaaten ansässigen Unternehmen (Art. 1 Abs. 1-2, Art. 2 EU-Schiedsübereinkommen). Es werden alle Unternehmen unabhängig von der Rechtsform erfasst, also sowohl Kapitalgesellschaften als auch Personengesellschaften und Einzelunternehmen.

---

[346] Vgl. Bödefeld und Kuntschik 2010, S. 475; Peters und Haverkamp 2011, S. 1306f.
[347] Vgl. Lehner in Vogel und Lehner 2008, Art. 25 OECD-MA, Rn. 302.
[348] EU-Verhaltenskodex zur Anwendung des EU-Schiedsübereinkommens 2009, Vorbehalte zu Rz. 1.2.
[349] Vgl. Lehner in Vogel und Lehner 2008, Art. 25 OECD-MA, Rn. 301; Peters und Haverkamp 2011, S. 1303; Becker in Haase 2012, Art. 25 OECD-MA, Rn. 78; Kempf und Gelsdorf 2012, S. 329; Liebchen in Mössner et al. 2012, Rz. 12.146.
[350] Vgl. Saß 1991a, S. 984; Rasch 2000, S. 264f.; Vögele und Forster 2006, S. 537; Lehner in Vogel und Lehner 2008, Art. 25 OECD-MA, Rn. 301; Bödefeld und Kuntschik 2009b, S. 271.
[351] Vgl. zu dem Vorschlag der Schiedsverfahren-Richtlinie Saß 1979, S. 2196ff.; Rasch 2000, S. 258f.
[352] Zur Entstehung der Konvention vgl. Krabbe 1997, S. 77f.; Kempf und Gelsdorf 2012, S. 329.
[353] Vgl. Riecker 1996, S. 101; Sapusek 1996, S. 1006; Krabbe 1997, S. 97; Vögele und Forster 2006, S. 539.
[354] Vgl. Vögele und Forster 2006, S. 538; Lehner in Vogel und Lehner 2008, Art. 25 OECD-MA, Rn. 300.
[355] Vgl. Lehner in Vogel und Lehner 2008, Art. 25 OECD-MA, Rn. 301; Bödefeld und Kuntschik 2010, S. 474; Merz und Sajogo 2010a, S. 48.
[356] Vgl. Bödefeld und Kuntschik 2009b, S. 468.

Das Schiedsabkommen befasst sich nur mit den Konzernverrechnungspreisen (Art. 4 Nr. 1 EU-Schiedsübereinkommen) und der Abgrenzung von Betriebsstättengewinnen ein- und desselben Unternehmens (Art. 4 Nr. 2 EU-Schiedsübereinkommen).[357] Das EU-Schiedsabkommen schützt nur gegen Doppelbesteuerungen, die dadurch entstehen, dass Gewinne gleichzeitig zwei Unternehmen, die in zwei verschiedenen Vertragsstaaten ansässig sind, zugeordnet werden und bei dieser Zuordnung der Fremdvergleichsgrundsatz nicht beachtet wurde.[358] Eine künftige Ausdehnung des Anwendungsbereiches auf alle Streitfälle, die sich aus einem Doppelbesteuerungsabkommen ergeben können,[359] ist zurzeit aufgrund des Bestrebens der EU-Mitgliedstaaten hinsichtlich einer möglichst geringen Einschränkung ihrer Steuersouveränität wenig wahrscheinlich. Insofern ist z.B. das OECD-Schiedsverfahren des Art. 25 Abs. 5 OECD-Musterabkommens weiter gefasst.[360]

Das EU-Schiedsübereinkommen sieht eigentlich bilaterale Schlichtungsfälle vor (Art. 4 EU-Schiedsübereinkommen).[361] Da in der Praxis häufig Unternehmen und Betriebsstätten aus mehreren Mitgliedstaaten beteiligt sind (sog. **Dreieckskonstellationen**), sollte das Verfahren auf multilaterale Streitfälle erweitert werden.[362] Im Schiedsübereinkommen ist die Möglichkeit eines multilateralen Verfahrens zumindest teilweise bereits angelegt (Art. 6 Abs. 2 EU-Schiedsübereinkommen, Gemeinsame Erklärung zu Art. 4 EU-Schiedsübereinkommen).[363] Ob und wie eine multilaterale Ausgestaltung in der Praxis möglich ist, bleibt fraglich.[364] Bezüglich der EU-Dreieckskonstellationen bestehen entsprechende verfahrenstechnische Empfehlungen.

Die Gewinnberichtigungen zwischen verbundenen Unternehmen erfolgen auf der Basis des **Fremdvergleichsgrundsatzes** (dealing-at-arm's-length principle) (Art. 4 EU-Schiedsübereinkommen).[365] Art. 4 Nr. 1 EU-Schiedsübereinkommen (Gewinnberichtigungen aufgrund von Konzernverrechnungspreisen) und Art. 4 Nr. 2 EU-Schiedsübereinkommen (Abgrenzung von Betriebsstättengewinnen) entsprechen Art. 9 Abs. 1 bzw. Art. 7 Abs. 2 OECD-Musterabkommen.[366] So entspricht z.B. Art. 9 Abs. 1 Doppelbesteuerungsabkommen Deutschland-Österreich dem Art. 4 Nr. 1 EU-Schiedsübereinkommen.

Nach dem Fremdvergleichsgrundsatz sind die Einkünfte so anzusetzen, wie sie unter Bedingungen angefallen wären, die zwischen unabhängigen Dritten vereinbart worden wären. Zur Prüfung der Angemessenheit der angewendeten Verrechnungspreise ist für das in Frage stehende Geschäft ein Fremdvergleich vorzunehmen. Zur Quantifizierung der angemessenen

---

[357] Vgl. Kempf und Gelsdorf 2012, S. 330.
[358] Vgl. Kempf und Gelsdorf 2012, S. 330.
[359] Eine solche Erweiterung fordert Sapusek 1996, S. 1007.
[360] Vgl. Peters und Haverkamp 2011, S. 1305f. Zum Schiedsverfahren des Art. 25 Abs. 5 OECD-Musterabkommens vgl. Bödefeld und Kuntschik 2009a, S. 449ff.; Merz und Sajogo 2010b, S. 189f.
[361] Vgl. Bödefeld und Kuntschik 2010, S. 475.
[362] Vgl. Sapusek 1996, S. 1008.
[363] EU-Verhaltenskodex zur Anwendung des EU-Schiedsübereinkommens 2009, Rz. 1.1.
[364] Vgl. Bödefeld und Kuntschik 2010, S. 475; Peters und Haverkamp 2011, S. 1305.
[365] Zum Fremdvergleichsgrundsatz vgl. Baumhoff in Mössner et al. 2012, Rz. 3.1ff.
[366] Vgl. Kempf und Gelsdorf 2012, S. 330.

Verrechnungspreise wurden zum einen drei **Standardmethoden** entwickelt, die international anerkannt sind (vgl. **Abbildung 2.1**).

Abbildung 2.1: Standardmethoden zur Quantifizierung von Fremdvergleichspreisen

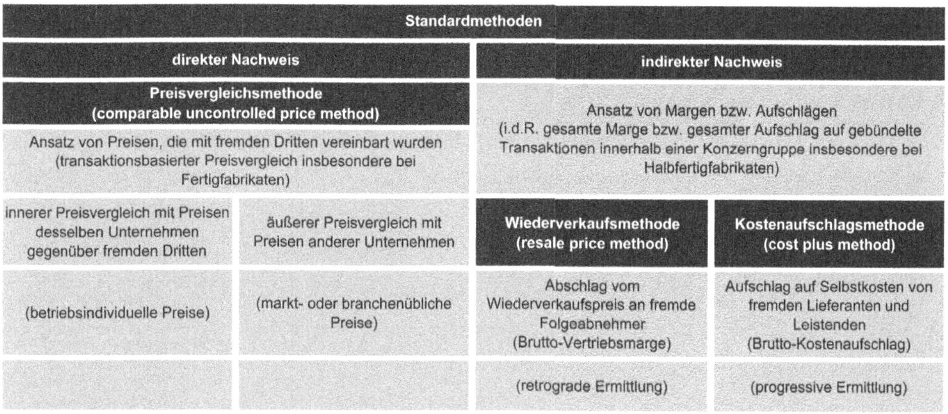

Standardmethoden			
direkter Nachweis		indirekter Nachweis	
Preisvergleichsmethode (comparable uncontrolled price method)		Ansatz von Margen bzw. Aufschlägen (i.d.R. gesamte Marge bzw. gesamter Aufschlag auf gebündelte Transaktionen innerhalb einer Konzerngruppe insbesondere bei Halbfertigfabrikaten)	
Ansatz von Preisen, die mit fremden Dritten vereinbart wurden (transaktionsbasierter Preisvergleich insbesondere bei Fertigfabrikaten)			
innerer Preisvergleich mit Preisen desselben Unternehmens gegenüber fremden Dritten	äußerer Preisvergleich mit Preisen anderer Unternehmen	**Wiederverkaufsmethode** (resale price method)	**Kostenaufschlagsmethode** (cost plus method)
(betriebsindividuelle Preise)	(markt- oder branchenübliche Preise)	Abschlag vom Wiederverkaufspreis an fremde Folgeabnehmer (Brutto-Vertriebsmarge)	Aufschlag auf Selbstkosten von fremden Lieferanten und Leistenden (Brutto-Kostenaufschlag)
		(retrograde Ermittlung)	(progressive Ermittlung)

Zudem wurden drei **Gewinnorientierte Methoden** entwickelt (vgl. **Abbildung 2.2**), von der die globale Gewinnaufteilungsmethode nicht allgemein anerkannt ist.[367]

---

[367] OECD-Verrechnungspreisrichtlinien 2010, Tz. 2.1ff., 3.2ff.; Nientimp in Mössner und Fuhrmann 2011, S. 284ff.; Vögele und Crüger und Witt und Sedlmayr und Fügemann in Vögele et al. 2011, Rn. H 117ff.; Vögele und Witt und Fügemann in Vögele et al. 2011, Rn. G 24ff.; Baumhoff in Mössner et al. 2012, Rz. 3.169ff.

Abbildung 2.2: Gewinnorientierte Methoden zur Quantifizierung von Fremdvergleichspreisen

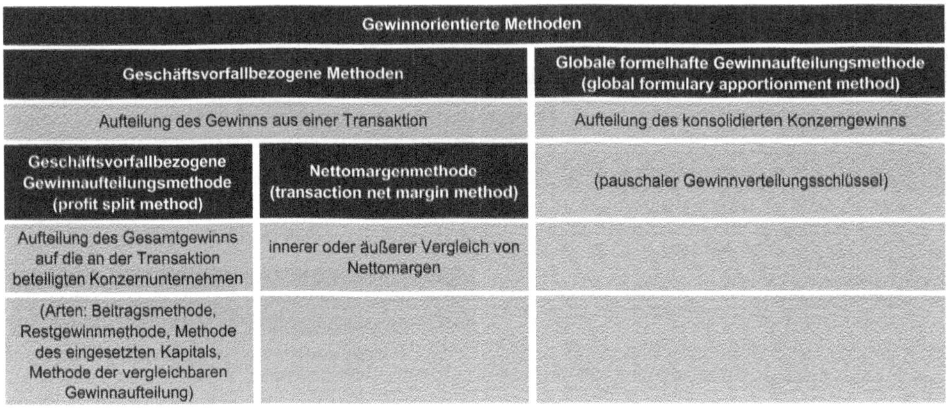

Gewinnorientierte Methoden		
Geschäftsvorfallbezogene Methoden		**Globale formelhafte Gewinnaufteilungsmethode** (global formulary apportionment method)
Aufteilung des Gewinns aus einer Transaktion		Aufteilung des konsolidierten Konzerngewinns
Geschäftsvorfallbezogene Gewinnaufteilungsmethode (profit split method)	Nettomargenmethode (transaction net margin method)	(pauschaler Gewinnverteilungsschlüssel)
Aufteilung des Gesamtgewinns auf die an der Transaktion beteiligten Konzernunternehmen	innerer oder äußerer Vergleich von Nettomargen	
(Arten: Beitragsmethode, Restgewinnmethode, Methode des eingesetzten Kapitals, Methode der vergleichbaren Gewinnaufteilung)		

Da der Fremdvergleichsgrundsatz in dem EU-Schiedsübereinkommen nicht konkretisiert wurde,[368] sondern die vergleichenden Bestimmungen des OECD-Musterabkommens übernommen wurden,[369] sind die OECD-Verrechnungspreisgrundsätze für multinationale Unternehmen und Steuerverwaltungen (OECD–Verrechnungspreisgrundsätze 2010) für die Auslegung der EU-Schiedsverfahrenskonvention heranzuziehen.[370]

Allerdings enthält das Schiedsübereinkommen keine Konkretisierung der Abgrenzung von Betriebsstättengewinnen wie z.B. Art. 7 Abs. 1 OECD-Musterabkommen.[371] Trotzdem sind diese Grundsätze auch beim EU-Schiedsübereinkommen zu beachten.[372]

Da nicht alle Doppelbesteuerungsabkommen mit den Art. 9 Abs. 1 bzw. Art. 7 Abs. 2 OECD-Musterabkommen übereinstimmen, kann es zu Widersprüchen des EU-Schiedsübereinkommens mit dem jeweiligen Doppelbesteuerungsabkommen kommen, so dass in diesen Fällen zu überprüfen ist, welche Regelung anzuwenden ist.[373]

Da die Fremdvergleichspreise regelmäßig nur anhand von Bandbreiten ermittelt werden können, sind streitige Auseinandersetzungen mit der Betriebsprüfung über die festzusetzende Höhe die Regel.[374] Multinationale Unternehmen können den Steuerbehörden eine

---

[368] Vgl. Krabbe 1997, S. 85.
[369] Vgl. Kempf und Gelsdorf 2012, S. 330.
[370] Vgl. Joklik-Fürst 1996, S. 108; Riecker 1996, S. 101; Krabbe 1997, S. 80; Loukota 1997, S. 339; Jirousek 1999, S. 219.
[371] Vgl. Kempf und Gelsdorf 2012, S. 332.
[372] Vgl. Kempf und Gelsdorf 2012, S. 332.
[373] Vgl. mit Beispielen Kempf und Gelsdorf 2012, S. 330ff.
[374] Vgl. Peters und Haverkamp 2011, S. 1303.

standardisierte Dokumentation über die Ermittlung ihrer Verrechnungspreise vorlegen.[375] Die Finanzverwaltungen vieler Staaten bauen dazu interne Datenbanken mit Vergleichsdaten auf, die auf den Ergebnissen aus Betriebsprüfungen und eigenen statistischen Ehebungen basieren.[376]

Die **Doppelbesteuerung**, die aus der Gewinnberichtung resultieren würde, soll nicht durch eine Gegenberichtigung vermieden werden.[377] Vielmehr wird die Doppelbesteuerung dardurch vermieden, dass der streitige Gewinnbetrag nur in einem der beiden Vertragsstaaten besteuert werden darf, während er im anderen Vertragsstaat freigestellt wird (Freistellungsmethode) (Art. 14 EU-Schiedsübereinkommen). Im Fall der Anrechnungsmethode muss die Steuer entsprechend um den Steuerbetrag des steuerberechtigten Staates gemindert werden (Art. 14 Buchstabe b) EU-Schiedsübereinkommen). Diese Vorgehensweise bewirkt eine Besteuerung des streitigen Gewinnbetrags auf dem höheren Steuerniveau der beiden beteiligten Staaten.

Der **Ablauf des Verständigungs- und Schlichtungsverfahrens** erfolgt in mehreren Stufen (vgl. **Abbildung 2.3**).

Abbildung 2.3: Ablauf des Verständigungs- und Schlichtungsverfahrens

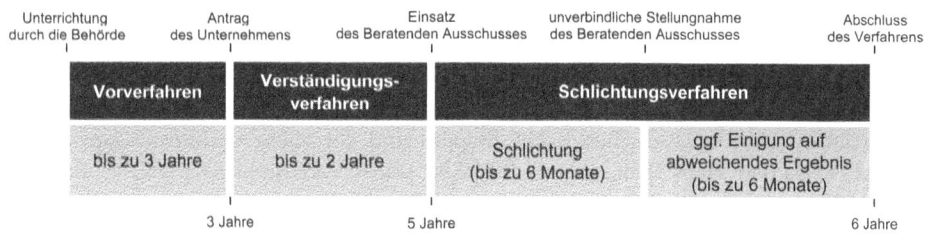

Zunächst kommt es zu einem **Vorverfahren**, dessen Zweck in der Unterrichtung des Unternehmens, bei dem die Gewinnberichtigung durchgeführt werden soll, durch die Behörde, die die Gewinnberichtigung vornehmen möchte, liegt (Art. 5 EU-Schiedsübereinkommen). Dieses Unternehmen kann daraufhin das andere betroffene Unternehmen informieren, welches wiederum die Behörde des anderen betroffenen Vertragsstaates informieren kann. Es soll die Möglichkeit für eine entsprechende Gegenberichtigung im anderen Vertragsstaat geschaffen werden, um eine mögliche Doppelbesteuerung zu vermeiden. Die Unterrichtung schließt allerdings die Gewinnberichtigung nicht aus (Art. 5 Satz 2 EU-Schiedsübereinkommen). Stimmen beide Unternehmen und der andere Vertragsstaat der Gewinnberichtigung zu, so verkürzt sich das Verfahren, indem keine

---

[375] EU-Verhaltenskodex zur Verrechnungspreisdokumentation.
[376] Vgl. Bödefeld und Kuntschik 2009a, S. 473.
[377] Vgl. Bödefeld und Kuntschik 2009b, S. 269.

weiteren Verfahrensschritte wie das Verständigungs- und das Schiedsverfahren eingeleitet werden (Art. 5 Satz 3 EU-Schiedsübereinkommen).

Kommt es nicht zu einer Einigung, so kann das von der Doppelbesteuerung betroffene Unternehmen innerhalb von drei Jahren nach der Behördeninformation über die Maßnahme, die zu der Doppelbesteuerung führt, seinen Fall bei seiner zuständigen Behörde unterbreiten (Art. 6 Abs. 1 EU-Schiedsübereinkommen). Der Antrag muss dabei bestimmte Angaben und Unterlagen enthalten.[378]

Kann die Behörde der Doppelbelastung nicht abhelfen, so leitet sie das sog. **Verständigungsverfahren** gem. Art. 6 Abs. 2 EU-Schiedsübereinkommen ein, bei dem sich beide betroffenen Behörden bemühen, die Doppelbesteuerung dem dealing-at-arm's-length principle (Art. 4 EU-Schiedsübereinkommen) entsprechend zu vermeiden. Die Einleitung ist obligatorisch.[379] Das Verständigungsverfahren entspricht inhaltlich Art. 25 Abs. 2 OECD-Musterabkommen.[380] Beide Vertragsparteien sollen innerhalb der Zweijahresfrist ein **Positionspapier** austauschen, das den Sachverhalt, die mögliche Doppelbesteuerung und einen Vorschlag zur Vermeidung der Doppelbesteuerung enthält, und gegebenenfalls ein persönliches Treffen abhalten.[381]

Kommt es nicht innerhalb von zwei Jahren zu einer Einigung hinsichtlich der Beseitigung der Doppelbesteuerung, so kommt es zum **Schlichtungsverfahren** gem. Art. 7 EU-Schiedsübereinkommen, bei dem die zuständigen Finanzbehörden einen sog. **Beratenden Ausschuss** (ein Vorsitzender, jeweils zwei Vertreter der jeweiligen Behörden, gerade Anzahl unabhängiger Personen) einsetzen (Art. 7 Abs. 1 Satz 1, Art. 9 Abs. 1 EU-Schiedsübereinkommen). Die unabhängigen Personen müssen fachlich qualifiziert sein und über Erfahrung in den Bereichen Recht, Steuern und vor allem Verrechnungspreise aufweisen.[382] Das betroffene Unternehmen ist nicht selbst Verfahrensbeteiligter[383], allerdings bestehen ein umfassendes Anhörungsrecht und eine Auskunftspflicht des betroffenen Unternehmens (Art. 10 Abs. 1 Satz 1-2, Abs. 2 EU-Schiedsübereinkommen). Ein grundsätzliches Anwesenheitsrecht besteht jedoch nicht.[384]

Nach sechs Monaten ergeht eine unverbindliche Stellungnahme des Beratenden Ausschusses (Art. 11 Abs. 1 EU-Schiedsübereinkommen), wie dem dealing-at-arm's-length principle auf Basis der OECD-Leitlinien entsprechend eine Doppelbesteuerung beseitigt werden kann.[385] Der Beratende Ausschuss entwickelt eine unabhängige Rechtsauffassung

---

[378] EU-Verhaltenskodex zur Anwendung des EU-Schiedsübereinkommens 2009, Rz. 5 Buchstabe a); Deutschland: BMF Merkblatt zum Verständigungs- und Schiedsverfahren, Tz. 11.3.2; Österreich: Verrechnungspreisrichtlinien 2010, Rz. 365.
[379] Vgl. Bödefeld und Kuntschik 2009b, S. 269; Liebchen in Mössner et al. 2012, Rz. 12.122.
[380] Vgl. Liebchen in Mössner et al. 2012, Rz. 12.120.
[381] EU-Verhaltenskodex zur Anwendung des EU-Schiedsübereinkommens 2009, Rz. 6.4.
[382] EU-Verhaltenskodex zur Anwendung des EU-Schiedsübereinkommens 2009, Rz. 7.1 Buchstabe b).
[383] Vgl. Peters und Haverkamp 2011, S. 1308.
[384] Vgl. Bödefeld und Kuntschik 2009b, S. 269; Liebchen in Mössner et al. 2012, Rz. 12.140.
[385] EU-Verhaltenskodex zur Anwendung des EU-Schiedsübereinkommens 2009, Rz. 6.1 Buchstabe a).

(sog. **independent opinion approach**).[386] Es besteht eine Sechs-Monats-Frist für die Behörden, sich unabhängig von dem Ergebnis der Stellungnahme zu einigen (Art. 12 Abs. 1 EU-Schiedsübereinkommen). Bei Nichteinigung bzw. Ablauf dieser Sechs-Monats-Frist wird die Stellungnahme des Beratenden Ausschusses verbindlich (Art. 12 Abs. 1 Satz 3 EU-Schiedsübereinkommen). Dies bedeutet, dass die Finanzbehörden nachgeschaltet einstimmig von der Stellungnahme des Beratenden Ausschusses abweichen können.[387]

Das Verfahren kann im Ergebnis bis zu drei Jahre dauern.[388] In der Praxis konnten jedoch insbesondere zahlreiche Verständigungsverfahren nicht in der Zwei-Jahres-Frist gelöst sowie der Beratende Ausschuss nicht zügig eingesetzt werden,[389] so dass die drei Jahre sogar noch überschritten wurden.

Ein **Rechtsmittel** gegen die Stellungnahme des Beratenden Ausschusses besteht nicht,[390] insbesondere ist keine **Überprüfung durch den EuGH** möglich.[391] Das Doppelbesteuerungsabkommen Deutschland-Österreich enthält allerdings eine **obligatorische Schiedsklausel** mit einem Schiedsverfahren vor dem EuGH (Art. 25 Abs. 5 DBA Deutschland-Österreich).[392]

Falls sich eine der beiden Steuerfestsetzungen, auf denen das Verständigungs- oder Schlichtungsergebnis beruht, nach Abschluss des Verständigungs- oder Schlichtungsverfahrens z.B. aufgrund einer Steuerprüfung nachträglich ändert, so findet das Verständigungs- und Schlichtungsverfahren erneut statt.[393] Eine Wiederaufnahme des Verfahrens, wenn nach seinem Abschluss neue Fakten aufgedeckt werden, ist nicht vorgesehen, wäre jedoch sinnvollerweise zu ermöglichen.[394]

Das **Verhältnis** der Ergebnisse des Schiedsverfahrens **zum nationalen Rechtsschutz** ist durch eine Parallelität der beiden Rechtswege gekennzeichnet.[395] Wenn aufgrund innerstaatlichen Rechts die zuständigen Behörden nicht von den Entscheidungen ihrer Gerichte abweichen können, so ist das Schlichtungsverfahren nur einzuleiten, wenn das Unternehmen dieses Staates die Frist für die Einlegung eines Rechtsbehelfs hat verstreichen lassen oder einen Rechtsbehelf noch vor Ergehen einer Entscheidung zurückgenommen hat (Art. 7 Abs. 3 EU-Schiedsübereinkommen). Diese Verfahrensweise dient der Sicherstellung, dass es nicht zu widersprüchlichen Entscheidungen in dem Rechtsbehelfsverfahren einerseits und dem Schlichtungsverfahren andererseits kommt. Die Entscheidung für das

---

[386] Vgl. Peters und Haverkamp 2011, S. 1309.
[387] Vgl. Lehner in Vogel und Lehner 2008, Art. 25 OECD-MA, Rn. 304; Peters und Haverkamp 2011, S. 1309.
[388] Dies kritisieren z.B. Saß 1991a, S. 984; Riecker 1996, S. 100.
[389] Vgl. Bödefeld und Kuntschik 2009b, S. 269; Bödefeld und Kuntschik 2010, S. 476f.; Becker in Haase 2012, Art. 25 OECD-MA, Rn. 85.
[390] Vgl. Krabbe 1997, S. 92f.; Bödefeld und Kuntschik 2009b, S. 270; Liebchen in Mössner et al. 2012, Rz. 12.146.
[391] Vgl. Saß 1991a, S. 984; Bödefeld und Kuntschik 2009b, S. 271; Liebchen in Mössner et al. 2012, Rz. 12.146.
[392] Vgl. Bödefeld und Kuntschik 2009a, S. 452; Kempf und Gelsdorf 2012, S. 331.
[393] Gemeinsame Erklärung zu Art. 13 EU-Schiedsübereinkommen.
[394] Vgl. Sapusek 1996, S. 1007.
[395] Vgl. Kaufmann et al. 2002, S. 327.

Schiedsverfahren und damit gegen den nationalen Rechtsweg bewirkt jedoch einen problematischen Verzicht auf den nationalen Rechtsschutz und führt zu einem rechtspolitisch bedenklichen Verlust des z.B. vom deutschen Grundgesetz garantierten Rechtsschutzes,[396] da das Schiedsverfahren selbst nicht gerichtlich überprüfbar ist. Die Mitgliedstaaten könnten jedoch in ihrem innerstaatlichen Recht vorsehen, dass die Bescheide, deren Rechtmäßigkeit rechtskräftig durch ein Gericht entschieden wurde, geändert werden könnten.[397] So kann z.B. die zuständige Behörde in **Deutschland** von einer Gerichtsentscheidung abweichen, die Behörde in **Österreich** jedoch nicht.[398]

In bestimmten Fällen kommt es zu einem **Ausschluss des Schiedsverfahrens**. Voraussetzung für seine Nichtanwendung ist, dass ein „empfindlich zu bestrafender Verstoß" des Unternehmens gegen steuerliche Vorschriften besteht, der durch Handlungen hervorgerufen wurde, die zu einer Gewinnberichtigung führen (Art. 8 Abs. 1 EU-Schiedsübereinkommen). In diesen Fällen kommt es zur Ablehnung der Einleitung oder Aussetzung eines anhängigen Schiedsverfahrens bis zur rechtskräftigen Entscheidung über die zu bestrafenden Verstöße (Art. 8 Abs. 2 EU-Schiedsübereinkommen). Dies führt für das beteiligte Unternehmen neben der gesetzlich vorgesehenen Strafe zusätzlich zu einer Doppelbesteuerung und damit zweifachen Sanktion.[399] Der Begriff des „empfindlich zu bestrafenden Verstoßes" gegen steuerliche Vorschriften sollte von jedem EU-Mitgliedstaat präzise definiert werden und auf Ausnahmefälle, etwa bei Betrug, beschränkt sein.[400] **Deutschland** z.B. wendet eine extensive Auslegung an und versteht darunter jeden Verstoß gegen Steuergesetze, der mit Freiheitsstrafe, Geldstrafe oder Bußgeld geahndet wird.[401]

In den EU-Mitgliedstaaten besteht im Fall vorliegender Doppelbesteuerungsabkommen neben dem Schiedsverfahren auch die Möglichkeit eines Schiedsverfahrens als unselbständige zweite Phase des **Verständigungsverfahrens gemäß DBA**. Gemäß Art. 25 Abs. 5 OECD-Musterabkommen besteht eine obligatorische Schiedsklausel.[402] Der OECD-Musterkommentar enthält keine Vorgaben für das **Rangverhältnis**.[403] Das Verhältnis des EU-Schiedsverfahrens zum Verständigungsverfahren gemäß DBA ist dadurch gekennzeichnet, dass das EU-Schiedsabkommen gem. Art. 15 weitergehende Verpflichtungen aufgrund von DBA „nicht berührt" (Art. 15 EU-Schiedsübereinkommen). Dies bedeutet, dass die jeweils weitergehende bzw. günstigere Verpflichtung auf dem Gebiet der Beseitigung der Doppelbesteuerung im Fall von Gewinnkorrekturen zwischen verbundenen Unternehmen Vor-

---

[396] Vgl. Menck 2000, Art. 7 OECD-MA, Rn. 13.
[397] Vgl. Bödefeld und Kuntschik 2010, S. 477; Liebchen in Mössner et al. 2012, Rz. 12.130.
[398] Vgl. Bödefeld und Kuntschik 2010, S. 477.
[399] Vgl. kritisch Saß 1991a, S. 987.
[400] EU-Verhaltenskodex zur Anwendung des EU-Schiedsübereinkommens 2009, Rz. 3.
[401] Vgl. Krabbe 1997, S. 88; Bödefeld und Kuntschik 2010, S. 476; Merz und Sajogo 2010a, S. 50; Peters und Haverkamp 2011, S. 1307f.; Liebchen in Mössner et al. 2012, Rz. 12.116.
[402] Vgl. Merz und Sajogo 2010a, S. 44ff.; Merz und Sajogo 2010b, S. 185ff.; Lehner 2011, S. 734.
[403] Vgl. Peters und Haverkamp 2011, S. 1305.

rang hat.[404] Dementsprechend wird bei Überschneidungen von einem Nebeneinander beider Schiedsverfahren und einem Wahlrecht des Steuerpflichtigen ausgegangen.[405]

Wenn sowohl die EU-Schiedsverfahrenskonvention als auch das Doppelbesteuerungsabkommen anwendbar sind, so kann sich der Steuerpflichtige in einem solchen Fall auf die für ihn günstigere Regelung berufen.[406] Allerdings sollte das Verfahren mit der günstigeren Regelung (zuerst) eingeleitet werden, da nicht beide Verfahren parallel geführt werden können.[407] Abgesehen von EU-Dreiecksfällen lässt sich jedoch keine eindeutige Präferenz für das eine oder das andere Verfahren finden.[408]

Als **Fazit** ist festzustellen, dass das EU-Schiedsverfahren ebenso wie Art. 25 Abs. 5 OECD-Musterabkommen eine Rechtsgrundlage für eine verbindliche Streitbeilegung zwischen den beteiligten Staaten schafft, falls eine Einigung im Verständigungsverfahren nicht möglich ist. Das EU-Schiedsverfahren bietet zudem den Steuerpflichtigen die Gewissheit, dass sie wirtschaftlich nicht doppelt besteuert werden, aber es vermittelt ihnen kein Recht, in einem bestimmten Staat besteuert zu werden. Wichtige Impulse für die Weiterentwicklung dürften von der eingeführten Schiedsklausel in Art. 25 Abs. 5 OECD-Musterabkommen ausgehen.[409]

2.2 Innerstaatlicher Verlustausgleich

Literatur: Dautzenberg N (1996) Unternehmensbesteuerung im EG-Binnenmarkt. Problembereiche und Perspektiven. Dissertation, Universität Köln 1996. Steuer, Wirtschaft und Recht, herausgegeben von J G Bischoff, A Kellermann, G Sieben und N Herzig, Bd 142. Josef Eul, Köln, 1997; [Endres et al. (2011)] Endres D, Schnitger A, Schreiber C, Zuber B, Cloer A, Althaus M, Jorewitz G, Kerber M, Welling B (2011) PwC-BDI-Report: Internationale Verlustverrechnung. Eine aktuelle Analyse der steuerlichen Rahmenbedingungen in der EU und ausgewählten Drittländern. Haufe, Freiburg-Berlin-München

Die **innerstaatliche Verlustverrechnung** ist in den **Mitgliedstaaten der Europäischen Union** unterschiedlich geregelt.[410] Grundsätzlich ist die Verlustverrechnung in folgender Weise möglich:

1. Sofortiger Verlustausgleich durch Erstattung einer Steuer in Höhe des Produkts aus Steuersatz und Verlust oder

---

[404] Vgl. Hinnekens 1994, S. 161; Krabbe 1997, S. 84; Jirousek 1999, S. 219.
[405] Vgl. Lehner in Vogel und Lehner 2008, Art. 25 OECD-MA, Rn. 306; Bödefeld und Kuntschik 2009a, S. 452f.; Merz und Sajogo 2010a, S. 45; Peters und Haverkamp 2011, S. 1305; Liebchen in Mössner et al. 2012, Rz. 12.107.
[406] Vgl. Merz und Sajogo 2010a, S. 45; Kempf und Gelsdorf 2012, S. 331.
[407] Vgl. Kempf und Gelsdorf 2012, S. 331.
[408] Vgl. Peters und Haverkamp 2011, S. 1311.
[409] Vgl. Bödefeld und Kuntschik 2009a, S. 454; Bödefeld und Kuntschik 2009b, S. 473.
[410] Vgl. BMF 2011, S. 19ff., 62f.; Endres et al. 2011, S. 22ff.

2. Verlustrücktrag (z.B. Deutschland) oder

3. Verlustvortrag (z.B. Deutschland und Österreich) oder

4. Mindestbesteuerung (z.B. Deutschland und Österreich).

Bei einem **sofortigen Verlustausgleich** bildet der Verlust zugleich das steuerpflichtige Einkommen. Die negative Steuerbemessungsgrundlage wird mit dem Steuersatz multipliziert und ergibt eine negative Steuer und damit einen Anspruch des Steuerpflichtigen gegenüber dem Fiskus. Da der Fiskus diesen Betrag an den Steuerpflichtigen zahlt, wird der Verlust vollständig im Jahr seiner Entstehung berücksichtigt.

Bei einem **Verlustrücktrag** wird der Verlust eines Wirtschaftsjahres mit den Gewinnen vorangegangener Wirtschaftsjahre verrechnet. Dadurch sinkt die Steuerbemessungsgrundlage der vorangegangenen Jahre und damit auch die Steuer dieser Jahre, so dass es zu einer Erstattung der bereits gezahlten Steuer kommt. Ein Verlustrücktrag kann zeitlich unbegrenzt oder zeitlich begrenzt sein. Er kann zudem auch der Höhe nach unbegrenzt oder begrenzt sein. In der Regel können nicht ausgeglichene Verluste anschließend noch in weitere folgende Jahre vorgetragen werden.

In z.B. **Deutschland** kann ein Verlust zunächst bis höchstens € 511.500 von einem Gewinn aus dem unmittelbar vorangegangenen Vorjahr abgezogen werden (sog. beschränkter Verlustrücktrag) (§ 10d Abs. 1 Satz 4-5 dEStG). Die Höhe des maximalen Verlustrücktrags sollte im Rahmen des Jahressteuergesetzes 2013 auf € 2 Millionen angehoben werden [411], wurde im Rahmen des Gesetzes zur Änderung und Vereinfachung der Unternehmensbesteuerung und des steuerlichen Reisekostenrechts letzlich jedoch nur auf € 1 Million angehoben.[412] Steuerpflichtige haben ein Wahlrecht, da auf ihren Antrag hin vom Verlustrücktrag ganz oder teilweise abzusehen ist (§ 10d Abs. 1 Satz 5 dEStG). Sie haben das zweifache Wahlrecht, ob sie überhaupt vom Verlustrücktrag Gebrauch machen wollen und in welcher Höhe sie im Rücktragsjahr den Verlustabzug geltend machen wollen. Wird kein Antrag gestellt, so wird der Verlustrücktrag von Amts wegen im höchstmöglichen Umfang vorgenommen. Nicht ausgeglichene Verluste können anschließend vorgetragen werden (§ 10d Abs. 1 Satz 4-5 dEStG). Es gibt auch EU-Mitgliedstaaten, die keinen Verlustrücktrag kennen, wie z.B. Österreich.

Bei einem **Verlustvortrag** wird der Verlust eines Wirtschaftsjahres mit dem Gewinn des folgenden Wirtschaftsjahres verrechnet. In der Regel können nicht ausgeglichene Verluste anschließend noch in weitere folgende Jahre vorgetragen werden. Dadurch sinkt die Steuerbemessungsgrundlage der folgenden Jahre und damit auch die Steuer dieser Jahre. Ein Verlustvortrag kann zeitlich unbegrenzt oder zeitlich begrenzt möglich sein.

Ist der Verlustvortrag auch der Höhe nach begrenzt, so entsteht eine sog. **Mindestbesteuerung**. Eine Mindestbesteuerung entsteht immer dann, wenn ein Verlustvortrag zwar so hoch ist wie die steuerlichen Gewinne, aber nicht die gesamten Gewinne reduziert

---

[411] Vgl. Ohne Verfasser 2012b, S. 14.
[412] Vgl. Ohne Verfasser 2013, S. 6.

werden, sondern ein Teil übrig bleibt. Damit bleibt auch eine positive Steuerbemessungsgrundlage übrig.

Eine einfache, einstufige Form der Begrenzung des Verlustvortrages der Höhe nach besteht z.B. in Österreich. Der Verlustvortrag ist in **Österreich** zwar zeitlich unbegrenzt, aber der Höhe nach auf 75% der positiven Einkünfte begrenzt (§ 2 Abs. 2b Ziffer 1 öEStG).[413] Daher bleiben (100% - 75% =) 25% der Gewinne auch bei einem ausreichend hohen Verlustvortrag als Steuerbemessungsgrundlage übrig (§ 2 Abs. 2b Ziffer 1 öEStG).[414] Diese in einer Mindesthöhe von 25% verbleibenden Gewinne bilden die Mindeststeuerbemessungsgrundlage und ergeben multipliziert mit dem Steuersatz die Mindeststeuer (**österreichische Mindestbesteuerung**). In Österreich können Verluste in die Folgejahre vorgetragen werden (§ 2 Abs. 2b Ziffer 1 öEStG).[415] Die Mindestbesteuerung führt zu einem zeitlich unbegrenzten Aufschieben der Verlustverrechnung auf spätere Zeiträume.[416] Die vortragsfähigen Verluste werden auch als sog. Wartetastenverluste bezeichnet,[417] da sie sozusagen auf „Wartetaste" liegen, bis hinreichend hohe positive Einkünfte vorliegen und sie unter Beachtung der Verlustverrechnungsgrenze verrechnet werden können.

In **Deutschland** hingegen besteht eine zweistufige Begrenzung des Verlustvortrages der Höhe nach. Ein vortragsfähiger Verlust ist in den folgenden Veranlagungszeiträumen abzuziehen (§ 10d Abs. 2 dEStG). Im Gegensatz zu dem Verlustrücktrag haben Steuerpflichtige nicht die Möglichkeit, ganz oder teilweise auf den Verlustvortrag verzichten, da hier kein Wahlrecht besteht und der Verlustvortrag von Amts wegen durchgeführt wird.[418] Dieser Verlustabzug ist bis zu einem Gesamtbetrag der Einkünfte von € 1 Million unbeschränkt. Übersteigt der Gesamtbetrag der Einkünfte € 1 Million, so ist ein weiterer beschränkter Verlustabzug auf 60% des übersteigenden Betrags beschränkt, das heißt es sind bis zu 60% des € 1 Million übersteigenden Gesamtbetrags der Einkünfte abzuziehen (**deutsche Mindestbesteuerung**).

Vor dem Hintergrund dieser unterschiedlichen Ausprägungen der innerstaatlichen Verlustverrechnungen liegt das **Ziel des Richtlinienvorschlags zur innerstaatlichen Verlustverrechnung** (Verlustrichtlinie 1984; Verlustrichtlinie 1985) in der Einführung eines einheitlichen und liberalen innerstaatlichen Verlustberücksichtigungsverfahrens in allen Mitgliedstaaten, um die Investitions- und Wettbewerbsfähigkeit der Unternehmen zu stärken.

Der Richtlinienvorschlag **beinhaltet** folgendes: Es wird nur die Verlustberücksichtigung für Gewinneinkunftsarten, nicht jedoch für Überschusseinkunftsarten geregelt. Die Richtlinie betrifft dabei nur bilanzierende Steuersubjekte. Regelungen für die Gewinnermittlung im Wege der Einnahmen-Ausgaben-Rechnung werden nicht betroffen. Damit werden Kleinst-

---

[413] Vgl. Fuchs in Hofstätter und Reichel 2012, § 2 EStG, Tz. 142.
[414] Vgl. Fuchs in Hofstätter und Reichel 2012, § 2 EStG, Tz. 149.
[415] Vgl. Fuchs in Hofstätter und Reichel 2012, § 2 EStG, Tz. 142.
[416] Vgl. Fuchs in Hofstätter und Reichel 2012, § 2 EStG, Tz. 147.
[417] Vgl. Fuchs in Hofstätter und Reichel 2012, § 2 EStG, Tz. 148.
[418] Vgl. Heinicke in Schmidt 2012, § 10d EStG, Rz. 26, 30; Lambrecht in Kirchhof 2012, § 10d EStG, Rn. 15; Schlenker in Blümich 2012, § 10d EStG, Rz. 102.

unternehmen, die am grenzüberschreitenden Handel auch nur selten teilnehmen,[419] vom subjektiven Anwendungsbereich ausgenommen. Aufgrund des in allen EU-Mitgliedstaaten anerkannten Gleichbehandlungsgrundsatzes sind jedoch Rückwirkungen zu vermuten, wenn die Richtlinie verabschiedet und umgesetzt werden sollte.

Die Verluste sollen wahlweise bis zu zwei Jahre zurückgetragen oder zeitlich unbefristet vorgetragen werden können (Art. 3 Abs. 1 Verlustrichtlinie 1984). Der Änderungsvorschlag zu der Verlustrichtlinie weitet den Verlustrücktrag sogar auf drei Jahre aus (Art. 3 Abs. 1 erster Spiegelstrich Verlustrichtlinie 1985).

Stand: Der Richtlinienvorschlag ist nicht verabschiedet worden und wird zurzeit nicht diskutiert. Dies liegt möglicherweise daran, dass mit diesem Richtlinienvorschlag die Vollharmonisierung verfolgt wird,[420] die mit dem seit 1990 vertretenen Subsidiaritätsprinzip nicht vereinbar ist. Ein weiterer Grund könnte darin liegen, dass es an der Harmonisierung der sonstigen Gewinnermittlungsvorschriften fehlt.[421] Der Richtlinienvorschlag löste jedoch eine „stille Harmonisierung" aus, indem mehrere Mitgliedstaaten den Verlustvortrag zeitlich unbefristet zuließen.[422]

2.3 Berücksichtigung ausländischer Betriebsstättenverluste

Literatur: Baldamus E-A (2012) Neues zur Betriebsstättengewinnermittlung. IStR 21:317-324; Bendlinger S (2010) Die Betriebsstätte im europäischen Steuerrecht. In: Lang M, Weinzierl C (Hrsg) Europäisches Steuerrecht. Festschrift für Friedrich Rödler zum 60. Geburtstag. Linde, Wien, S 84-110; Bendlinger S (2013) Die Betriebsstätte in der Praxis des internationalen Steuerrechts. Lexis-Nexis, Wien; Dautzenberg N (1996) Unternehmensbesteuerung im EG-Binnenmarkt. Problembereiche und Perspektiven. Dissertation, Universität Köln 1996. Steuer, Wirtschaft und Recht, herausgegeben von J G Bischoff, A Kellermann, G Sieben und N Herzig, Bd 142. Josef Eul, Köln, 1997; Dörfler O, Ribbrock M (2008) Grenzüberschreitende Verluste, Wegzugsbesteuerung sowie Koordinierung von steuerlichen Regelungen im Binnenmarkt – eine Bestandsaufnahme. Unter besonderer Berücksichtigung der in den Mitteilungen der EU-Kommission getroffenen Aussagen. BB 63:304-309; [Endres et al. (2011)] Endres D, Schnitger A, Schreiber C, Zuber B, Cloer A, Althaus M, Jorewitz G, Kerber M, Welling B (2011) PwC-BDI-Report: Internationale Verlustverrechnung. Eine aktuelle Analyse der steuerlichen Rahmenbedingungen in der EU und ausgewählten Drittländern. Haufe, Freiburg-Berlin-München; Marecek E (2010) Betriebsstättengewinnermittlung – Das Verhältnis zwischen Stammhaus und Betriebsstätte. ÖStZ 63:191-194; Quilitzsch C (2010) Die Finalität von Betriebsstättenverlusten. DB 63:2757-

---

[419] Vgl. Dautzenberg 1996, S. 422.
[420] Präambel Verlustrichtlinie 1984.
[421] Vgl. Tsourouflis 1996/1997, S. 46.
[422] Vgl. Dautzenberg 1996, S. 411ff., 423.

2761; Richter L (2010) Aktuelle Entwicklungen zur Berücksichtigung finaler ausländischer Betriebstättenverluste im Ansässigkeitsstaat. DB 63:2734-2739; Sapusek A (1996) Ökonomische und juristische Analyse der Steuerharmonisierung in der Europäischen Union. Umsatzsteuer, spezielle Verbrauchsteuern, direkte Unternehmensteuern. Dissertation, Wirtschaftsuniversität Wien 1996. Europäische Hochschulschriften, Reihe 5, Volks- und Betriebswirtschaft, Bd 2051. Peter Lang, Frankfurt am Main-Berlin-Bern-New York-Paris-Wien 1997; Saß G (1991b) Zum EG-Richtlinienvorschlag vom 28.11.1990 über den Abzug von Verlusten ausländischer Betriebsstätten und Tochtergesellschaften. BB 46:1161-1165; Spengel C, Matenaer S (2010) Grenzüberschreitende Verrechnung von Betriebsstättenverlusten – ein kritischer Vergleich der EuGH-Rechtsprechung. IStR 19:817-820; Stiller W (2011) Gestaltungsspielräume bei Verlusten einer ausländischen Betriebsstätte. IWB ohne Jahrgang:913-922; Tumpel M (1991) EG-Richtlinienvorschlag zur Berücksichtigung von Auslandsverlusten. SWI 1:75-79; von Brocke K, Auer J (2011) Praxisrelevante Probleme in Zusammenhang mit dem Abzug finaler ausländischer Betriebsstättenverluste. DStR 49:57-60.

Innerstaatlich gehen Verluste von „Betriebsstätten", also Teilunternehmen im Sinne einer festen Geschäftseinrichtung, in die Ergebnisrechnung des Gesamtunternehmens ein,[423] so dass die Verluste innerhalb eines Unternehmens automatisch sofort berücksichtigt werden.[424] Sobald der verlusterzielende Teil des Unternehmens wieder Gewinne erwirtschaftet, gehen auch diese Gewinne wieder in das Nettoergebnis aller inländischen Teile des Unternehmens ein, so dass automatisch eine Nachversteuerung der abgezogenen Verluste erfolgt.[425]

Die Berücksichtigung ausländischer Betriebsstätten-Verluste ist in den **Mitgliedstaaten der Europäischen Union** hingegen unterschiedlich geregelt.[426] Grundsätzlich ist die Verlustverrechnung sowohl im Rahmen der Anrechnungsmethode als auch der Freistellungsmethode möglich.

Unternehmensgewinne dürfen immer nur vom Ansässigkeitsstaat des Unternehmens besteuert werden (Art. 7 Abs. 1 Halbsatz 1 OECD-Musterabkommen). Hiervon gibt es jedoch eine Ausnahme, nämlich, wenn das Unternehmen seine Geschäftstätigkeit in dem anderen Staat durch eine dort belegene Betriebsstätte ausübt (sog. **Betriebsstättenprinzip**) (Art. 7 Abs. 1 Halbsatz 2 OECD-Musterabkommen). In diesem Fall darf auch der Belegenheitsstaat der Betriebsstätte die Unternehmensgewinne der Betriebsstätte besteuern. Damit keine Doppelbesteuerung entsteht, muss der Ansässigkeitsstaat des Unternehmens (Stammhaus) entweder die Gewinne der Betriebsstätte bei dem Stammhaus von der inländischen Steuer befreien (sog. **Freistellungsmethode**) oder die ausländische Steuer auf die inländische Steuer anrechnen (sog. **Anrechnungsmethode**) (Art. 23 A oder 23 B OECD-Musterabkommen).

Die Gewinne von Betriebsstätten werden meistens bei dem Stammhaus von der Besteuerung frei gestellt, da gem. Doppelbesteuerungsabkommen in der Regel die **Freistellungsmethode** zur Anwendung kommt. Bei der Freistellungsmethode verzichtet der

---

[423] Vgl. Voß in Dauses 2012, J, Rn. 159.
[424] Vgl. Dörfler und Ribbrock 2008, S. 304.
[425] Vgl. Europäische Kommission 2006, S. 5.
[426] Vgl. BMF 2011, S. 69f.; Endres et al. 2011, S. 26; Bendlinger 2013, S. 295.

Ansässigkeitsstaat des Stammhauses auf die Besteuerung der positiven und der negativen Einkünfte der Betriebsstätte und bezieht grundsätzlich weder positive noch negative Einkünfte in die Bemessungsgrundlage ein (sog. **Symmetriethese**). Um eine Verrechnung von Betriebsstättenverlusten auch im Rahmen der Freistellungsmethode zu ermöglichen, muss daher die Symmetriethese aufgehoben werden.

Wurde im Doppelbesteuerungsabkommen hingegen die **Anrechnungsmethode** vereinbart, so werden die ausländischen Betriebsstättenverluste als Folge des Welteinkommensprinzips mit in die inländische Besteuerungsgrundlage einbezogen.[427]

Auch in den Fällen, in denen kein Doppelbesteuerungsabkommen vorliegt, werden die ausländischen Betriebsstättenverluste zumeist nach dem **Welteinkommensprinzip** mit in die inländische Besteuerungsgrundlage einbezogen.[428]

2.3.1 Berücksichtigung von Betriebsstättenverlusten in Deutschland

In **Deutschland** ist die **Anrechnungsmethode** für Betriebsstätteneinkünfte vorgesehen, die keine aktive Tätigkeit im Sinne des jeweiligen Doppelbesteuerungsabkommens ausüben.[429] In Deutschland können Verluste aus EU- bzw. EWR-Staaten verrechnet werden, die nach dem Welteinkommensprinzip mit in die inländische Besteuerungsgrundlage einbezogen werden oder gem. Doppelbesteuerungsabkommen unter die Anrechnungsmethode fallen.[430] Nur bei Drittstaaten sowie EWR-Staaten, die keine Amtshilfe leisten, ist lediglich ein eingeschränkter Verlustausgleich nur mit Gewinnen aus demselben Staat und jeweils derselben Art möglich, soweit nicht bestimmte aktive Tätigkeiten bei Betriebsstätten vorliegen (§ 2a dEStG).[431]

Deutschland wendet bei aktiven Betriebsstätteneinkünften die Freistellungsmethode an.[432] Allerdings hat Deutschland in einigen Abkommen vereinbart, dass Betriebsstätteneinkünfte nur dann freigestellt werden, wenn die Besteuerung im Betriebsstättenstaat nachgewiesen wurde (**subject-to-tax clause**) bzw. in neueren Abkommen tatsächlich eine Besteuerung der Betriebsstättengewinnen erfolgte (**Rückfallklausel**),[433] um die Besteuerung der im Quellenstaat unversteuerten **weißen Einkünfte** sicher zu stellen.[434] Da in Deutschland die Symmetriethese beibehalten wird[435] und Deutschland mit sämtlichen EU-Mitgliedstaaten

---

[427] Vgl. Bendlinger 2010, S. 92; Mössner in Mössner et al. 2012, Rz. 2.486.
[428] Vgl. Bendlinger 2010, S. 92.
[429] Vgl. Holthaus 2012, S. 537.
[430] Vgl. Wagner in Blümich 2012, § 2a EStG, Rz. 4.
[431] Vgl. Wagner in Blümich 2012, § 2a EStG, Rz. 1.
[432] Vgl. Holthaus 2012, S. 537.
[433] Vgl. Holthaus 2012, S. 537, 539.
[434] Vgl. Holthaus 2012, S. 539.
[435] Vgl. Panzer und Gebert 2010, S. 782; Heinicke in Schmidt 2012, § 2a EStG, Rz. 9, 50; Mössner in Mössner et al. 2012, Rz. 2.489; Schänzel und Engel in Mössner et al. 2012, Rz. 5.159.

ein Doppelbesteuerungsabkommen mit Freistellungsmethode vereinbart hat,[436] werden EU-Betriebsstättenverluste in Deutschland nicht berücksichtigt. Finale ausländische Betriebsstättenverluste hingegen werden beim deutschen Stammhaus berücksichtigt.[437]

2.3.2 Berücksichtigung von Betriebsstättenverlusten in Österreich

Im Gegensatz dazu hat die Rechtsprechung in **Österreich** die Berücksichtigung der Betriebsstättenverluste auch bei der **Freistellungsmethode** vorgegeben.[438] In Österreich kann ein unbeschränkt steuerpflichtiges Stammhaus die ausländischen Betriebsstättenverluste abziehen (§ 2 Abs. 8 Ziffer 3 öEStG), auch wenn die Gewinne steuerfrei und damit die Auslandsverluste eigentlich auch von der Steuer „befreit" sind.[439] Es erfolgt eine verpflichtende Berücksichtigung der ausländischen Verluste (§ 2 Abs. 8 Ziffer 3 öEStG),[440] das heißt es besteht kein Wahlrecht.[441] Übersteigen die Verluste der ausländischen Betriebsstätte die Einkünfte des österreichischen Stammhauses, so können die Verluste vorgetragen werden,[442] sofern dadurch keine doppelte Verlustberücksichtigung ensteht.[443]

Werden die Verluste in den Folgeperioden in der ausländischen Betriebsstätte z.B. durch einen Verlustvortrag verwertet, so kürzen die verrechneten Verluste den Betrag der befreiten Auslandseinkünfte des österreichischen Stammhauses (§ 2 Abs. 8 Ziffer 3 Satz 3 öEStG). Dies bewirkt, dass die in der ausländischen Betriebsstätte mit Gewinnen verrechneten Verluste somit in Österreich nachversteuert werden (sog. **recapture method**). Die Nachversteuerung gewährleistet die Einmalbesteuerung[444] und verhindert die doppelte Verlustverwertung.[445] Die Nachversteuerung erfolgt auch, wenn die ausländische Betriebsstätte die Verluste verwerten könnte, aber davon keinen Gebrauch macht.[446] Die Beurteilung, wann ein Verlust im Ausland verrechnet wird, erfolgt nach ausländischem Recht.[447]

Für die Ermittlung von Verlusten sind die ausländischen Verluste nach § 5 Abs. 1 öEStG, also unter Beachtung des Unternehmensgesetzbuchs, in dem die externe Rechnungslegung geregelt ist, und den übrigen Vorschriften des österreichischen Einkommensteuergesetzes

---

[436] Vgl. Bünning und Möser 2011, S. 2652.
[437] Vgl. Panzer und Gebert 2010, S. 781.
[438] Vgl. VwGH, Erkenntnis vom 25. 9. 2001, 99/14/0217; Schneider 2005, S. 194; Mamut und Schilcher 2007, S. 172f.; Novacek 2008, S. 294; Bendlinger 2010, S. 92; Fuchs in Hofstätter und Reichel 2012, § 2 EStG, Tz. 153; Bendlinger 2013, S. 284f.
[439] Zur geschichtlichen Entwicklung vgl. Bendlinger 2010, S. 105f.
[440] Vgl. Schneider 2005, S. 195f.; Fuchs in Hofstätter und Reichel 2012, § 2 EStG, Tz. 162.
[441] Vgl. Schneider 2005, S. 195f.
[442] Vgl. Fuchs in Hofstätter und Reichel 2012, § 2 EStG, Tz. 158; Bendlinger 2013, S. 285.
[443] Vgl. Bendlinger 2013, S. 285.
[444] Vgl. Schneider 2005, S. 194; Fuchs in Hofstätter und Reichel 2012, § 2 EStG, Tz. 153.
[445] Vgl. Fuchs in Hofstätter und Reichel 2012, § 2 EStG, Tz. 159.
[446] Vgl. Schneider 2005, S. 196; Fuchs in Hofstätter und Reichel 2012, § 2 EStG, Tz. 160.
[447] Vgl. Schneider 2005, S. 196.

zu ermitteln (**Umrechnung auf österreichisches Steuerrecht**) (§ 2 Abs. 8 Ziffer 1 öEStG).[448] Dementsprechend sind auch österreichische Verlustausgleichsverbote zu beachten, wie z.B. die branchen- und beteiligungsbezogenen Verlustausgleichs- und Verlustvortragsverbote (§ 2 Abs. 2a öEStG)[449].[450]

Die Verlustverrechnung ist auf die Höhe der nach ausländischem Steuerrecht ermittelten, also der nicht umgerechneten, ausländischen Verluste begrenzt (sog. „Umrechnungsdeckel") (**Verlustverrechnungsgrenze I**) (§ 2 Abs. 8 Ziffer 3 Satz 1 öEStG).[451] Dies bedeutet, dass ausländische Gewinne, die nur umrechnungsbedingt Verluste darstellen, nicht berücksichtigt werden können.[452] Zudem wird eine doppelte Verlustverrechnung bei **Umrechnungsdifferenzen** vermieden. Ausländische Verluste können dem Stammhaus nur in jenem Ausmaß zugerechnet werden, in dem sie nicht im Jahr der Verlustentstehung im Ausland im Sinne eines Verlustrücktrags oder einer Verrechnung mit anderen Gewinnen des Unternehmens oder der Gewinne anderer Unternehmen innerhalb des Konzerns (z.B. im Rahmen der deutschen Organschaft) verwertet werden können (**Verlustverrechnungsgrenze II**).[453]

Die **Nachversteuerung** ist auf die Höhe begrenzt, in der der umgerechnete ausländische Verlust in Österreich die Bemessungsgrundlage vermindert hat (**Nachversteuerungsgrenze I**).[454] Dies bedeutet, dass nicht mehr nachversteuert werden kann, als zuvor an Verlust berücksichtigt wurde.[455] Die Nachversteuerung ist zudem auf die Höhe begrenzt, in der der nicht umgerechnete ausländische Verlust im Ausland verwertet wird (**Nachversteuerungsgrenze II**) (§ 2 Abs. 8 Ziffer 3 Satz 3 öEStG).[456] Dies bedeutet, dass die Nachversteuerung nur in dem Ausmaße erfolgt, in dem im Ausland die Verlustverrechnung erfolgt. Der niedrigere von beiden Beträgen wird nachversteuert (sog. Zweischrankenmethode).[457] Die Nachversteuerung unterbleibt, wenn im ausländischen Betriebsstättenstaat keine Verlustverrechnung möglich ist, weil z.B. kein oder nur ein zeitlich beschränkter Verlustvortrag möglich ist.[458]

Bestimmte **Ergänzungstatbestände** für die Nachversteuerung sind nicht vorgesehen. So ist z.B. keine besondere Nachversteuerung vorgesehen, wenn die ausländische Betriebsstätte z.B. „veräußert" wird, das heißt die Wirtschaftsgüter der Betriebsstätte übertragen

---

[448] Vgl. Schneider 2005, S. 195; Fuchs in Hofstätter und Reichel 2012, § 2 EStG, Tz. 156; Bendlinger 2013, S. 285. Siehe ausführlich Abschnitt vgl. 2.4.2.
[449] Vgl. Fuchs in Hofstätter und Reichel 2012, § 2 EStG, Tz. 128ff.
[450] Vgl. Bendlinger 2013, S. 285.
[451] Vgl. Bendlinger 2013, S. 285. Siehe ausführlich Abschnitt 2.4.2.
[452] Vgl. Bendlinger 2013, S. 285.
[453] öEStR 2000, Rz. 204; Laudacher in Jakom 2012, § 2 EStG, Rz. 200, 205; Bendlinger 2013, S. 285; siehe ausführlich Abschnitt 2.4.2.
[454] öEStR 2000, Rz. 203; Schneider 2005, S. 197; Fuchs in Hofstätter und Reichel 2012, § 2 EStG, Tz. 162; Bendlinger 2013, S. 286. Siehe ausführlich Abschnitt 2.4.2.
[455] Vgl. Fuchs in Hofstätter und Reichel 2012, § 2 EStG, Tz. 165.
[456] öEStR 2000, Rz. 203; Schneider 2005, S. 197; Fuchs in Hofstätter und Reichel 2012, § 2 EStG, Tz. 158; Bendlinger 2013, S. 286f. Siehe ausführlich Abschnitt 2.4.2.
[457] öEStR 2000, Rz. 203; Bendlinger 2013, S. 287.
[458] Vgl. Bendlinger 2010, S. 109.

werden.[459] Gehen die Verluste der ausländischen Betriebsstätte im Fall der Umgründung auf einen Rechtsnachfolger über, so erfolgt die Nachversteuerung erst, wenn der Rechtsnachfolger die Verluste mit Gewinnen verrechnet.[460]

Auch in **Deutschland** bestand im Fall der aufgrund eines Doppelbesteuerungsabkommens anzuwendenden Freistellungsmethode im Ansässigkeitsstaat des Stammhauses eine Verlustverrechnung in Kombination mit einem Nachversteuerungsverfahren nach § 2a Abs. 3 und 4 dEStG 1997.[461] Der Zusammenhang zwischen Nachversteuerung im Staat des Stammhauses und der Gewinnbesteuerung im Betriebsstättenstaat wird daran deutlich, dass die Nachversteuerung entfiel, wenn im Betriebsstättenstaat der Vorlustvortrag nicht gewährt wurde (§ 2a Abs. 3 Satz 4 dEStG 1997). Die Gewinnermittlung erfolgte auf Basis des deutschen innerstaatlichen Rechts, also des Handelsgesetzbuchs, in dem die externe Rechnungslegung geregelt ist, und des deutschen Einkommensteuergesetzes,[462] das heißt sowohl die Gewinne als auch die Verluste waren umzurechnen, um den richtigen handelsrechtlichen und steuerrechtlichen Gewinn auszurechnen. Die Aufhebung dieses Verlustberücksichtigungsverfahrens mit Nachversteuerungsverfahrens ist insofern EU-rechtsproblematisch, als eine Berücksichtigung ausländischer Betriebsstättenverluste möglicherweise direkt aus der Niederlassungsfreiheit abzuleiten ist,[463] ohne dass dazu eine Richtlinie erlassen werden müsste.

2.3.3 Richtlinienvorschlag

Vor dem Hintergrund der zum Teil nur begrenzt möglichen Berücksichtigung ausländischer Betriebsstättenverluste, liegt das **Ziel des Richtlinienvorschlages zur Berücksichtigung von ausländischen Betriebsstättenverlusten** (Auslands-Verlust-Richtlinie 1990; Auslands-Verlust-Richtlinie 1992) darin, sicherzustellen, dass eine Tätigkeit auf Gemeinschaftsebene steuerlich nicht schlechter gestellt wird als eine Tätigkeit, die auf einen Mitgliedstaat beschränkt ist.[464] Gerade die Nichtberücksichtigung ausländischer Verluste stellt ein gravierendes steuerliches Hindernis für Investoren im Ausland dar. Das Fehlen oder Beschränken eines grenzüberschreitenden Verlustausgleichs behindert den Zugang zu weiteren Märkten, verfestigt die Zersplitterung des Binnenmarktes, benachteiligt ausländische Investitionen, begünstigt Investitionen in größeren Mitgliedstaaten und wirkt sich bei kleinen und mittleren Unternehmen stärker aus als bei größeren Unternehmen.[465] Dementsprechend wird in der Europäischen Union sogar eine umfassende, grenzüberschreitende Ergebniskonsolidierung im Konzern angestrebt.[466]

---

[459] Vgl. Schneider 2005, S. 202.
[460] Vgl. Schneider 2005, S. 202; Fuchs in Hofstätter und Reichel 2012, § 2 EStG, Tz. 161.
[461] Vgl. Richter 2010, S. 2736; Wagner in Blümich 2012, § 2a EStG, Rz. 149.
[462] Vgl. Wagner in Blümich 2012, § 2a EStG, Rz. 157.
[463] Vgl. Saß 2001, S. 509f.
[464] Präambel Auslands-Verlust-Richtlinie 1990.
[465] Vgl. Europäische Kommission 2006, S. 3f.
[466] Siehe Abschnitt 2.5.

Der **subjektive Anwendungsbereich** des Richtlinienvorschlages umfasst Unternehmen der Mitgliedstaaten, die in ihrem Heimatstaat einer Steuer unterliegen, die einer Einkommen- oder Körperschaftsteuer entsprechen. Eventuell fallen darunter auch deutsche Personengesellschaften, bei denen nicht das Unternehmen, sondern die Gesellschafter als Mitunternehmer der Einkommensteuer unterliegen.

Im Gegensatz zu dem ursprünglichen Vorschlag von 1990 sollen im Vorschlag von 1992 Verluste von Tochtergesellschaften nicht mehr von der Richtlinie erfasst werden (Art. 9 Auslands-Verlust-Richtlinie 1990). Der neue Vorschlag betrifft ausschließlich die Berücksichtigung von Betriebsstätten-Verlusten. Die Richtlinie beschränkt sich auf den horizontalen Verlustausgleich und zwar ausschließlich auf die Verrechnung von Verlusten von Betriebsstätten (unteres Konzernglied) mit Gewinnen des Stammhauses (Konzernspitze). Die Verlustverrechnung zwischen Unternehmen auf gleicher Konzernebene ist ebenso wie die Ergebnisermittlung des unteren Konzerngliedes nicht betroffen.

Der Richtlinienvorschlag sieht **zwei Methoden** zur Berücksichtigung von Betriebsstättenverlusten vor: Die Anrechnungsmethode und die Methode des Verlustabzugs mit Nachversteuerung im Rahmen der Freistellungsmethode.

Nach der **Anrechnungsmethode** (Art. 6 Auslands-Verlust-Richtlinie 1990) sind die positiven und negativen Ergebnisse aller in einem anderen Mitgliedstaat belegenen Betriebsstätten im gleichen Wirtschaftsjahr (WJ 01) in das Ergebnis des Unternehmens (Stammhaus) einzubeziehen (vgl. **Abbildung 2.4**).

Abbildung 2.4: Anrechnungsmethode bei Betriebsstättenverlusten (WJ 01)

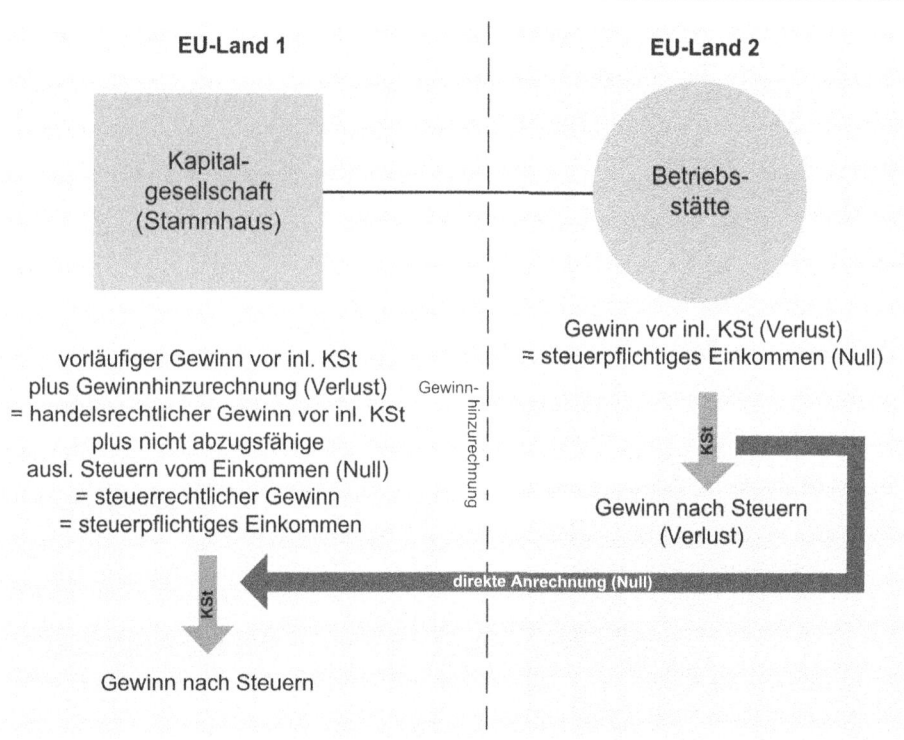

Da ein Unternehmen seinen handelsrechtlichen Gewinn vollständig ermitteln muss, ist darin bereits der Gewinn nach Steuern der ausländischen Niederlassung enthalten. Über das Maßgeblichkeitsprinzip geht dieser auch in den steuerrechtlichen Gewinn des Unternehmens ein. Falls jedoch im Ausland Steuern vom Einkommen auf den Betriebsstättengewinn angefallen sind, so dürfen diese den steuerrechtlichen Gewinn des Unternehmens nicht mindern und sind daher im Zuge der Ermittlung des steuerrechtlichen Gewinns des Unternehmens wieder hinzuzurechnen (Durchbrechung des Maßgeblichkeitsprinzips). Im Ergebnis ist damit der ausländische Betriebsstättengewinn vor ausländischen Steuern im steuerrechtlichen Gewinn des inländischen Unternehmens enthalten.

Im Inland wird folglich der weltweite Gewinn besteuert, so dass ausländische Betriebsstättengewinne und -verluste analog zu inländischen Gewinnen und Verlusten inländischer Teilbetriebe unmittelbar bei der Gewinnermittlung mit inländischen Gewinnen verrechnet werden. Eine gegebenenfalls im Gewinnfall von der Betriebsstätte entrichtete Steuer ist auf die vom Unternehmen zu entrichtende Steuer anzurechnen.

Erzielt die Betriebsstätte im nächsten Wirtschaftsjahr (WJ 02) einen Gewinn, so entfällt darauf im Betriebsstättenstaat keine ausländische Steuer, falls und insoweit ein Verlustvortrag gewährt wird (vgl. **Abbildung 2.5**).

Abbildung 2.5: Anrechnungsmethode bei Betriebsstättenverlusten (WJ 02)

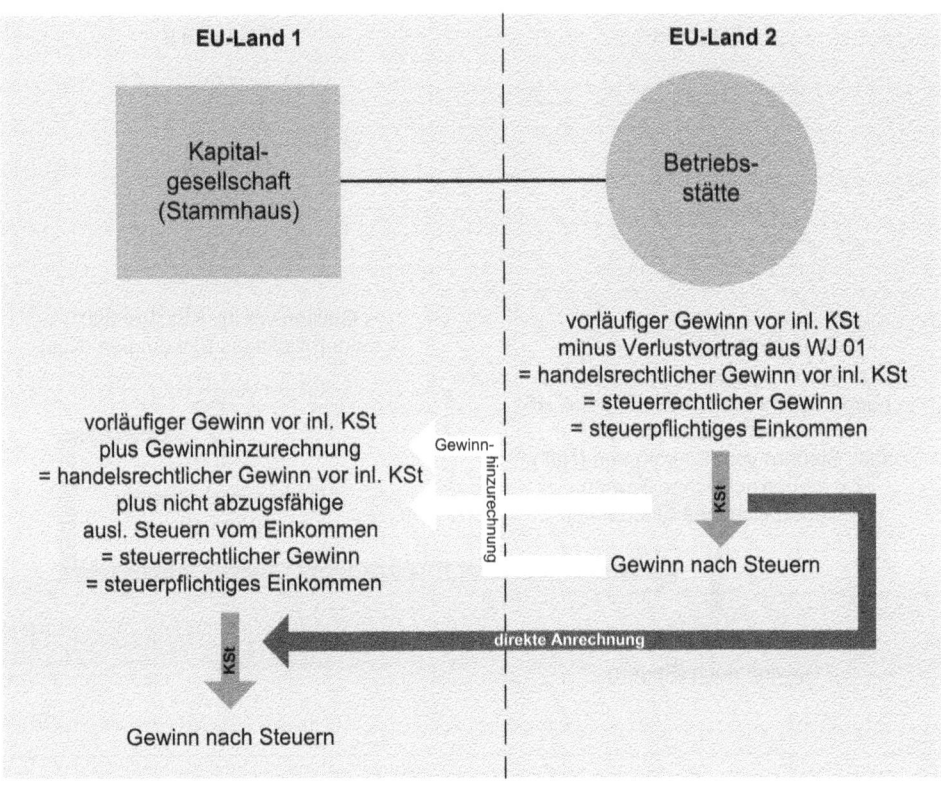

Im Ansässigkeitsstaat des Unternehmens werden die Betriebsstättengewinne der nächsten Jahre erfasst. Da aber im Ausland aufgrund des Verlustvortrages keine Steuern anfallen, kommt es nicht zu einer Anrechnung. Über den Anrechnungsmechanismus kommt es automatisch zu einer Nachversteuerung.[467] Diese Verlustberücksichtigungsmethode harmoniert mit der Anrechnungsmethode, die zur Vermeidung der internationalen Doppelbesteuerung entwickelt wurde. Gleichzeitig bietet sich die Wahl der Anrechnungsmethode bei Betriebsstättenverlusten wohl nur bei Ländern an, die in ihren Doppelbesteuerungsabkommen der Anrechnungsmethode folgen, da andernfalls die Regelungen der Doppelbesteuerungsabkommen verletzt würden.

Die Methode des **Verlustabzugs mit Nachversteuerung** (Art. 7 Auslands-Verlust-Richtlinie 1990)[468] sieht vor, dass die Verluste von EU-Betriebsstätten von den Gewinnen des Unternehmens abzuziehen sind (vgl. **Abbildung 2.6**).

---

[467] Vgl. Bendlinger 2013, S. 286.
[468] Vgl. dazu ausführlich Dautzenberg 1996, S. 313ff.

Abbildung 2.6: Verlustabzug mit Nachversteuerung (WJ 01)

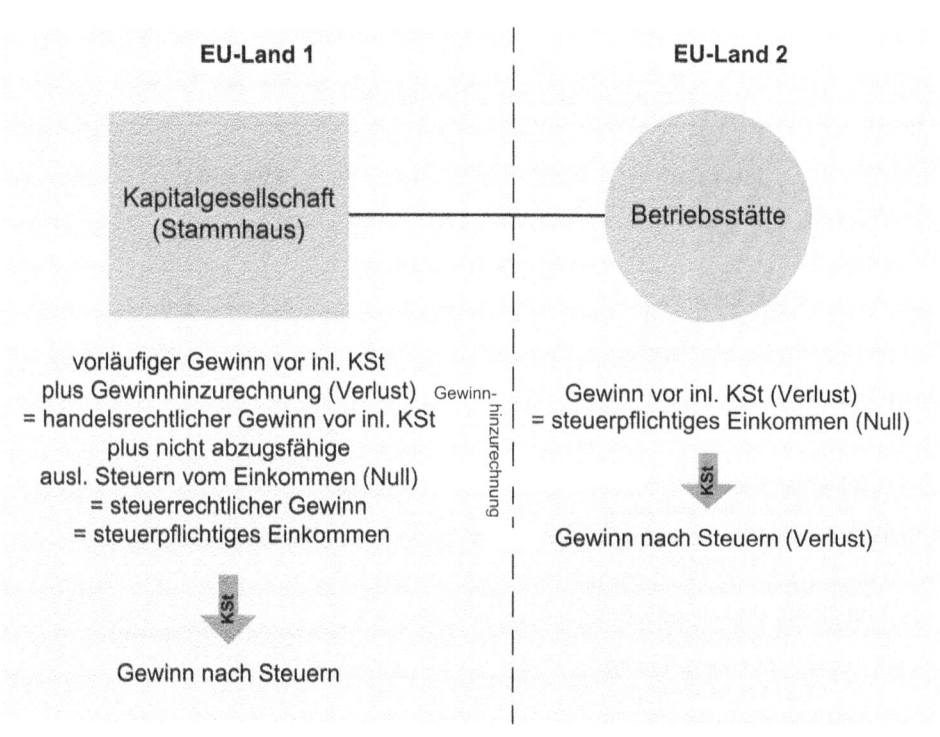

Da ein Unternehmen seinen handelsrechtlichen Gewinn vollständig ermitteln muss, ist darin bereits der Gewinn nach Steuern der ausländischen Niederlassung enthalten. Über das Maßgeblichkeitsprinzip geht dieser auch in den steuerrechtlichen Gewinn des Unternehmens ein. Falls jedoch im Ausland Steuern vom Einkommen auf den Betriebsstättengewinn angefallen sind, so dürfen diese den steuerrechtlichen Gewinn des Unternehmens nicht mindern und sind daher im Zuge der Ermittlung des steuerrechtlichen Gewinns des Unternehmens wieder hinzuzurechnen (Durchbrechung des Maßgeblichkeitsprinzips). Im Ergebnis ist damit der ausländische Betriebsstättengewinn vor ausländischen Steuern im steuerrechtlichen Gewinn des inländischen Unternehmens enthalten.

Im Inland wird folglich der weltweite Gewinn besteuert, so dass ausländische Betriebsstättengewinne und -verluste analog zu inländischen Gewinnen und Verlusten inländischer Teilbetriebe unmittelbar bei der Gewinnermittlung mit inländischen Gewinnen verrechnet werden.

Spätere Gewinne der Betriebsstätte sind im Rahmen der Ermittlung des steuerrechtlichen Gewinns bis zur Höhe der zuvor abgezogenen Verluste dem Ergebnis des Unternehmens wieder hinzuzurechnen (Nachversteuerung) (vgl. **Abbildung 2.7**).[469]

Abbildung 2.7: Verlustabzug mit Nachversteuerung (WJ 012)

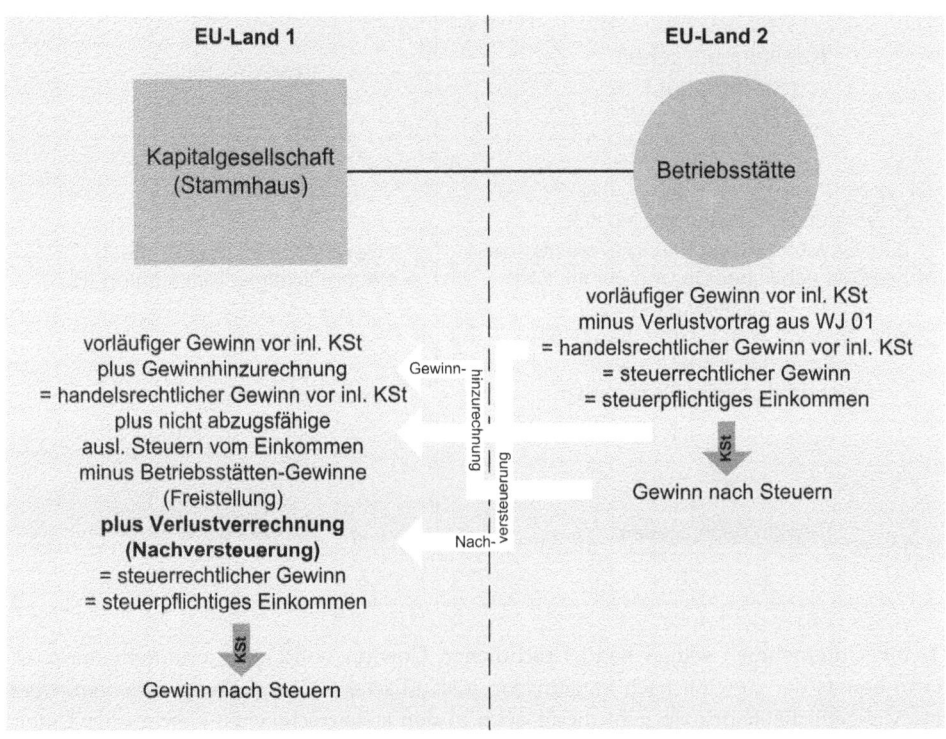

Die Nachversteuerung beim Stammhaus erfolgt dabei in dem Maße, wie die Verluste im Ausland ganz oder teilweise bei der Betriebsstätte durch einen Verlustvortrag berücksichtigt werden. Durch diese Funktionsweise wird die Besteuerung im Ansässigkeitsstaat des Stammhauses lediglich aufgeschoben, so dass dem Unternehmen eine temporäre Liquiditäts- und Zinshilfe gewährt wird. Gleichzeitig wird sichergestellt, dass in einem Jahr keine doppelte Steuerbelastung entstehen kann. Das Unternehmen zahlt z.B. im Wirtschaftsjahr 01 im Betriebsstättenstaat und im Staat des Stammhauses keine Steuern. Im Ansässigkeitsstaat des Stammhauses wird die im Wirtschaftsjahr 01 unterbliebene Besteuerung im Wirtschaftsjahr 02 nachgeholt.

---

[469] Vgl. Voß in Dauses 2012, J, Rn. 162.

Die Hinzurechnung der in früheren Wirtschaftsjahren abgezogenen Betriebsstättenverluste erfolgt nur im Ansässigkeitsstaat des Stammhauses in dem Maße, in dem die Betriebsstätte Gewinne erzielt. Dadurch wird die ursprüngliche Verlustberücksichtigung im Ansässigkeitsstaat des Stammhauses wieder rückgängig gemacht. Die Verlustberücksichtigung erfolgt also nur temporär. Die Methode des Verlustabzugs mit Nachversteuerung wird von der Kommission favorisiert.

Die temporäre Verlustberücksichtigung harmoniert mit der Freistellungsmethode, nach der die Betriebsstättengewinne im Inland steuerfrei gestellt werden (vgl. **Abbildung 2.7**). Die Freistellungsmethode modifiziert allerdings die in den Doppelbesteuerungsabkommen zugewiesenen Besteuerungsrechte,[470] da sie dem Ansässigkeitsstaat des Stammhauses einen temporären Besteuerungsverzicht auferlegt: Obwohl der Ansässigkeitsstaat des Stammhauses eigentlich die ausländischen Gewinne freizustellen hat, gilt dies im Verlustfall (temporär) nicht.

Die Mitgliedstaaten haben nach dem Richtlinienvorschlag die Möglichkeit, eine **Nachversteuerung in bestimmten Ergänzungstatbeständen** vorzusehen, indem sie bestimmen, dass die abzuziehenden Verluste von Amts wegen in die steuerpflichtigen Ergebnisse des Unternehmen mit einbezogen werden, wenn eine der folgenden drei Voraussetzungen vorliegt:

1. Die Verluste wurden bis zum Ende des fünften Jahres, das auf das Jahr folgt, in dem der Verlustabzug möglich war, nicht in das Unternehmensergebnis einbezogen,

2. die Betriebsstätte wurde „veräußert", das heißt die Wirtschaftsgüter der Betriebsstätte werden übertragen, die Betriebsstätte wurde aufgelöst oder in eine Tochtergesellschaft „umgewandelt", das heißt die Betriebsstätte ging in eine Kapitalgesellschaft auf,[471] oder

3. der Firmensitz wurde aufgelöst.

Die erste Voraussetzung stellt sicher, dass der Ansässigkeitsstaat des Stammhauses nur eine zeitlich begrenzte Verlustverrechnung ermöglicht und damit nur eine **temporäre Liquiditätshilfe** gewährt, falls z.B. die Verluste infolge einer zeitlich und/oder betragsmäßig begrenzten Verlustabzugsregelung (Verlustrücktrag und Verlustvortrag) im Betriebsstättenstaat nicht berücksichtigt werden.

Zweck der zweiten Voraussetzung ist es, die Umgehung der Nachversteuerung durch einen **Rechtsträgerwechsel** zu vermeiden.[472] Bei der zweiten Regelung liegen allerdings finale Verluste vor, wenn die Umwandlung, Veräußerung oder Aufgabe einer Betriebsstätte innerhalb des nationalen Verlustberücksichtigungszeitraumes erfolgt.[473] Die EuGH-Rechtsprechung gibt die Berücksichtigung von Betriebsstättenverlusten in Abweichung zur DBA-Besteuerungsverteilung aus Gründen der Niederlassungsfreiheit vor, falls die Verluste im Betriebsstättenstaat endgültig nicht berücksichtigt werden können (sog. **finale**

---

[470] Vgl. Dautzenberg 1996, S. 315.
[471] Vgl. Wagner in Blümich 2012, § 2a EStG, Rz. 165.
[472] So hinsichtlich der deutschen Regelung Wagner in Blümich 2012, § 2a EStG, Rz. 164.
[473] Vgl. Richter 2010, S. 2738; von Brocke und Auer 2011, S. 57ff.

Verluste).[474] Die Verluste sind jedoch nur dann endgültig, wenn der Steuerpflichtige alle Möglichkeiten zur Verlustverrechnung ausgeschöpft hat und keine Möglichkeit mehr hat, die Verluste künftig selbst oder durch Übertragung auf einen Dritten zu nutzen.[475] Die genannte zweite Regelung der Auslands-Verlust-Richtlinie 1990 würde deshalb heutzutage nicht mehr in der gleichen Form vorgeschlagen werden.

Der Ansässigkeitsstaat ist nach der EuGH-Rechtsprechung jedoch nicht verpflichtet, für ihn ungünstige Auswirkungen einer nationalen Verlustabzugsbeschränkung des Betriebsstättenstaates wirtschaftlich zu tragen, nach der die Verluste infolge einer zeitlich und/oder betragsmäßig begrenzten Verlustabzugsregelung (Verlustrücktrag und Verlustvortrag) im Betriebsstättenstaat keine berücksichtigungsfähigen endgültigen Verluste darstellen.[476] Finale Betriebsstättenverluste liegen hingegen vor, wenn innerhalb des nationalen Verlustberücksichtigungszeitraumes beispielsweise die Umwandlung, Veräußerung oder Aufgabe einer Betriebsstätte erfolgt.[477] Ungeklärt bleibt, wie der Gefahr der Gestaltungsmöglichkeiten begegnet werden sollte.[478] Dementsprechend wird weiterhin die Forderung nach einer gemeinschaftlichen Regelung der Berücksichtigung ausländischer Betriebsstättenverluste erhoben.[479]

Zweck der dritten Voraussetzung ist es, die **Umgehung der Nachversteuerung** durch eine Beendigung der unbeschränkten Steuerpflicht des Stammhauses durch Verlegung des Sitzes des Unternehmens zu vermeiden.[480]

Die **Ermittlung des Betriebsstättenergebnisses** erfolgt gemäß der Richtlinie nach den Bestimmungen des Betriebsstättenstaates (Art. 7 Nr. 2 Auslands-Verlust-Richtlinie 1990), das heißt der Verlust wird nicht nach dem Steuerrecht des Stammhauses ermittelt, so dass eine Umrechnung beim Stammhaus unterbleibt. Die Übernahme des Betriebsstättenergebnisses, wie es nach den Bestimmungen des Betriebsstättenstaates ermittelt wurde, führt zu einer erheblichen Vereinfachung, da die doppelte Verlustermittlung nach dem Recht zweier Mitgliedstaaten entfällt. Die damit erreichte (begrenzte) Anerkennung ausländischer Gewinnermittlungsvorschriften kann jedoch problematisch werden, wenn die Verlustermittlung größtenteils auf steuerlichen Anreizbedingungen, wie z.B. großzügigen Abschreibungsmöglichkeiten, beruht.[481] Es würden Verluste ins Inland importiert werden, die sich allein aufgrund der Bilanzpolitik der Betriebsstätte ergeben und die aus Sicht der inländischen Gewinnermittlung beim Stammhaus keine „echten" Verluste darstellen würden. Dieses Problem taucht auch bei der Berücksichtigung finaler Verluste auf.[482]

---

[474] Vgl. EuGH-Urteil vom 15.05.2008, Rs. C-414/06, Lidl Belgium; EuGH-Urteil vom 23.10.2008, Rs. C-157/07, Krankenheim Ruhesitz am Wannsee; Bendlinger 2010, S. 101ff.; von Brocke und Auer 2011, S. 57; Fuchs in Hofstätter und Reichel 2012, § 2 EStG, Tz. 154; Bendlinger 2013, S. 292ff.
[475] Vgl. Bendlinger 2010, S. 104; von Brocke und Auer 2011, S. 57ff.
[476] Vgl. Panzer und Gebert 2010, S. 782; Richter 2010, S. 2734; Spengel und Matenaer 2010, S. 819; Stiller 2011, S. 915; Wagner in Blümich 2012, § 2a EStG, Rz. 24, 27.
[477] Vgl. Panzer und Gebert 2010, S. 782, 785; Richter 2010, S. 2738; mit Beispiel Stiller 2011, S. 915f.
[478] Vgl. Stiller 2011, S. 913ff.; von Brocke und Auer 2011, S. 58f.
[479] Vgl. Wagner in Blümich 2012, § 2a EStG, Rz. 24.
[480] So hinsichtlich der deutschen Regelung Wagner in Blümich 2012, § 2a EStG, Rz. 170.
[481] Vgl. Saß 1991b, S. 1164.
[482] Vgl. Stiller 2011, S. 916, 918.

Um die Problematik der Anerkennung ausländischer Gewinnermittlungsvorschriften zu verhindern, sieht z.B. **Österreich** die Umrechnung der Betriebsstättenergebnisse nach inländischem Steuerrecht vor (§ 2 Abs. 8 Ziffer 2 Satz 1 öEStG). Dadurch kann jedoch nun das Problem entstehen, dass ausländische Gewinne nur umrechnungsbedingt Verluste darstellen und diese Verluste berücksichtigt werden. Deshalb hat Österreich die Verlustverrechnung auf die Höhe der nach ausländischen Steuerrecht ermittelten, also der nicht umgerechneten, ausländischen Verluste begrenzt (§ 2 Abs. 8 Ziffer 3 Satz 1 öEStG). Dies bedeutet, dass nicht nur umrechnungsbedingte Verluste nicht berücksichtigt werden können und zudem eine doppelte Verlustverrechnung bei Umrechnungsdifferenzen vermieden wird. Auch in **Deutschland** wurden die ausländischen Einkünfte umgerechnet.[483]

Die Funktionsfähigkeit der Nachversteuerungsmethode hängt eng mit der **Verlustverrechnung im Ausland** zusammen. Kommt es z.B. nicht zu einer Verlustverrechnung im Ausland, weil die Betriebsstätte ein entsprechendes Wahlrecht auf einen Verlustvortrag nicht ausübt, so könnte keine Nachversteuerung beim Stammhaus stattfinden. Deshalb sieht z.B. **Österreich** eine Nachversteuerung beim Stammhaus sowohl vor, wenn die Verluste bei der Betriebsstätte berücksichtigt werden als auch, wenn sie nur berücksichtigt werden könnten (§ 2 Abs. 8 Ziffer 3 Satz 3 öEStG).

Auch dem Zeitraum des Verlustvortrages im Ausland kommt eine Bedeutung zu.[484] Kommt es nämlich niemals zu einer Berücksichtigung der Verluste im Betriebsstättenstaat, weil z.B. keine ausreichende interperiodische Verlustverrechnung möglich ist, so würde daraus ein endgültiger Steuerverzicht des Staates folgen, in dem das Stammhaus ansässig ist.[485] Eine entsprechende Regelung für den Abzug von Verlusten einer Tochterkapitalgesellschaft bei einer Mutterkapitalgesellschaft sah explizit Art. 281 Abs. 2 Statut der Europäischen Aktiengesellschaft 1970 vor. Einen endgültigen Steuerverzicht werden die Mitgliedstaaten nicht immer hinnehmen und deshalb Nachversteuerungen spätestens nach einer bestimmten Anzahl von Jahren befürworten.[486]

Ein harmonisierter, zeitlich und betraglich unbegrenzter Verlustvortrag ist eher geeignet, das Problem zu begrenzen. Um eine reibungslose Abwicklung der Nachversteuerung zu gewährleisten, plante die Europäische Kommission die Harmonisierung des Vortrages von Betriebsstättenverlusten im Betriebsstättenstaat.[487] Dem Richtlinienvorschlag zum innerstaatlichen Verlustausgleich[488] kommt daher eine nicht gerade geringe Bedeutung zu.

Kommt es hingegen niemals zu einer Berücksichtigung der Verluste im Betriebsstättenstaat, weil z.B. die Betriebsstätte im Ausland wegen der schlechten Ertragslage zukünftig keine Gewinne erzielt, so folgt daraus ein endgültiger Steuerverzicht des Staates, in dem das

---

[483] Vgl. Heinicke in Schmidt 2012, § 2a EStG, Rz. 57; Mössner in Mössner et al. 2012, Rz. 2.301, 2.304.
[484] Vgl. Saß 1991b, S. 1162.
[485] Vgl. Dautzenberg 1996, S. 317.
[486] Vgl. Dautzenberg 1996, S. 317.
[487] Vgl. Tumpel 1991, S. 76.
[488] Siehe Abschnitt 2.2.

Stammhaus ansässig ist.[489] Eine entsprechende Regelung für den Abzug von Verlusten einer Tochterkapitalgesellschaft bei einer Mutterkapitalgesellschaft sah explizit Art. 281 Abs. 2 Statut der Europäischen Aktiengesellschaft 1970 vor.

Der Richtlinienvorschlag sieht keine Verpflichtung zur Einführung eines **Verlustvortrages** für ausländische Betriebsstättenverluste vor, falls diese aufgrund eines nicht ausreichend hohen Gewinns des Stammhauses nicht im selben Jahr beim Stammhaus berücksichtigt werden können.[490] Insofern wird der Inanspruchnahme von steuerlichen Anreizen im Betriebsstättenstaat entgegengewirkt, da trotz Anerkennung der Gewinnermittlungsvorschriften des Betriebsstättenstaates die Verlustberücksichtigung auf die Höhe des Gewinnes des Stammhauses im Verlustjahr begrenzt wird. Manipulationen wird so entgegengewirkt.[491] Eine Harmonisierung der Gewinnermittlungsvorschriften oder eine steuerliche Subventionsförderung außerhalb der Gewinnermittlung mittels direkter Subventionszahlungen würde jedoch die Ursache des Problems beseitigen und ist daher vorzuziehen.

Stand: Der Richtlinienvorschlag ist nicht verabschiedet, sondern zurückgezogen worden.[492] Die Europäische Kommission verfolgt zurzeit die Schaffung einer Gemeinsamen Konsolidierten Körperschaftsteuerbemessungsgrundlage, in die auch Betriebsstättenergebnisse einbezogen werden.[493]

2.4 Berücksichtigung der Verluste ausländischer Tochtergesellschaften

Literatur: Dörfler O, Ribbrock M (2008) Grenzüberschreitende Verluste, Wegzugsbesteuerung sowie Koordinierung von steuerlichen Regelungen im Binnenmarkt – eine Bestandsaufnahme. Unter besonderer Berücksichtigung der in den Mitteilungen der EU-Kommission getroffenen Aussagen. BB 63:304-309; Dötsch E, Pung A (2013) Gesetz zur Änderung und Vereinfachung der Unternehmensbe-steuerung und des steuerlichen Reisekostenrechts: Die Änderungen bei der Organschaft. DB 66:305-314; [Endres et al. (2011)] Endres D, Schnitger A, Schreiber C, Zuber B, Cloer A, Althaus M, Jorewitz G, Kerber M, Welling B (2011) PwC-BDI-Report: Internationale Verlustverrechnung. Eine aktuelle Analyse der steuerlichen Rahmenbedingungen in der EU und ausgewählten Drittländern. Haufe, Freiburg-Berlin-München; Herzig N (2010) Die Zukunft der Gruppenbesteuerung. StuW 87:214-231; Hey J (2011) Perspektiven der Unternehmensbesteuerung. Gewerbesteuer – Gruppenbesteuerung – Verlustverrechnung – Gewinnermittlung. StuW 88:131-143; Kleinert J, Nagler J (2005b) Konzernbesteuerung – Gewinne von Muttergesellschaften – Abzug der Verluste einer gebietsansässigen Tochtergesellschaft – Bewilligung – Abzug

---

[489] Vgl. Dautzenberg 1996, S. 317.
[490] Vgl. Sapusek 1996, S. 1020.
[491] Vgl. Sapusek 1996, S. 1020.
[492] Vgl. Europäische Kommission 2001, S. 23; zur historischen Entwicklung Bendlinger 2010, S. 92f., 110
[493] Siehe Abschnitt 2.5.

der Verluste einer gebietsfremden Tochtergesellschaft – Ausschluss. DB 58:2788-2793; [Lenz et al. (2012)] Lenz M, Adrian G, Handwerker E (2012) Geplante Neuregelung der ertragsteuerlichen Organschaft, Erläuterung und erste Anmerkungen zum Gesetz zur Änderung und Vereinfachung der Unternehmensbesteuerung und des steuerlichen Reisekostenrechts. BB 67: 2851-2859; Mayr G (2010) Moderne Gruppenbesteuerung für Deutschland? – Zehn Vorschläge aus den Praxiserfahrungen Österreichs. IStR 19:633-637; Mühlehner J, Zöchling H (2004) (Hrsg) Die neue Gruppenbesteuerung. Profunder Überblick – Viele Beispiele – Lösungswege – Gestaltungstipps, SWK-Spezial. Linde, Wien; Plott C (2012) Neue Schranken bei der Auslandsverlustverwertung. In: Perthold J, Plott C (Hrsg) SWK-Spezial Stabilitätsgesetz. Linde, Wien, S 79-92; Pölzl H (2005) Die Nachversteuerung ausländischer Betriebsstättenverluste. In: Lang M, Jirousek H (Hrsg) Praxis des Internationalen Steuerrechts. Festschrift für Helmut Loukota zum 65. Geburtstag. Linde, Wien, S 385-397; Sapusek A (1996) Ökonomische und juristische Analyse der Steuerharmonisierung in der Europäischen Union. Umsatzsteuer, spezielle Verbrauchsteuern, direkte Unternehmensteuern. Dissertation, Wirtschaftsuniversität Wien 1996. Europäische Hochschulschriften, Reihe 5, Volks- und Betriebswirtschaft, Bd 2051. Peter Lang, Frankfurt am Main-Berlin-Bern-New York-Paris-Wien 1997; Saß G (1991b) Zum EG-Richtlinienvorschlag vom 28.11.1990 über den Abzug von Verlusten ausländischer Betriebsstätten und Tochtergesellschaften. BB 46:1161-1165; Saß G (1999) Zur Berücksichtigung der Verluste ausländischer Tochtergesellschaften bei der inländischen Muttergesellschaft in der EU. BB 54:447-451; [Sureth et al. (2010)] Sureth C, Mehrmann A, Dahle C (2010) Grenzüberschreitende Verlustverrechnungssysteme in Europa – Vorbilder für eine Reform der deutschen Organschaft. StuW 87:160-176; Tumpel M (1991) EG-Richtlinienvorschlag zur Berücksichtigung von Auslandsverlusten. SWI 1:75-79; [von Wolfersdorff et al. (2012)] von Wolfersdorff J, Rödder T, Schmidt-Fehrenbacher V, Beisheim M, Gerner M (2012) Der Fraktionsentwurf zur „Kleinen Organschaftsreform": Guter Wille, aber doch kein wirklicher Rechtsfrieden! DB 65:2241-2247

Die Berücksichtigung der **Verluste von Tochtergesellschaften** ist in den **Mitgliedstaaten der Europäischen Union** unterschiedlich geregelt.[494] Innerhalb eines Konzerns können Verluste einer Tochterkapitalgesellschaft nicht automatisch bei der Mutterkapitalgesellschaft berücksichtigt werden. Um dies zu ermöglichen, sind insbesondere folgende Besteuerungssysteme von Konzernen möglich, die den Konzern in gewissem Maße als eine wirtschaftliche Einheit behandeln:[495]

1. Steuerliche **Vollkonsolidierung** (sog. Einheitskonzept), bei dem das Konzernergebnis aller Konzernmitglieder anhand einer einzigen steuerlichen Gewinn- und Verlustverrechnung ermittelt wird (z.B. Niederlande) oder

2. Zusammenrechnung (sog. **pooling**) der positiven und negativen Einzelergebnisse der Gesellschaften eines Konzerns bei der Obergesellschaft (z.B. deutsche Organschaft und österreichische Gruppenbesteuerung) oder

---

[494] Vgl. BMF 2011, S. 112ff.; Endres et al. 2011, S. 28.
[495] Vgl. Plansky und Ressler 2007, S. 143ff.; Herzig 2010, S. 215.

3. **Gruppenbeitragsmodell** mit einem konzerninternen steuerwirksamen Übertrag von Gruppenbeitragszahlungen, die bei der zahlenden Gesellschaft, die den Gewinn erzielt hat, als Betriebsausgaben abzugsfähig sind, und bei der empfangenden Gesellschaft, die einen Verlust erwirtschaftet hat, als Betriebseinnahme steuerpflichtig sind (z.B. Finnland und Schweden) oder

4. System des frei wählbaren konzerninternen steuerwirksamen Übertrages des Verlustes von der Gesellschaft, die den Verlust erzielt hat, an jede andere Gesellschaft, die einen Gewinn erwirtschaftet hat (z.B. **group relief** in Großbritannien).

Je nach Ausgestaltung können dabei auch die Verluste ausländischer Tochterkapitalgesellschaften berücksichtigt werden.

2.4.1 Deutsche Organschaft

In **Deutschland** konnten die Verluste ausländischer Tochtergesellschaften nicht in die Organschaft mit einbezogen werden, da die **Organgesellschaft** (Untergesellschaft) bisher eine Kapitalgesellschaft mit Geschäftsleitung und statuarischem Sitz in Deutschland sein musste (sog. doppelter Inlandsbezug) (§ 14 Abs. 1 Satz 1 dKStG).[496] Aufgrund eines Vertragsverletzungsverfahrens, das die EU-Kommission gegen Deutschland in Bezug auf die Organschaft eingeleitet hatte,[497] verzichtete das deutsche Bundesfinanzministerium auf die Erfüllung des doppelten Inlandsbezugs für Organgesellschaften.[498] § 14 Abs. 1 Satz 1 Halbsatz 1 dKStG n.F. verlangt für Organgesellschaften nunmehr nur noch, dass der Ort der Geschäftsleitung in Deutschland liegen muss, sofern der Sitz der Gesellschaft in einem EU- bzw. EWR-Mitgliedstaat liegt.[499] Eine Organgesellschaft muss jedoch auch nach der Neuregelung immer eine Geschäftsleitung in Deutschland haben.[500] Auch eine inländische Betriebsstätte einer ausländischen Gesellschaft kann eine Organgesellschaft sein (§ 18 dKStG).[501]

Ebenfalls erforderlich ist, dass ein wirksamer und tatsächlich durchgeführter Ergebnisabführungsvertrag mit einer Mindestlaufzeit von fünf Jahren vorliegt (§ 14 Abs. 1 Satz 1 dKStG).[502] Tochtergesellschaften, die nach ausländischem Recht gegründet sind, können einen Gewinnabführungsvertrag jedoch nicht abschließen.[503]

---

[496] Vgl. Neumann in Gosch 2009, § 14 KStG, Rn. 56, 189, 193; mit Beispielen Herzig 2010, S. 225; Mayr 2010, S. 635; Panzer und Gebert 2010, S. 783; Bünning und Möser 2011, S. 2652; Glaser 2011, S. 2318; Hey 2011, S. 137f.; Dötsch und Pung 2013, S. 305.
[497] Vgl. Herzig 2010, S. 225; Lenz et al. 2012, S. 2856; Dötsch und Pung 2013, S. 305.
[498] Vgl. Bünning und Möser 2011, S. 2652; Hey 2011, S. 139; Lenz et al. 2012, S. 2856; Dötsch und Pung 2013, S. 305.
[499] Vgl. Lenz et al. 2012, S. 2856f.; Micker 2012, S. 13; Dötsch und Pung 2013, S. 305, 314.
[500] Vgl. Lenz et al. 2012, S. 2857.
[501] Vgl. Ismer 2012, S. 822.
[502] Vgl. Neumann in Gosch 2009, § 14 KStG, Rn. 56, 189, 193; mit Beispielen Herzig 2010, S. 225; Mayr 2010, S. 635; Panzer und Gebert 2010, S. 783; Bünning und Möser 2011, S. 2652; Glaser 2011, S. 2318; Hey 2011, S. 137f.; Dötsch und Pung 2013, S. 306.
[503] Vgl. Dötsch und Pung 2013, S. 306.

Als **Organträger** (Obergesellschaft) kommen nur Körperschaften mit Sitz und Geschäftsleitung im Inland (§ 14 Abs. 1 Satz 1 Nr. 2 dKStG), Körperschaften mit Sitz und Geschäftsleitung im Ausland mit einer inländischen Betriebsstätte (§ 18 dKStG) und Körperschaften mit Sitz im Ausland und Geschäftsleitung im Inland in Frage.[504] Damit besteht auch beim Organträger zwar keine doppelte Inlandsbindung,[505] aber ein starker Inlandsbezug. So können z.B. doppelt ansässige Kapitalgesellschaften, deren statuarischer (Satzungs-) Sitz im Inland liegt, während der Ort der Geschäftsleitung im Ausland liegt, kein Organträger sein.[506]

Zukünftig soll es weder auf den Sitz noch auf den Ort der Geschäftsleitung der Organgesellschaft ankommen.[507] Stattdessen muss die Beteiligung an der Organschaft einer deutschen Betriebsstätte des ausländischen Organträgers zuzuordnen sein (vgl. **Abbildung 2.8**) (§ 14 Abs. 1 Satz 1 Nr. 2 Satz 4 dKStG-E i.d.F. des Gesetzentwurfs zur Änderung und Vereinfachung der Unternehmensbesteuerung und des steuerlichen Reisekostenrechts).[508]

Abbildung 2.8: Ausländische Mutterkapitalgesellschaft als Organträger

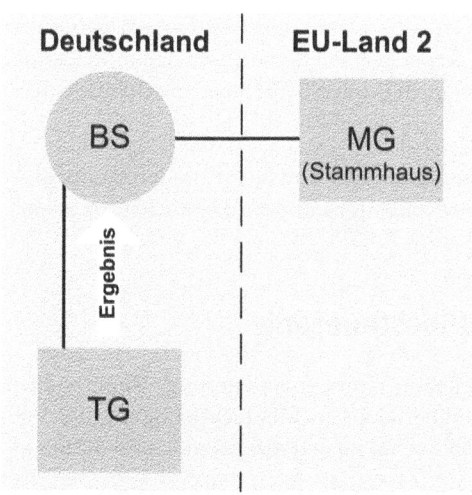

Indem die Beteiligung an der Organgesellschaft einer deutschen Betriebsstätte zugeordnet wird, wird das deutsche Besteuerungsrecht abgesichert.[509] Insofern wird ein inländischer Anknüpfungspunkt für die Besteuerung verlangt.[510] Dementsprechend kann auch eine Ge-

---

[504] Vgl. Neumann in Gosch 2009, § 14 KStG, Rn. 97; Neumann in Gosch 2009 § 18 KStG, Rn. 2f.
[505] Vgl. Neumann in Gosch 2009 § 18 KStG, Rn. 5.
[506] Vgl. Neumann in Gosch 2009, § 14 KStG, Rn. 97; Ismer 2012, S. 822.
[507] Vgl. Lenz et al. 2012, S. 2855.
[508] Vgl. Lenz et al. 2012, S. 2851, 2855.
[509] Vgl. Lenz et al. 2012, S. 2856; Dötsch und Pung 2013, S. 307f.
[510] Vgl. Lenz et al. 2012, S. 2856.

sellschaft, die weder einen Sitz noch eine Geschäftsleitung im Inland aufweist, Organträger sein, weil der Inlandsbezug sicher gestellt wird.[511] Mit einer derartigen Zuordnungsbedingung konnte zudem die Sonderregelung des § 18 dKStG a.F. entfallen,[512] wie dies mit Art. 2 Nr. 1 des Gesetzentwurfs zur Änderung und Vereinfachung der Unternehmensbesteuerung und des steuerlichen Reisekostenrechts geschehen ist.[513]

Bei in Deutschland belegenen Betriebsstätten des ausländischen Organträgers musste zusätzlich eine im Handelsregister eingetragene Zweigniederlassung vorliegen (§ 18 dKStG a.F.).[514] Mit der Zuordnung der Beteiligung an der deutschen Organgesellschaft zu einer deutschen Betriebsstätte eines ausländischen Organträgers (§ 14 Abs. 1 Satz 1 Nr. 2 Satz 4 dKStG-E i.d.F. des Gesetzentwurfs zur Änderung und Vereinfachung der Unternehmensbesteuerung und des steuerlichen Reisekostenrechts) und dem Wegfall des § 18 dKStG a.F. enfällt diese Voraussetzung, so dass der Anwendungsbereich leicht ausgedehnt wird.[515] Eine grenzüberschreitende Organschaft wird damit jedoch nicht eingeführt.[516]

Negative Einkünfte der Organgesellschaft und des Organträgers werden allerdings in Deutschland nicht berücksichtigt, soweit sie in einem ausländischen Staat im Rahmen der Besteuerung des Organträgers, der Organgesellschaft oder einer anderen Person berücksichtigt werden (§ 14 Abs. 1 Satz 1 Nr. 5 dKStG n.F.).[517] Damit wird bei doppelt ansässigen Gesellschaften eine doppelte Verlustnutzung vermieden.[518] Die vorgeschlagene Regelung, dass die Berücksichtigung der Verluste in einem EU- oder EWR-Staat unschädlich ist,[519] wurde nicht verwirklicht.[520]

Deutschland betreibt den Ersatz der bisherigen Organschaft durch eine moderne Gruppenbesteuerung bis 2016.[521] Das Vorhaben konnte jedoch aufgrund der zu erwartenden Steuerausfälle bisher nicht verwirklicht werden.[522]

2.4.2 Österreichische Gruppenbesteuerung

Österreich hingegen hat eine grenzüberschreitende Gruppenbesteuerung. Damit sollten den gemeinschaftsrechtlichen Bedenken gegenüber einer Nichtberücksichtigung der Verluste ausländischer Tochterkapitalgesellschaften Rechnung getragen werden und die Stand-

---

[511] Vgl. Lenz et al. 2012, S. 2856.
[512] Vgl. Lenz et al. 2012, S. 2855.
[513] Vgl. Dötsch und Pung 2013, S. 307.
[514] Vgl. Neumann in Gosch 2009, § 18 KStG, Rn. 3, 18ff., 23; mit Beispiel kritisch Herzig 2010, S. 225; Ismer 2012, S. 822.
[515] Vgl. Lenz et al. 2012, S. 2856; Dötsch und Pung 2013, S. 307.
[516] Vgl. Lenz et al. 2012, S. 2856; Dötsch und Pung 2013, S. 307.
[517] Vgl. Lenz et al. 2012, S. 2857; Micker 2012, S. 13; Dötsch und Pung 2013, S. 312.
[518] Vgl. Lenz et al. 2012, S. 2857; kritisch Dötsch und Pung 2013, S. 312.
[519] Vgl. Lenz et al. 2012, S. 2858.
[520] Vgl. Dötsch und Pung 2013, S. 312.
[521] Vgl. BMF 2011, Vorbemerkung, S. 7; Bünning und Möser 2011, S. 2647, 2652; Hey 2011, S. 138; Ismer 2012, S. 821; zweifelnd Lenz et al. 2012, S. 2851; von Wolfersdorff et al. 2012, S. 2241.
[522] Vgl. Dötsch und Pung 2013, S. 305.

ortattraktivität erhöht werden.[523] Der **subjektive Anwendungsbereich** umfasst Kapitalgesellschaften und Erwerbs- und Wirtschaftsgenossenschaften (§ 9 Abs. 2 und 3 öKStG).[524]

Die Obergesellschaft wird im Gesetz als **Gruppenträger** und die Untergesellschaft als **Gruppenmitglied** bezeichnet (§ 9 Abs. 2 und 3 öKStG).[525] Je nach Stellung in der Gruppe und dem Blickwinkel der Betrachtung wird das übergeordnete Gruppenmitglied im Gesetz auch als beteiligte Körperschaft und das untergeordnete Gruppenmitglied auch als Beteiligungskörperschaft bezeichnet (§ 9 Abs. 2 öKStG).[526] Ein Gruppenmitglied, das zu mehr als 50% an einem anderen Gruppenmitglied beteiligt ist, wird als **beteiligte Körperschaft** bezeichnet,[527] während das Gruppenmitglied, an dem es beteiligt ist, als **Beteiligungskörperschaft** bezeichnet wird (vgl. **Abbildung 2.9**).[528]

Abbildung 2.9: Gruppenträger, beteiligte Körperschaft und Beteiligungskörperschaft (Fall 1)

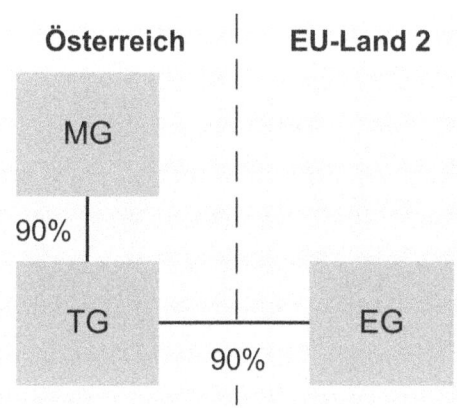

In **Abbildung 2.9** ist die Mutterkapitalgesellschaft zu 90% an der inländischen Tochterkapitalgesellschaft beteiligt, die wiederum zu 90% an der ausländischen Enkelkapitalgesellschaft beteiligt ist. Die Berechnung der mittelbaren Beteiligung erfolgt auf Basis der **multi-**

---

[523] Vgl. Stefaner und Weninger 2005, S. 187.
[524] Vgl. Trenkwalder in Quantschnigg et al. 2005, § 9 Abs. 2 KStG, Tz. 5ff.; kritisch Oberascher und Staringer 2007, S. 34f.; genauer Urtz in Achatz und Kirchmayr 2011, § 9 KStG, Tz. 40ff.
[525] Vgl. Trenkwalder in Quantschnigg et al. 2005, § 9 Abs. 2 KStG, Tz. 1; Oberascher und Staringer 2007, S. 31, 45.
[526] Vgl. Mayr 2004, S. 246; Kofler in Quantschnigg et al. 2005, § 9 Abs. 4 KStG, Tz. 7; Oberascher und Staringer 2007, S. 31, 61; Mayr et al. 2010, S. 170f.
[527] Vgl. Kofler in Quantschnigg et al. 2005, § 9 Abs. 4 KStG, Tz. 7; Trenkwalder in Quantschnigg et al. 2005, § 9 Abs. 2 KStG, Tz. 2; Wiesner et al. 2008, K73.
[528] Vgl. Kofler in Quantschnigg et al. 2005, § 9 Abs. 4 KStG, Tz. 7.

plikativen Durchrechnung.[529] Die Muttergesellschaft ist damit mittelbar zu (90% * 90% =) 81% an der Enkelgesellschaft beteiligt.

Die Muttergesellschaft ist der Gruppenträger und die Tochter- und die Enkelgesellschaft sind Gruppenmitglieder. Die Muttergesellschaft ist zudem die beteiligte Körperschaft der ersten Ebene der Beteiligungskörperschaften (hier: Tochtergesellschaft) (§ 9 Abs. 4 Teilstrich 1 öKStG).[530] Die Tochtergesellschaft ist beteiligte Körperschaft der zweiten Ebene der Beteiligungskörperschaften (hier: Enkelgesellschaft) (§ 9 Abs. 4 Teilstrich 1 öKStG).[531] Sowohl die Tochtergesellschaft als auch die Enkelgesellschaft sind Beteiligungskörperschaften des Gruppenträgers bzw. der Tochtergesellschaft.[532]

Ist die Muttergesellschaft nicht nur mittelbar, sondern auch unmittelbar an der Enkelgesellschaft beteiligt und ist die Tochtergesellschaft nicht mit mehr als 50% an der Enkelgesellschaft beteiligt (vgl. **Abbildung 2.10**), so ändert sich die Bezeichnung der Tochtergesellschaft.

Abbildung 2.10: Gruppenträger, beteiligte Körperschaft und Beteiligungskörperschaft (Fall 2)

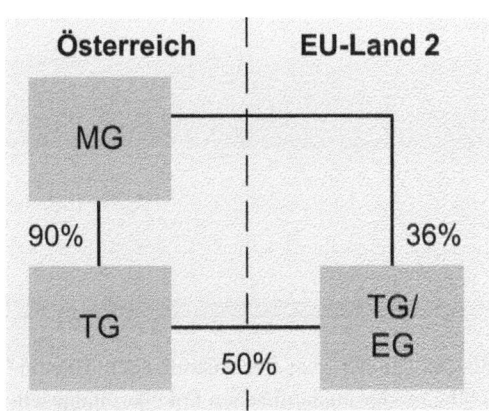

In **Abbildung 2.10** ist die Mutterkapitalgesellschaft zu 90% an der inländischen Tochterkapitalgesellschaft beteiligt, die wiederum zu 50% an der ausländischen Enkelkapitalgesellschaft beteiligt ist. Zudem ist die Muttergesellschaft unmittelbar zu 36% an der Enkelgesell-

---

[529] Vgl. mit Beispielen Kofler in Quantschnigg et al. 2005, § 9 Abs. 4 KStG, Tz. 53; mit Beispiel Tumpel und Aigner in Quantschnigg et al. 2005, § 9 Abs. 6 KStG, Tz. 71; kritisch Obermair und Stefaner 2007, S. 82f.; kritisch mit Beispiel Wiesner et al. 2008, K169f.
[530] Vgl. Kofler in Quantschnigg et al. 2005, § 9 Abs. 4 KStG, Tz. 7; Obermair und Stefaner 2007, S. 61; Mayr et al. 2010, S. 170.
[531] Vgl. Obermair und Stefaner 2007, S. 61; Mayr et al. 2010, S. 170.
[532] Vgl. Trenkwalder in Quantschnigg et al. 2005, § 9 Abs. 2 KStG, Tz. 2; mit Beispiel Wiesner et al. 2008, K71f.

schaft beteiligt. Die Muttergesellschaft ist damit wieder insgesamt zu (90% * 50% + 36% =) 81% an der Enkelgesellschaft beteiligt. Die Muttergesellschaft ist der Gruppenträger und die Tochter- und die Enkelgesellschaft sind Gruppenmitglieder. Die Muttergesellschaft ist zudem beteiligte Körperschaft der Beteiligungskörperschaft namens Enkelgesellschaft (§ 9 Abs. 4 Teilstrich 3 öKStG). Die Tochtergesellschaft ist keine beteiligte Körperschaft der Beteiligungskörperschaft namens Enkelgesellschaft, da sie an der Enkelgesellschaft nicht zu mehr als 50% beteiligt ist (§ 9 Abs. 4 Teilstrich 1 öKStG). Sowohl die Tochtergesellschaft als auch die Enkelgesellschaft sind Beteiligungskörperschaften des Gruppenträgers.[533]

Als **Gruppenträger** kommen nur ausländische Kapitalgesellschaften in Frage, die österreichischen Kapitalgesellschaften oder Genossenschaften vergleichbar sind, die in einem EU- bzw. EWR-Mitgliedsstaat ansässig sind, eine von der Mutter-Tochter-Richtlinie 2011 begünstigte Rechtsform aufweisen[534] und in Österreich eine Zweigstelle unterhalten, die ins Firmenbuch eingetragen ist und der die Beteiligung an den Gruppenmitgliedern zugeordnet ist (§ 9 Abs. 3 Teilstrich 5 öKStG).[535]

Als **Gruppenmitglied** können ausländische Körperschaften, die österreichischen Kapitalgesellschaften oder Genossenschaften vergleichbar sind, weltweit in die Gruppenbesteuerung einbezogen werden (§ 9 Abs. 2 und 3 öKStG).[536] Hinsichtlich der Gruppenmitglieder besteht keine räumliche Einschränkung auf den EU- bzw. EWR-Raum.[537]

Die Gruppenbildung setzt eine unmittelbare oder mittelbare **Mindestbeteiligung** von mehr als 50% des Kapitals und der Stimmrechte voraus (§ 9 Abs. 4 Teilstrich 1-3 öKStG).[538] Mit der doppelten Mehrheit sollen missbräuchliche Gestaltungen verhindert werden.[539]

Wird die Gruppenbildung durch eine unmittelbare Mindestbeteiligung ermöglicht, so ist es z.B. in einem zweistöckigen Konzern nicht erforderlich, dass die Mutterkapitalgesellschaft (Gruppenmitglied) an der Enkelkapitalgesellschaft mittelbar mindestens zu 50% am Kapital beteiligt ist (vgl. **Abbildung 2.11**).[540]

---

[533] Vgl. Trenkwalder in Quantschnigg et al. 2005, § 9 Abs. 2 KStG, Tz. 2.
[534] Vgl. Abschnitt 1.1.4.
[535] Vgl. Trenkwalder in Quantschnigg et al. 2005, § 9 Abs. 3 KStG, Tz. 9ff.; Oberascher und Staringer 2007, S. 38ff.; Wiesner et al. 2008, K107ff.; kritisch Urtz 2011, S. 72f., 108ff.
[536] Vgl. Trenkwalder in Quantschnigg et al. 2005, § 9 Abs. 2 KStG, Tz. 15ff.; Mayr 2010, S. 635; Damböck und Galla 2011, S. 460; Urtz 2011, S. 112; Urtz in Achatz und Kirchmayr 2011, § 9 KStG, Tz. 47ff.
[537] Vgl. Oberascher und Staringer 2007, S. 47; Mayr 2010, S. 635.
[538] Vgl. Achatz und Tumpel in Quantschnigg et al. 2005, § 9 Abs. 1 KStG, Tz. 8; Obermair und Stefaner 2007, S. 55f., 62; Wiesner et al. 2008, K143f.; Urtz 2011, S. 75f.; Urtz in Achatz und Kirchmayr 2011, § 9 KStG, Tz. 349.
[539] Vgl. Mamut und Schilcher 2007, S. 176; Obermair und Stefaner 2007, S. 62.
[540] Vgl. Kofler in Quantschnigg et al. 2005, § 9 Abs. 4 KStG, Tz. 8.

Abbildung 2.11: Ausschließlich unmittelbare Beteiligungen in einem zweistöckigen Konzern mit einer Auslandsgesellschaft

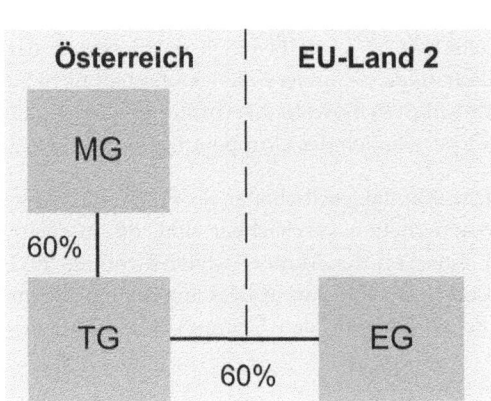

In **Abbildung 2.11** ist die Mutterkapitalgesellschaft (Gruppenträger) zu 60% an der inländischen Tochterkapitalgesellschaft (beteiligte Körperschaft) beteiligt, die wiederum zu 60% an der ausländischen Enkelkapitalgesellschaft (Beteiligungskörperschaft) beteiligt ist.[541] Die Muttergesellschaft ist damit mittelbar zu (60% * 60% =) 36% an der Enkelgesellschaft beteiligt. Wenn die Enkelgesellschaft in die Gruppe einbezogen werden soll, so ist ein „Überspringen" der Tochtergesellschaft, in dem die Tochtergesellschaft selbst nicht in die Gruppe mit einbezogen wird, nicht möglich.[542]

Die Mindestbeteiligung von mehr als 50% kann u.a. durch eine **ausschließlich mittelbare Beteiligung** erreicht werden, indem z.B. der Gruppenträger unmittelbar an einem oder an mehreren Gruppenmitgliedern beteiligt ist, die selbst unmittelbar, aber nicht zu mehr als 50% an der einzubeziehenden Gesellschaft (Beteiligungskörperschaft) beteiligt sind (§ 9 Abs. 4 Teilstrich 3 öKStG) (vgl. **Abbildung 2.12**).[543]

---

[541] Vgl. mit Beispiel Kofler in Quantschnigg et al. 2005, § 9 Abs. 4 KStG, Tz. 8.
[542] Vgl. Wiesner et al. 2008, K155.
[543] Vgl. mit Beispiel Kofler in Quantschnigg et al. 2005, § 9 Abs. 4 KStG, Tz. 54, 83, 57; Obermair und Stefaner 2007, S. 56f., 60; Haslehner 2008, S. 138; Wiesner et al. 2008, K172; mit Beispiel Mayr et al. 2010, S. 172; Urtz in Achatz und Kirchmayr 2011, § 9 KStG, Tz. 185, 187, 189.

Abbildung 2.12: Ausschließlich mittelbare Beteiligung in einem zweistöckigen Konzern mit einer Auslandsgesellschaft

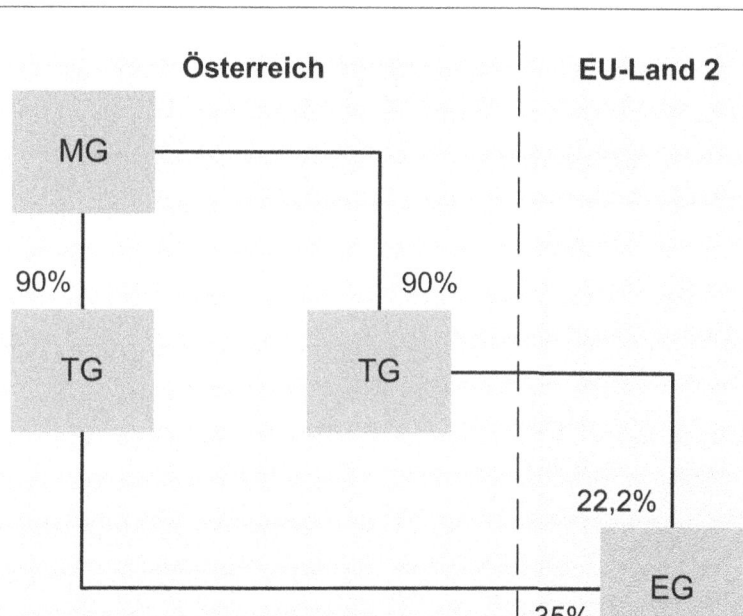

In **Abbildung 2.12** ist die Mutterkapitalgesellschaft zu jeweils 90% an zwei inländischen Tochterkapitalgesellschaften beteiligt, die wiederum zu 35% bzw. 22% an einer ausländischen Enkelkapitalgesellschaft beteiligt sind. Die Vermittlung der Beteiligung kann durch mehrere Gruppenmitglieder erfolgen.[544] Die Höhe der Beteiligung errechnet sich mittels der multiplikativen Durchrechnung der Beteiligung.[545] Die Muttergesellschaft ist damit mittelbar zu (90% * 35% + 90% * 22,2% =) 51,5% an der Enkelgesellschaft beteiligt.

Die Tochtergesellschaften sind hier nur Gruppenmitglieder. Damit die Tochtergesellschaften eine mittelbare Beteiligung vermitteln, dürfen die Tochtergesellschaften nicht zu mehr als 50% (hier: 35% bzw. 22,2%) an der Enkelgesellschaft beteiligt sein (§ 9 Abs. 4 Teilstrich 3 öKStG: „die für sich nicht im Sinne des ersten Teilstrichs ... beteiligt sind"). Die Tochtergesellschaften sind damit keine beteiligten Körperschaften der Beteiligungskörperschaft namens Enkelgesellschaft. Die Gruppenbildung wäre auch zulässig, wenn die beiden Tochtergesellschaften im Ausland ansässig wären.[546]

---

[544] Vgl. Haslehner 2008, S. 137.
[545] Vgl. Urtz in Achatz und Kirchmayr 2011, § 9 KStG, Tz. 192f.
[546] Vgl. mit Beispielen Kofler in Quantschnigg et al. 2005, § 9 Abs. 4 KStG, Tz. 89; mit Beispiel Wiesner et al. 2008, K102.

Die Mindestbeteiligung kann auch über eine **Kombination einer unmittelbaren und einer mittelbaren Beteiligung** erreicht werden (**Abbildung 2.13**).[547]

Abbildung 2.13: Kombination einer unmittelbaren und einer mittelbare Beteiligung in einem zweistöckigen Konzern mit einer Auslandsgesellschaft (Fall 1)

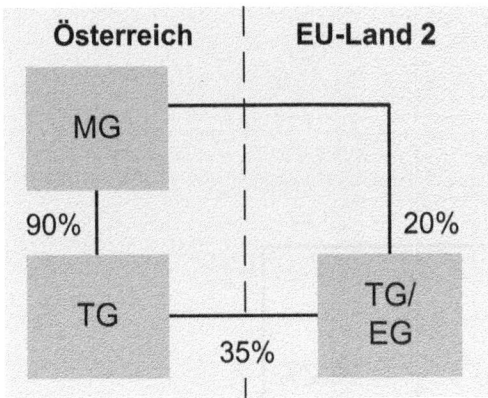

Die inländische Mutterkapitalgesellschaft ist in **Abbildung 2.13** mittelbar (hier: 90% * 35% = 31,5%) und unmittelbaren (hier: 20%) und damit insgesamt zu (31,5% + 20% =) 51,5% an der Enkelkapitalgesellschaft beteiligt, so dass die Enkelgesellschaft damit zugleich Tochtergesellschaft der Muttergesellschaft ist. Die Mehrheitsbeteiligung errechnet sich aus der Addition der unmmittelbaren und der durchgerechneten mittelbaren Beteiligung.[548]

Die Tochterkapitalgesellschaft darf, um die ergänzende Beteiligung zu vermitteln, selbst nicht mit mehr als 50% (hier: 35%) an der Enkelgesellschaft beteiligt sein (§ 9 Abs. 4 Teilstrich 3 öKStG: „die für sich nicht im Sinne des ersten Teilstrichs ... beteiligt sind"). Die Tochtergesellschaft ist lediglich ein Gruppenmitglied. Die Muttergesellschaft (Gruppenträger) kann mit der Tochtergesellschaft (Gruppenmitglied) und der Enkelgesellschaft (Gruppenmitglied) eine Gruppe bilden.

Die Muttergesellschaft (Gruppenträger) kann nicht ausschließlich mit der Enkelgesellschaft eine Gruppe bilden, ohne die Tochtergesellschaft mit in die Gruppe einzubeziehen, da die mittelbare Beteiligung von einem Gruppenmitglied vermittelt werden muss (§ 9 Abs. 4 Teilstrich 3 öKStG) und dementsprechend die Tochtergesellschaft Gruppenmitglied sein muss, damit die Enkelgesellschaft Gruppenmitglied werden kann.

---

[547] Vgl. mit Beispielen Kofler in Quantschnigg et al. 2005, § 9 Abs. 4 KStG, Tz. 51, 53, 83; mit Beispielen Trenkwalder in Quantschnigg et al. 2005, § 9 Abs. 2 KStG, Tz. 27; mit Beispiel Mayr et al. 2010, S. 172; Urtz in Achatz und Kirchmayr 2011, § 9 KStG, Tz. 187.
[548] Vgl. Haslehner 2008, S. 137.

Es besteht ein Wahlrecht hinsichtlich der Körperschaften, die zu einer Gruppe zusammengefasst werden (cherry-picking principle).[549] Im Gegensatz dazu ist die Verrechnung von Verlusten ausländischer Betriebsstätten beim österreichischen Stammhaus zwingend.[550] Die Bildung der Gruppe hingegen ist bei der Gruppenbesteuerung optional, da die Gruppenbildung erst aufgrund eines gestellten Gruppenantrages entsteht, und damit ist auch die Berücksichtigung der Verluste eines ausländischen Gruppenmitglieds optional.[551] Die Muttergesellschaft (Gruppenträger) kann in der Konstellation der **Abbildung 2.13** auch nur mit der Tochtergesellschaft eine Gruppe bilden, da sie mit der Tochtergesellschaft zu mehr als 50% (hier: 90%) finanziell verbunden ist.

Die Tochtergesellschaft kann mit der Enkelgesellschaft keine Gruppe bilden, da die Tochtergesellschaft nicht mit mehr als 50% (hier: 35%) an der Enkelgesellschaft beteiligt ist. Die Tochtergesellschaft ist damit keine beteiligte Körperschaft der Beteiligungskörperschaft namens Enkelgesellschaft. Die Enkelgesellschaft ist ausschließlich mit der Muttergesellschaft zu mehr als 50% und damit hinreichend finanziell verbunden.[552]

Ist die inländische Tochterkapitalgesellschaft hingegen zu mehr als 50% an der ausländischen Enkelkapitalgesellschaft beteiligt (vgl. **Abbildung 2.14**), so sind andere Gruppenbildungen möglich.[553]

Abbildung 2.14: Kombination einer unmittelbaren und einer mittelbare Beteiligung in einem zweistöckigen Konzern mit einer Auslandsgesellschaft (Fall 2)

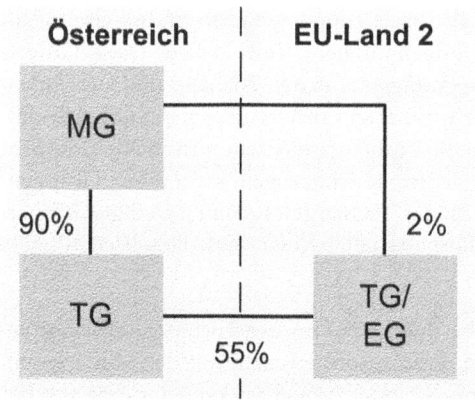

---

[549] Vgl. Herzig 2010, S. 227; Sureth et al. 2010, S. 167.
[550] Vgl. Schneider 2005, S. 201; siehe auch Abschnitt 2.3.2.
[551] Vgl. Schneider 2005, S. 198, 201f.
[552] Vgl. Walter 2004, S. 47f.
[553] Vgl. mit Beispiel Kofler in Quantschnigg et al. 2005, § 9 Abs. 4 KStG, Tz. 51.

Die inländische Mutterkapitalgesellschaft ist in **Abbildung 2.14** zu 90% an der inländischen Tochterkapitalgesellschaft beteiligt, welche wiederum zu 55% an der ausländischen Enkelkapitalgesellschaft beteiligt ist. Die Muttergesellschaft ist zudem zu 2% unmittelbar an der Enkelgesellschaft beteiligt, die damit zugleich ihre Tochtergesellschaft ist. Insgesamt ist die Muttergesellschaft wieder zu (90% * 55% + 2% =) 51,5% an der Enkelgesellschaft beteiligt. Allerdings ist die Kapitalgesellschaft, die die mittelbare Beteiligung vermittelt (Tochtergesellschaft) zu mehr als 50% an der Enkelgesellschaft beteiligt, so dass die Bedingung des § 9 Abs. 4 Teilstrich 3 öKStG nicht erfüllt ist.

Die inländische Muttergesellschaft (Gruppenträger der Gruppe 1) kann mit der inländischen Tochtergesellschaft eine Gruppe bilden, da die Muttergesellschaft zu mehr als 50% (hier: 90%) an der Tochtergesellschaft beteiligt ist. Die Muttergesellschaft ist beteiligte Körperschaft der Beteiligungskörperschaft namens Tochtergesellschaft. Diese Gruppe 1 besteht aus der Muttergesellschaft als Gruppenträger und der Tochtergesellschaft als Gruppenmitglied.

Die inländische Tochtergesellschaft (Gruppenträger der Gruppe 2) kann mit der ausländischen Enkelgesellschaft eine zweite Gruppe bilden, da die Tochtergesellschaft zu mehr 50% (hier: 55%) an der Enkelgesellschaft beteiligt ist. Die Tochtergesellschaft ist beteiligte Körperschaft der Beteiligungskörperschaft namens Enkelgesellschaft. Diese Gruppe 2 besteht aus der Tochtergesellschaft als Gruppenträger und der Enkelgesellschaft als Gruppenmitglied.

Die Tochtergesellschaft kann zudem die Enkelgesellschaft in die Gruppe 1, deren Gruppenträger die inländische Muttergesellschaft ist, also die Gruppe zwischen Muttergesellschaft (Gruppenträger) und Tochtergesellschaft (Gruppenmitglied), einbeziehen. Diese Gruppe besteht aus der Muttergesellschaft als Gruppenträger und der Tochter- und der Enkelgesellschaft als Gruppenmitglieder. Da ein Gruppenträger nicht zugleich ein Gruppenmitglied einer anderen Gruppe sein kann,[554] kann die Tochtergesellschaft nicht mehr Gruppenträger einer Untergruppe sein, wenn sie in die Gruppe einbezogen wird, deren Gruppenträger die Muttergesellschaft ist. Vielmehr ist die Tochtergesellschaft beteiligte Körperschaft der zweiten Ebene der Beteiligungskörperschaften (hier: Enkelgesellschaft) (§ 9 Abs. 4 Teilstrich 1 öKStG).[555]

Die Muttergesellschaft muss zu mehr als 50% (hier: 90%) an der Tochtergesellschaft beteiligt sein (§ 9 Abs. 4 Teilstrich 1 öKStG), da diese ansonsten nicht mit der Muttergesellschaft finanziell verbunden wäre, die Muttergesellschaft deswegen keine Gruppe mit der Tochtergesellschaft bilden könnte und damit die Tochtergesellschaft kein Gruppenmitglied i.S.d. § 9 Abs. 4 Teilstrich 3 öKStG einer Gruppe sein könnte, deren Gruppenträger die Muttergesellschaft ist. Der Gruppenträger muss an dem Gruppenmitglied, das die mittelbare Beteiligung vermittelt, zu mehr als 50% beteiligt sein.[556] Es werden nur Beteiligungen

---

[554] Vgl. Oberascher und Staringer 2007, S. 33; Wiesner et al. 2008, K139.
[555] Vgl. Obermair und Stefaner 2007, S. 61; Mayr et al. 2010, S. 170.
[556] Vgl. mit Beispiel Kofler in Quantschnigg et al. 2005, § 9 Abs. 4 KStG, Tz. 57.

berücksichtigt, die von in- oder ausländischen Gruppenmitgliedern gehalten und damit an die beteiligte Gesellschaft vermittelt werden.[557] Mittelbare Beteiligungen über Kapitalgesellschaften, die nicht Mitglied der Gruppe sind, werden ausgeschlossen.[558] Es ist daher nicht möglich, die vermittelnde Körperschaft zu „überspringen" und selbst nicht in die Gruppe mit einzubeziehen.[559] Deshalb ermöglicht die Konzernstruktur in **Abbildung 2.15** keine Gruppenbildung.

Abbildung 2.15: Kombination einer unmittelbaren und einer mittelbare Beteiligung in einem zweistöckigen Konzern mit einer Auslandsgesellschaft (Fall 3)

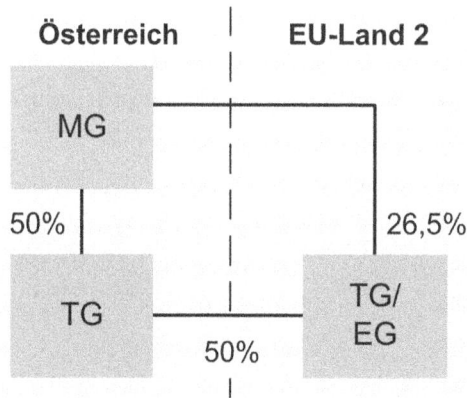

Die inländische Mutterkapitalgesellschaft ist in **Abbildung 2.15** zu 50% an der Tochterkapitalgesellschaft beteiligt, die wiederum zu 50% an der ausländischen Enkelkapitalgesellschaft beteiligt ist. Die Muttergesellschaft ist zudem unmittelbar zu 26,5% an der ausländischen Enkelgesellschaft beteiligt. Die Muttergesellschaft ist damit zu (50% * 50% + 26,5% =) 51,5% an der Enkelgesellschaft beteiligt. Da die Muttergesellschaft jedoch nicht mit der Tochtergesellschaft eine Gruppe bilden kann, weil sie nicht zu mehr als 50% an der Tochtergesellschaft beteiligt ist (§ 9 Abs. 4 Teilstrich 1 öKStG), wird die mittelbare Beteiligung nicht von einem Gruppenmitglied vermittelt, so dass § 9 Abs. 4 Teilstrich 3 öKStG nicht erfüllt ist. Deshalb kann die Muttergesellschaft mit der Enkelgesellschaft keine Gruppe bilden. Auch die Tochtergesellschaft kann mit der Enkelgesellschaft keine Gruppe bilden, da es an der ausreichenden finanziellen Beteiligung mangelt. In diesem Fall ist gar keine Gruppenbildung möglich. Die Muttergesellschaft müsste die Konzernstruktur ändern und z.B. die Beteiligung an der Tochtergesellschaft auf mehr als 50% aufstocken und könnte dann mit der Tochtergesellschaft und der Enkelgesellschaft eine Gruppe bilden.

---

[557] Vgl. Obermair und Stefaner 2007, S. 79; Urtz 2011, S. 82; Urtz in Achatz und Kirchmayr 2011, § 9 KStG, Tz. 183.
[558] Vgl. kritisch Obermair und Stefaner 2007, S. 80; Wiesner et al. 2008, K168.
[559] Vgl. Kofler in Quantschnigg et al. 2005, § 9 Abs. 4 KStG, Tz. 26, 51.

Die grenzüberschreitende Gruppenbildung ist aus Gründen der Überprüfbarkeit und aus Missbrauchsgründen auf die **„erste Auslandsebene"** (z.B. Tochtergesellschaften) beschränkt.[560] Ausländische Kapitalgesellschaften können nur in die Gruppe einbezogen werden, soweit sie **ausschließlich** mit unbeschränkt steuerpflichtigen, also inländischen Gruppenmitgliedern finanziell i.S.d. § 9 Abs. 4 öKStG verbunden sind (§ 9 Abs. 2 Teilstrich 2 öKStG), aber nicht mit ausländischen Gruppenmitgliedern finanziell verbunden sind.[561] Dies bedeutet, dass Tochtergesellschaften von ausländischen Gruppenmitgliedern nicht in die Gruppe mit einbezogen werden können,[562] falls das ausländische Gruppenmitglied zu mehr als 50% an der Tochtergesellschaft beteiligt ist.[563] Es sind nur Beteiligungen zwischen ausländischen Gruppenmitgliedern bis maximal 50% unschädlich.[564] Die ausländische Tochtergesellschaft kann folglich in der Konstellation der **Abbildung 2.16** keine beteiligte Körperschaft für ein weiteres Gruppenmitglied sein.[565]

Abbildung 2.16: Zweistöckiger Konzern mit zwei Auslandsgesellschaften (Fall 1)

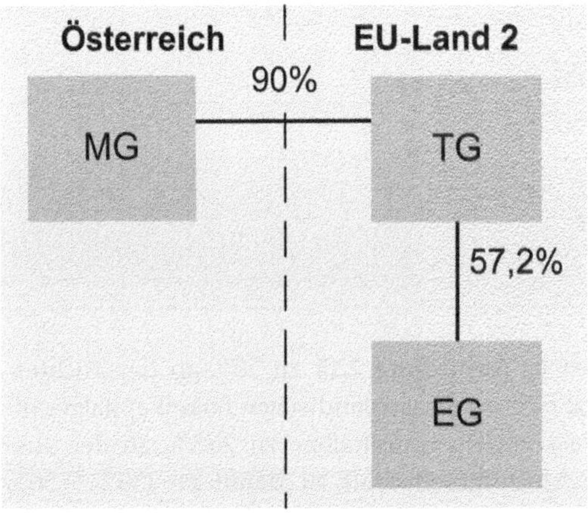

Österreich | EU-Land 2

MG — 90% — TG

TG — 57,2% — EG

---

[560] öKStR 2013, Rz. 1014; Mayr 2004, S. 246; Wiesner und Mayr 2004, S. 629; Kofler in Quantschnigg et al. 2005, § 9 Abs. 4 KStG, Tz. 68; Schneider 2005, S. 198; Stefaner und Weninger 2005, S. 187; mit Beispielen Trenkwalder in Quantschnigg et al. 2005, § 9 Abs. 2 KStG, Tz. 21ff.; Oberascher und Staringer 2007, S. 47; mit Beispiel Wiesner et al. 2008, K79; Mayr 2010, S. 635; mit Beispielen Urtz 2011, S. 75, 113f.; kritisch mit Beispielen Urtz in Achatz und Kirchmayr 2011, § 9 KStG, Tz. 65ff.
[561] Vgl. Walter 2004, S. 43.
[562] Vgl. Mayr 2004, S. 246; Kofler in Quantschnigg et al. 2005, § 9 Abs. 4 KStG, Tz. 68, 85; Schneider 2005, S. 198; Trenkwalder in Quantschnigg et al. 2005, § 9 Abs. 2 KStG, Tz. 23; Wiesner et al. 2008, K99.
[563] Vgl. mit Beispiel Trenkwalder in Quantschnigg et al. 2005, § 9 Abs. 2 KStG, Tz. 22; Mamut und Schilcher 2007, S. 179, 181; Mayr et al. 2010, S. 170.
[564] Vgl. Kofler in Quantschnigg et al. 2005, § 9 Abs. 4 KStG, Tz. 68; mit Beispielen Wiesner et al. 2008, K207ff., K211f.; Mayr et al. 2010, S. 171.
[565] Vgl. Trenkwalder in Quantschnigg et al. 2005, § 9 Abs. 2 KStG, Tz. 3.

In **Abbildung 2.16** ist die inländische Mutterkapitalgesellschaft zu mehr als 50% (hier: 90%) an der ausländischen Tochterkapitalgesellschaft beteiligt, welche wiederum zu mehr als 50% (hier: 57,2%) an der ausländischen Enkelkapitalgesellschaft beteiligt ist. Die Muttergesellschaft ist damit zu insgesamt (90% * 57,2% =) 51,5% an der Enkelgesellschaft beteiligt. Sowohl die Muttergesellschaft als auch die Tochtergesellschaft sind damit zu mehr als 50% und damit hinreichend finanziell an der Enkelgesellschaft beteiligt.

Die Muttergesellschaft (Gruppenträger) kann mit der Tochtergesellschaft (Gruppenmitglied) eine Gruppe bilden, da sie zu mehr als 50% (hier: 90%) an der Tochtergesellschaft beteiligt ist. Die Enkelgesellschaft kann jedoch nicht in die Gruppe mit einbezogen werden, da die Enkelgesellschaft mit einem ausländischen Gruppenmitglied (hier: Tochtergesellschaft) zu mehr als 50% finanziell verbunden ist und damit nicht ausschließlich mit inländischen Gruppenmitgliedern oder dem Gruppenträger (§ 9 Abs. 2 Teilstrich 3 öKStG). Die Enkelgesellschaft kann nicht in die Gruppe, die aus der Muttergesellschaft und der Tochtergesellschaft besteht, mit einbezogen werden.[566]

Gleiches gilt, wenn zusätzlich noch eine unmittelbare Beteiligung der Muttergesellschaft an der ausländischen Enkelgesellschaft bestünde.[567] Gleiches galt bisher auch, wenn die Enkelgesellschaft in der Konstellation der **Abbildung 2.16** in Österreich ansässig wäre[568] oder die Enkelgesellschaft in Österreich ansässig wäre und zusätzlich noch eine unmittelbare Beteiligung der Muttergesellschaft an der ausländischen Enkelgesellschaft bestünde.[569] Nach der neuen Auffassung können die Ergebnisse inländischer Enkelgesellschaften, die über eine ausländische Tochergesellschaft gehalten werden, in die Unternehmensgruppe einbezogen werden.[570]

Eine solche Einschränkung setzt Anreize zur Änderung der Konzernstruktur zu „flachen" Strukturen, bei der sämtliche ausländische Konzerngesellschaften unmittelbar unterhalb von inländischen Konzerngesellschaften angesiedelt werden,[571] oder zu sog. „cross-over cascades".[572] Es können nämlich unter Umständen noch weitere Auslandsebenen (z.B. Enkelgesellschaften) über mittelbare Beteiligungen in die Gruppe einbezogen werden.[573] Ein ausländisches Gruppenmitglied kann nämlich eine mittelbare Beteiligung an ausländischen Körperschaften vermitteln.[574]

Wäre die Tochterkapitalgesellschaft an der Enkelkapitalgesellschaft nur zu 50% beteiligt und hielte die Mutterkapitalgesellschaft noch eine unmittelbare Beteiligung an der Enkel-

---

[566] Vgl. mit Beispiel Kofler in Quantschnigg et al. 2005, § 9 Abs. 4 KStG, Tz. 78.
[567] Vgl. mit Beispiel Kofler in Quantschnigg et al. 2005, § 9 Abs. 4 KStG, Tz. 86.
[568] Vgl. Kofler in Quantschnigg et al. 2005, § 9 Abs. 4 KStG, Tz. 70, 78; mit Beispielen Wiesner et al. 2008, K100f.; kritisch mit Beispielen Urtz in Achatz und Kirchmayr 2011, § 9 KStG, Tz. 66ff.
[569] Vgl. mit Beispiel Kofler in Quantschnigg et al. 2005, § 9 Abs. 4 KStG, Tz. 86.
[570] öKStR 2013, Rz. 1014.
[571] Vgl. Oberascher und Staringer 2007, S. 47f.
[572] Vgl. Stefaner und Weninger 2005, S. 187; Mamut und Schilcher 2007, S. 182; Urtz in Achatz und Kirchmayr 2011, § 9 KStG Tz. 68.
[573] Vgl. Mayr 2010, S. 635.
[574] Vgl. Kofler in Quantschnigg et al. 2005, § 9 Abs. 4 KStG, Tz. 68, 85.

gesellschaft, die damit zugleich eine Tochtergesellschaft der Muttergesellschaft wäre („**flache" Struktur**), so wäre die Muttergesellschaft wieder zu (90% * 50% + 6,5% =) 51,5% an der Enkelgesellschaft beteiligt (vgl. **Abbildung 2.17**).

Abbildung 2.17: Zweistöckiger Konzern mit zwei Auslandsgesellschaften (Fall 2)

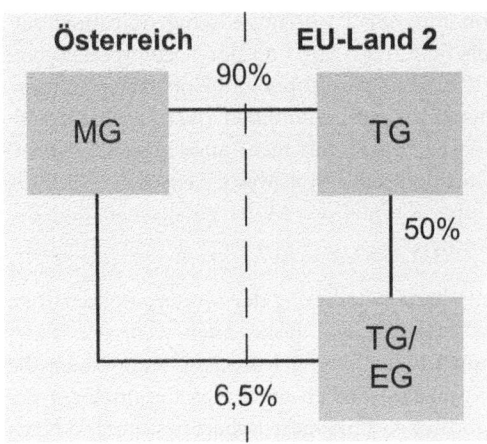

Die ausländische Tochtergesellschaft (ausländisches Gruppenmitglied) ist in **Abbildung 2.17** höchstens mit 50% (hier: genau 50%) an der ausländischen Enkelgesellschaft beteiligt, so dass die Enkelgesellschaft nicht mit einem ausländischen Gruppenmitglied zu mehr als 50% finanziell verbunden ist. Die ausländische Enkelgesellschaft ist ausschließlich mit dem inländischen Gruppenträger (Muttergesellschaft) zu mehr als 50% finanziell verbunden (§ 9 Abs. 2 Teilstrich 3 öKStG). Folglich kann die Enkelgesellschaft in die Gruppe, deren Gruppenträger die Muttergesellschaft ist, einbezogen werden.[575] Diese Gruppenbildung könnte auf die gleiche Weise auch um eine weitere Konzernebene erweitert werden, in dem eine ausländische Ur-Enkelgesellschaft, die zugleich Tochtergesellschaft ist, hinzukommt.[576]

Ebenfalls möglich ist eine Konzernstruktur, bei der die Mutterkapitalgesellschaft keine unmittelbare Beteiligung an der ausländischen Enkelkapitalgesellschaft hält, aber neben der ausländischen Tochterkapitalgesellschaft (Gruppenmitglied) auch noch eine inländische Tochterkapitalgesellschaft an der Tochtergesellschaft des ausländischen Gruppenmitglieds beteiligt ist (**cross-over structure**) (vgl. **Abbildung 2.18**).[577]

---

[575] Vgl. mit Beispiel Kofler in Quantschnigg et al. 2005, § 9 Abs. 4 KStG, Tz. 89; mit Beispiel Trenkwalder in Quantschnigg et al. 2005, § 9 Abs. 2 KStG, Tz. 22; mit Beispielen Wiesner et al. 2008, K102, K207, K209.

[576] Vgl. mit Beispiel Kofler in Quantschnigg et al. 2005, § 9 Abs. 4 KStG, Tz. 90.

[577] Vgl. mit Beispiel Trenkwalder in Quantschnigg et al. 2005, § 9 Abs. 2 KStG, Tz. 28; mit Beispiel Tumpel und Aigner in Quantschnigg et al. 2005, § 9 Abs. 6 KStG, Tz. 71; mit Beispiel Wiesner et al. 2008, K208; mit Beispiel Mayr et al. 2010, S. 172.

Abbildung 2.18: Zweistöckiger Konzern mit zwei Auslandsgesellschaften (Fall 3)

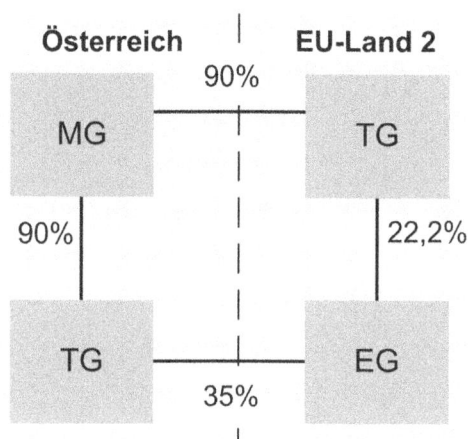

In **Abbildung 2.18** ist die Mutterkapitalgesellschaft zu jeweils 90% an einer inländischen und einer ausländischen Tochterkapitalgesellschaften beteiligt, die wiederum zu 35% bzw. 22% an einer ausländischen Enkelkapitalgesellschaft beteiligt sind. Die Muttergesellschaft ist damit mittelbar zu (90% * 35% + 90% * 22,2% =) 51,5% an der Enkelgesellschaft beteiligt. Die Enkelgesellschaft ist hier nur mit der Muttergesellschaft und damit dem inländischen Gruppenträger zu mehr als 50% (hier: 51,5%) und damit ausreichend finanziell verbunden (§ 9 Abs. 2 Teilstrich 3 öKStG). Folglich kann die Enkelgesellschaft in die Gruppe, deren Gruppenträger die Muttergesellschaft ist, einbezogen werden.

Die finanzielle Beteiligung kann auch im Wege der **Beteiligungsgemeinschaft** hergestellt werden, bei der der Hauptbeteiligte mindestens mit 40% und jeder Minderbeteiligte mindestens mit 15% an der Körperschaft beteiligt sein muss, die in die Gruppe einbezogen werden soll (§ 9 Abs. 4 Teilstrich 4 öKStG).[578] Eine Beteiligungsgemeinschaft muss damit mindestens aus zwei Mitgliedern bestehen, die eine Beteiligung von insgesamt mindestens (40% + 15% =) 55% halten, und kann maximal fünf Mitglieder umfassen, die eine Beteiligung von insgesamt (40% + 15% + 15% + 15% + 15% =) 100% halten.[579] Die Beteiligungsgemeinschaft bildet hier den Gruppenträger („**Mehrmütter-Gruppe**") (vgl. **Abbildung 2.19**).

---

[578] Vgl. mit Beispiel Trenkwalder in Quantschnigg et al. 2005, § 9 Abs. 2 KStG, Tz. 29; Trenkwalder in Quantschnigg et al. 2005, § 9 Abs. 3 KStG, Tz. 31; mit Beispiel Wiesner et al. 2008, K190; Mayr 2010, S. 637; Urtz 2011, S. 73f.

[579] Vgl. Kofler in Quantschnigg et al. 2005, § 9 Abs. 4 KStG, Tz. 39, 59; Obermair und Stefaner 2007, S. 57; Urtz 2011, S. 74; Urtz in Achatz und Kirchmayr 2011, § 9 KStG, Tz. 194.

Abbildung 2.19: Beteiligungsgemeinschaft (Mehrmütter-Gruppe)

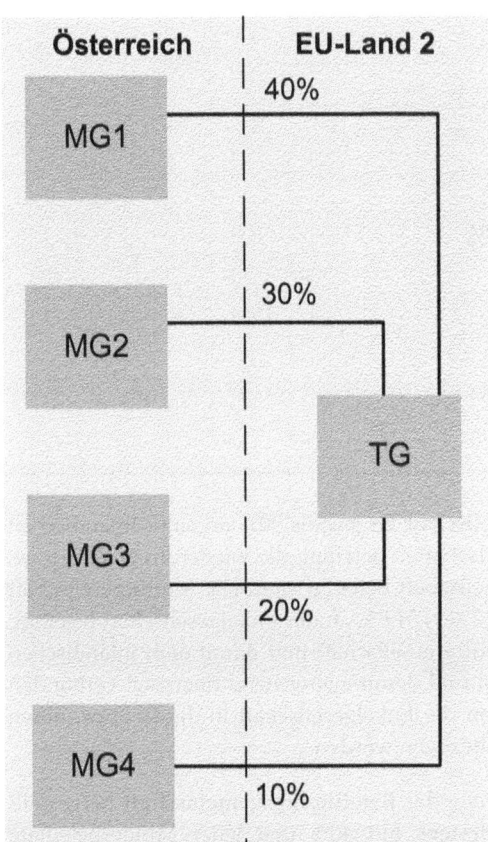

Die Mutterkapitalgesellschaften 1, 2 und 3 können in **Abbildung 2.19** gemeinsam als Beteiligungsgemeinschaft eine Mehrmüttergruppe mit der Tochterkapitalgesellschaft bilden, da die Muttergesellschaft 1 den Kerngesellschafter mit mindestens 40% bildet und die Muttergesellschaften 2 und 3 jeweils mit mindestens 15% (hier: 30% bzw. 20%) beteiligt sind. Die Muttergesellschaft 4 kann der Beteiligungsgemeinschaft nicht beitreten, da sie nicht mit 15%, sondern nur zu 10% an der Tochtergesellschaft beteiligt ist.

Es sind auch andere Gruppenbildungen möglich. Eine zweite Mehrmüttergruppenbildung besteht aus der Muttergesellschaft 1 als Kern-Mutterkapitalgesellschaft und der Muttergesellschaft 2 als Mit-Mutterkapitalgesellschaft. Eine dritte Mehrmüttergruppenbildung besteht aus der Muttergesellschaft 1 als Kern-Mutterkapitalgesellschaft und der Muttergesellschaft 3 als Mit-Mutterkapitalgesellschaft.

Beschränkt steuerpflichtige, das heißt **ausländische Kapitalgesellschaften** kommen **als Gruppenträger** nur in Frage, wenn sie in Österreich eine Zweigstelle unterhalten, die ins Firmenbuch eingetragen ist und der die Beteiligung an den Gruppenmitgliedern zugeordnet ist (§ 9 Abs. 3 Teilstrich 5 öKStG).[580] Mittels der österreichischen Betriebsstätte wird die Erfassung der Hinzurechnung der Gewinne der inländischen Tochtergesellschaft bzw. die Nachversteuerung der Verluste der ausländischen Tochtergesellschaft sichergestellt (vgl. **Abbildung 2.20**).[581]

Abbildung 2.20: Ausländische Mutterkapitalgesellschaft als Gruppenträger (österreichische Sichtweise)

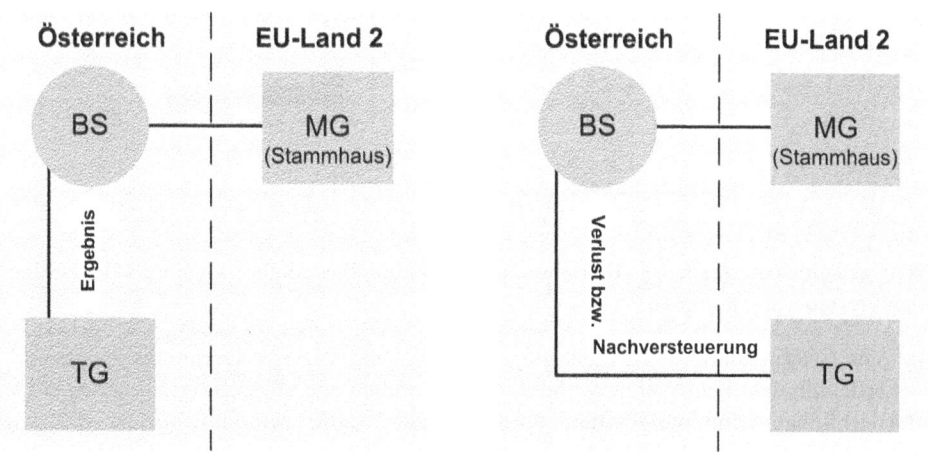

Ansonsten könnte es zu einer vollständigen Nichtversteuerung kommen.[582] Aus ausländischer Sicht liegt nämlich wahrscheinlich keine Gewinnzurechnung vor, vielmehr werden wohl statt der Gewinne der Tochterkapitalgesellschaft, die in Österreich ansässig ist, nur die ausgeschütteten Gewinne (Dividenden) betrachtet und diese z.B. von der Besteuerung freigestellt (vgl. **Abbildung 2.21**).[583] Auch käme es im Fall einer in dem EU-Land 2 ansässigen Tochtergesellschaft nicht zu einer Nachversteuerung (vgl. **Abbildung 2.21**).

---

[580] Vgl. kritisch Trenkwalder in Quantschnigg et al. 2005, § 9 Abs. 3 KStG, Tz. 18ff.; Oberascher und Staringer 2007, S. 38ff.; mit Beispielen Wiesner et al. 2008, K117, K142.
[581] Vgl. Oberascher und Staringer 2007, S. 42f.
[582] Vgl. Oberascher und Staringer 2007, S. 43.
[583] Ähnlich Oberascher und Staringer 2007, S. 43.

Abbildung 2.21: Ausländische Mutterkapitalgesellschaft als Gruppenträger (ausländische Sichtweise)

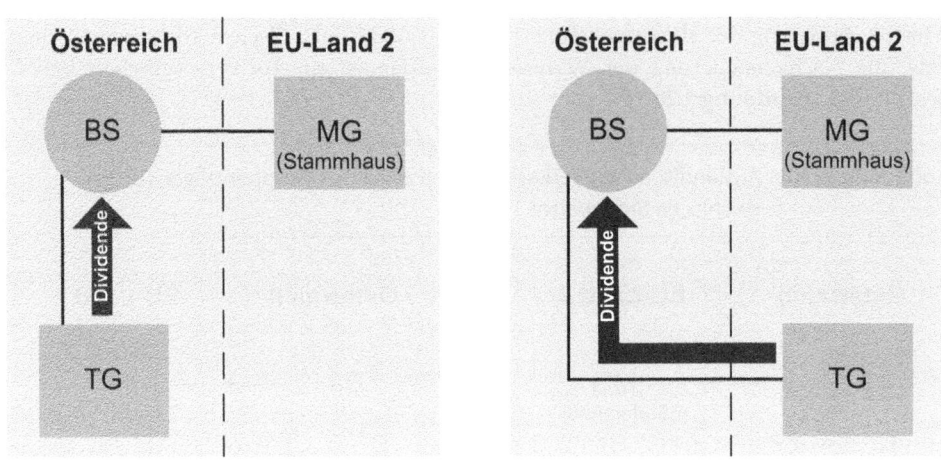

Wenn es keine österreichische Betriebsstätte gäbe, könnte es folglich zu einer vollständigen Nichtversteuerung kommen.[584]

Hat eine Gruppenbildung stattgefunden, so erfolgt die Verlustverrechnung zwingend,[585] dies bedeutet, dass kein Wahlrecht besteht, die Verluste unberücksichtigt zu lassen.[586] Der österreichischen Muttergesellschaft (Gruppenträger) wird nur der Verlust der ausländischen Tochtergesellschaft (Gruppenmitglied) aus dem Verlustjahr zugerechnet (**Verlustberücksichtigung**) (§ 9 Abs. 6 Ziffer 6 öKStG). Die positiven Einkünfte der ausländischen Tochtergesellschaft aus den anderen (Gewinn-)Jahren werden nicht hinzugerechnet (**keine Ergebnisberücksichtigung**), da Österreich hierfür kein Besteuerungsrecht hat (Art. 7 Abs. 1 OECD-Musterabkommen).[587] Anders als im Fall von inländischen Gruppenmitgliedern, werden positive Einkünfte ausländischer Gruppenmitglieder nicht dem Gruppenträger zugerechnet (vgl. **Abbildung 2.22**).[588]

---

[584] Vgl. Oberascher und Staringer 2007, S. 43.
[585] Vgl. Schneider 2005, S. 198; Damböck und Galla 2011, S. 460.
[586] Vgl. Mamut und Schilcher 2007, S. 174.
[587] Vgl. Schneider 2005, S. 198; Stefaner und Weninger 2005, S. 191; Tröszter 2010, S. 526.
[588] Vgl. Tumpel und Aigner in Quantschnigg et al. 2005, § 9 Abs. 6 KStG, Tz. 49, 59; Mamut und Schilcher 2007, S. 205f.; Urtz 2011, S. 91, 112.

Berücksichtigung der Verluste ausländischer Tochtergesellschaften 129

Abbildung 2.22: Ergebnis- versus Verlustberücksichtigung

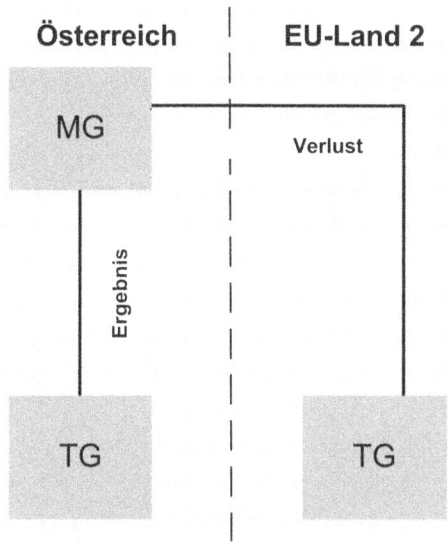

Damit bleibt die Abschirmwirkung der ausländischen Tochterkapitalgesellschaft erhalten.[589] Statt jeglicher Gewinne werden nur die Dividenden, also die ausgeschütteten Gewinne, der ausländischen Gruppenmitglieder berücksichtigt.

Die finanzielle Verbindung gibt den „Weg" der Ergebnis- bzw. Verlustzurechnung vor (Richtung der Verlustberücksichtigung).[590] Die Ergebnis- bzw. Verlustzurechnung folgt immer der finanziellen Verbindung nach § 9 Abs. 4 öKStG[591] und erfolgt damit stufenweise[592] entlang der Beteiligungsketten.[593] Der Verlust eines ausländischen Gruppenmitgliedes wird der nächsthöheren („näheren") unmittelbar oder mittelbar ausreichend, also zu mehr als 50% beteiligten inländischen Gesellschaft zugerechnet bis alle Ergebnisse beim Gruppenträger zusammengefasst und damit saldiert werden (§ 9 Abs. 6 Ziffer 6 Satz 2 öKStG).[594] Die Aus-

---

[589] Vgl. Stefaner und Weninger 2005, S. 191.
[590] Vgl. Haslehner 2008, S. 137; Urtz 2011, S. 80.
[591] Vgl. Mayr 2004, S. 247; Haslehner 2008, S. 137.
[592] Vgl. Achatz und Tumpel in Quantschnigg et al. 2005, § 9 Abs. 1 KStG, Tz. 7; kritisch Plansky und Ressler 2007, S. 150f.; kritisch Haslehner 2008, S. 137, 142; Mayr et al. 2010, S. 174.
[593] Vgl. Obermair und Stefaner 2007, S. 59.
[594] Vgl. Mayr 2004, S. 247; Tumpel und Aigner in Quantschnigg et al. 2005, § 9 Abs. 6 KStG, Tz. 36; Mamut und Schilcher 2007, S. 178; mit Beispielen zu Zurechnungskonkurrenzen Haslehner 2008, S. 140, 142; mit Beispielen zu Zurechnungskonkurrenzen Wiesner et al. 2008, K215a; Urtz 2011, S. 79f.

landsverluste mindern auf diese Weise die Steuerbemessungsgrundlage des Gruppenträgers.[595] Es muss die gesamte Kette der beteiligten Gesellschaften einbezogen werden.[596]

Besteht sowohl eine mittelbare als auch eine unmittelbare Beteiligung, so wird der Verlust eines ausländischen Gruppenmitgliedes zunächst der nächsten unmittelbar ausreichend, also zu mehr als 50% beteiligten inländischen Gesellschaft zugerechnet („Vorrangregel") (zweistufige Zurechnung) (vgl. **Abbildung 2.23**).[597]

Abbildung 2.23: Zurechnung des ausländischen Verlustes zur ausreichend unmittelbar beteiligten Körperschaft (Gruppenmitglied)

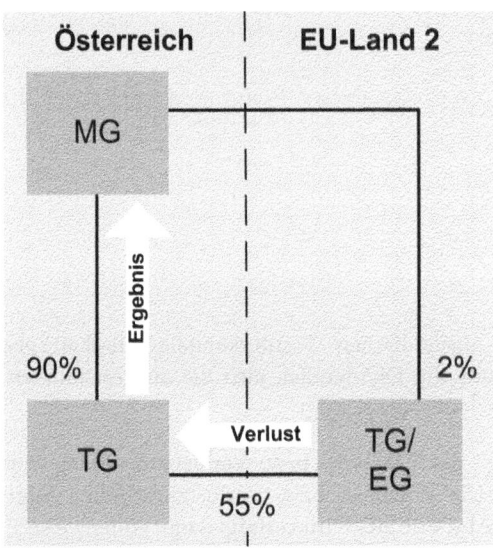

In **Abbildung 2.23** ist die inländische Mutterkapitalgesellschaft zu 90% an der inländischen Tochterkapitalgesellschaft beteiligt, welche wiederum zu 55% an der ausländischen Enkelkapitalgesellschaft beteiligt ist. Die Muttergesellschaft ist zudem zu 2% unmittelbar an der Enkelgesellschaft beteiligt, die damit zugleich ihre Tochtergesellschaft ist. Insgesamt ist die Muttergesellschaft zu (90% * 55% + 2% =) 51,5% an der Enkelgesellschaft beteiligt.

Allerdings ist die Kapitalgesellschaft, die die mittelbare Beteiligung vermittelt (Tochtergesellschaft) zu mehr als 50% an der Enkelgesellschaft beteiligt, so dass die Bedingung des § 9 Abs. 4 Teilstrich 3 öKStG nicht erfüllt ist. Hier besteht zwischen der Tochtergesellschaft

---

[595] Vgl. Stefaner und Weninger 2005, S. 187.
[596] Vgl. Obermair und Stefaner 2007, S. 60.
[597] Vgl. Tumpel und Aigner in Quantschnigg et al. 2005, § 9 Abs. 6 KStG, Tz. 40; mit Beispiel Plansky und Ressler 2007, S. 147f.; Haslehner 2008, S. 138; Urtz in Achatz und Kirchmayr 2011, § 9 KStG, Tz. 185.

und der Enkelgesellschaft eine unmittelbare Beteiligung i.S.d. § 9 Abs. 4 Teilstrich 1 öKStG, da die Tochtergesellschaft mit mehr als 50% an der Enkelgesellschaft beteiligt ist. Damit ist die Tochtergesellschaft beteiligte Körperschaft der zweiten Ebene der Beteiligungskörperschaften (hier: Enkelgesellschaft). Die unmittelbare Beteiligung i.S.d. § 9 Abs. 4 Teilstrich 1 öKStG geht der mittelbaren Beteiligung i.S.d. § 9 Abs. 4 Teilstrich 3 öKStG vor.[598] Deshalb wird der Verlust der ausländischen Enkelgesellschaft der inländischen Tochtergesellschaft zugerechnet und nicht der inländischen Muttergesellschaft (Gruppenträger). Die Zurechnung des Verlustes der Beteiligungskörperschaft erfolgt damit vorrangig an die nächste beteiligte Körperschaft.

Verfügt wie in **Abbildung 2.24** kein inländisches Gruppenmitglied über eine unmittelbare, ausreichende Beteiligung von mehr als 50%, so wird der Verlust des ausländischen Gruppenmitglieds direkt dem ausreichend finanziell verbundenen Gruppenträger zugerechnet (einstufige Zurechnung).[599]

Abbildung 2.24: Zurechnung des ausländischen Verlustes zum unmittelbar und mittelbar ausreichend beteiligten Gruppenträger

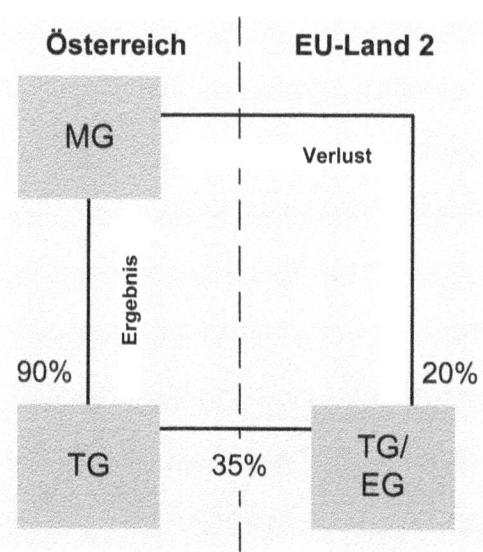

In **Abbildung 2.24** verfügt die inländische Tochterkapitalgesellschaft (Gruppemitglied) nicht über eine unmittelbare, ausreichende Beteiligung von mehr als 50% (hier: 35%) und

---

[598] Vgl. mit Beispiel Kofler in Quantschnigg et al. 2005, § 9 Abs. 4 KStG, Tz. 51; Haslehner 2008, S. 138; Urtz in Achatz und Kirchmayr 2011, § 9 KStG, Tz. 185, 204.
[599] Vgl. mit Beispiel Tumpel und Aigner in Quantschnigg et al. 2005, § 9 Abs. 6 KStG, Tz. 40, 71; Mamut und Schilcher 2007, S. 178; mit Beispiel Plansky und Ressler 2007, S. 148, 152.

ist damit keine beteiligte Körperschaft der Beteiligungskörperschaft namens Enkelkapitalgesellschaft. Deswegen wird der Verlust der ausländischen Enkelgesellschaft (Gruppenmitglied) direkt dem ausreichend finanziell verbundenen Gruppenträger (Mutterkapitalgesellschaft) zugerechnet.[600]

Die Höhe der Beteiligung der Muttergesellschaft und der Tochtergesellschaft an der Enkelgesellschaft, also die Struktur des Konzernaufbaus, beeinflussen damit die Richtung der Verlustzurechnung und bei unterschiedlichen Bilanzstichtagen auch die Periode, in der die Zurechnung erfolgt.[601]

Die Zurechnung müsste auch erfolgen, wenn der Gruppenträger nicht unmittelbar, sondern ausschließlich mittelbar an der Enkelkapitalgesellschaft beteiligt ist (vgl. **Abbildung 2.25**).

Abbildung 2.25: Zurechnung des ausländischen Verlustes zum ausschließlich mittelbar ausreichend beteiligten Gruppenträger

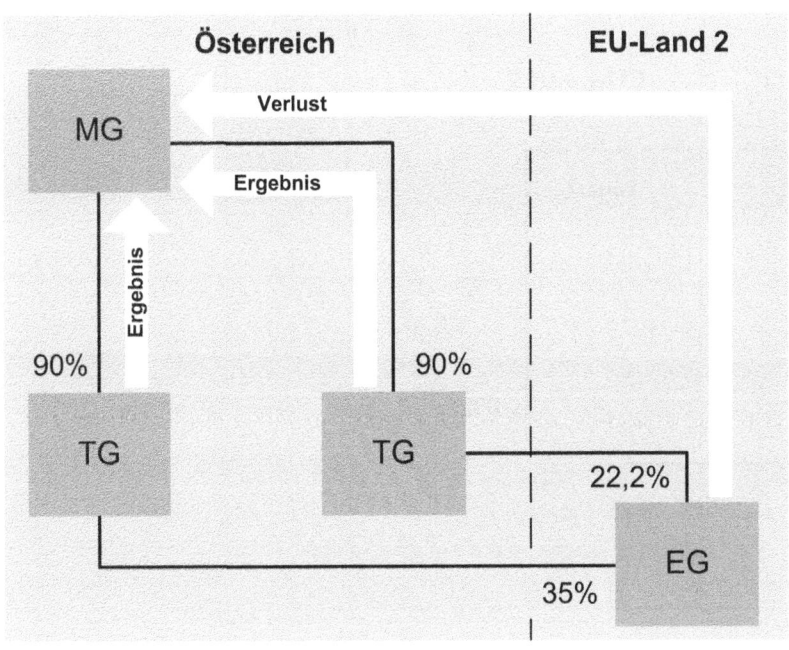

---

[600] Vgl. Mamut und Schilcher 2007, S. 178; mit Beispiel Plansky und Ressler 2007, S. 148, 152; mit Beispiel Tröszter 2010, S. 527.
[601] Vgl. Plansky und Ressler 2007, S. 152ff.

Trotz des fehlenden Verweises auf die mittelbare finanzielle Verbindung (§ 9 Abs. 6 Ziffer 6 Satz 1 öKStG), müsste in **Abbildung 2.25** eine Zurechnung zum Gruppenträger (Mutterkapitalgesellschaft) möglich sein, da der Gruppenträger ausreichend (hier: 90% * 35% + 90% * 22,5% = 51,5%) mittelbar an der Enkelkapitalgesellschaft beteiligt ist und damit mit der Enkelgesellschaft eine Gruppe bilden kann.[602] Die Zurechnung erfolgt direkt an den ausreichend beteiligten Gruppenträger.[603]

Die Verluste (und Gewinne) der unbeschränkt steuerpflichtigen **inländischen Gruppenmitglieder** werden unabhängig von der Beteiligungsquote am Kapital zu 100% zugerechnet (**vollständige Ergebnisberücksichtigung**) (§ 9 Abs. 6 Ziffer 2 öKStG).[604] Besteht z.B. eine Gruppe aus allen drei Mitgliedern eines zweistöckigen inländischen Konzerns, so werden der Mutterkapitalgesellschaft (Gruppenträger) 100% der Ergebnisse der Tochterkapitalgesellschaft und der Enkelkapitalgesellschaft zugerechnet (vgl. **Abbildung 2.26**).

Abbildung 2.26: Innerstaatliche Ergebniszurechnung bei einer mittelbaren Beteiligung über eine andere gruppenzugehörige Kapitalgesellschaft

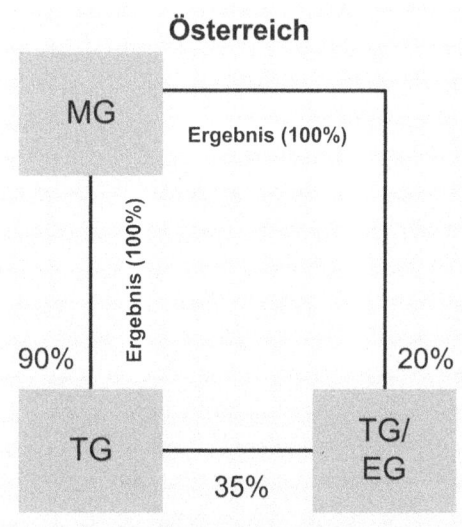

---

[602] Vgl. Tumpel und Aigner in Quantschnigg et al. 2005, § 9 Abs. 6 KStG, Tz. 70; Mamut und Schilcher 2007, S. 178f.; Plansky und Ressler 2007, S. 148f.; Urtz in Achatz und Kirchmayr 2011, § 9 KStG, Tz. 333ff.
[603] Vgl. Plansky und Ressler 2007, S. 149; Wiesner et al. 2008, K173.
[604] Vgl. Achatz und Tumpel in Quantschnigg et al. 2005, § 9 Abs. 1 KStG, Tz. 10; Tumpel und Aigner in Quantschnigg et al. 2005, § 9 Abs. 6 KStG, Tz. 36; Plansky und Ressler 2007, S. 147; Urtz 2011, S. 89.

Die Verluste der nicht beschränkt steuerpflichtigen **ausländischen Gruppenmitglieder** sind hingegen im Ausmaß der Beteiligung am Kapital aller Gruppenmitglieder einschließlich eines unmittelbar beteiligten Gruppenträgers dem unmittelbar beteiligtem Gruppenmitglied bzw. dem Gruppenträger zuzurechnen (**aliquote Verlustberücksichtigung**) (§ 9 Abs. 6 Ziffer 6 Satz 1 öKStG).[605] Weichen Kapital- und Stimmrechtsbeteiligung voneinander ab, so gibt die Beteiligung am Kapital bei der Verlustzurechnung den Ausschlag.[606] Im Gegensatz dazu werden in Österreich die Verluste ausländischer Betriebsstätten dem österreichischen Stammhaus in voller Höhe zugerechnet.[607]

Verfügt wie in **Abbildung 2.27** kein inländisches Gruppenmitglied (hier: inländische Tochterkapitalgesellschaft) über eine unmittelbare, ausreichende Beteiligung von mehr als 50% (hier: 35%), so wird der Verlust des ausländischen Gruppenmitglieds (hier: Enkelgesellschaft) direkt dem ausreichend finanziell verbundenen Gruppenträger (Mutterkapitalgesellschaft) zugerechnet (vgl. **Abbildung 2.27**).[608]

Abbildung 2.27: Grenzüberschreitende Verlustzurechnung bei einer mittelbaren Beteiligung über eine andere gruppenzugehörige Kapitalgesellschaft

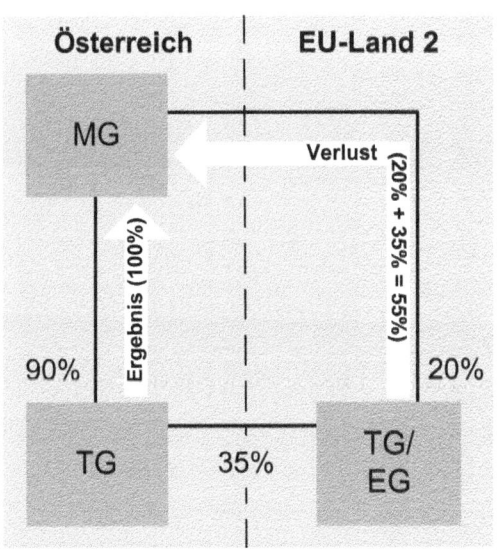

---

[605] Vgl. Walter 2004, S. 46ff.; Achatz und Tumpel in Quantschnigg et al. 2005, § 9 Abs. 1 KStG, Tz. 10; Stefaner und Weninger 2005, S. 187; Tumpel und Aigner in Quantschnigg et al. 2005, § 9 Abs. 6 KStG, Tz. 49; Urtz 2011, S. 89f., 112.
[606] Vgl. Obermair und Stefaner 2007, S. 66.
[607] Vgl. Schneider 2005, S. 201; siehe auch Abschnitt 2.3.2.
[608] Vgl. Mamut und Schilcher 2007, S. 178; mit Beispiel Tröszter 2010, S. 527.

In **Abbildung 2.27** besteht die Gruppe aus allen drei Mitgliedern eines zweistöckigen Konzerns, bei dem die Enkelkapitalgesellschaft nicht in Österreich, sondern in einem anderen EU-Land ansässig ist. In dieser Konstellation verfügt kein inländisches Gruppenmitglied (hier: inländische Tochterkapitalgesellschaft) über eine unmittelbare, ausreichende Beteiligung von mehr als 50% (hier: 35%), so dass die inländische Tochtergesellschaft keine beteiligte Körperschaft der ausländischen Beteiligungskörperschaft namens Enkelkapitalgesellschaft ist. Deshalb wird der Verlust des ausländischen Gruppenmitglieds direkt dem ausreichend finanziell verbundenen Gruppenträger (Mutterkapitalgesellschaft) zugerechnet.[609]

Die anteilige Zurechnung der Auslandsverluste bemisst sich nach dem Ausmaß der Beteiligungen aller, also sämtlicher Gruppenmitglieder (§ 9 Abs. 6 Ziffer 6 Satz 1 öKStG),[610] nicht nach den insgesamt mittelbar und unmittelbar der beteiligten Körperschaft (Gruppenträger) zurechenbaren Anteilen.[611] Die Beteiligungsquoten, die von allen Gruppenmitgliedern gehalten werden, werden ungekürzt summiert.[612] Sobald eine Gesellschaft (hier: Muttergesellschaft) mehrheitlich an einer Gesellschaft (hier: Tochtergesellschaft) beteiligt ist, wird ihr die volle (hier: 35%) Beteiligung der Tochtergesellschaft an der Enkelgesellschaft zugerechnet und nicht die mittels der multiplikativen Durchrechnung gekürzte Beteiligung (hier: 90% * 35% =) 31,5%.[613] Es wird folglich auf die Summe der unmittelbaren Beteiligungen abgestellt und nicht auf das mittelbare Beteiligungsmaß.[614]

In **Abbildung 2.27** werden der Muttergesellschaft 100% der Ergebnisse der inländischen Tochtergesellschaft und (20% + 35% =) 55% der Verluste der ausländischen Enkelgesellschaft zugerechnet, obwohl die Gruppe nur eine (90% * 35% + 20% =) 51,5% Beteiligung an der Enkelgesellschaft hält. Das Ausmaß der Verlustverrechnung kann nämlich von dem Beteiligungsausmaß abweichen.[615] Die Verlustverrechnung folgt damit den Einflussmöglichkeiten und nicht den Strömen der Ausschüttung, also nicht dem Beteiligungsmaß auf Basis der multiplikativen Durchrechnung.[616]

Es erfolgt keine Zurechnung der Verluste der Enkelgesellschaft zur Tochtergesellschaft, da die Tochtergesellschaft keine beteiligte Körperschaft der zweiten Ebene der Beteiligungskörperschaften (hier: Enkelgesellschaft) ist (§ 9 Abs. 4 Teilstrich 1 öKStG),[617] da die Beteiligung der Tochtergesellschaft an der Enkelgesellschaft nicht mehr als 50% beträgt.

---

[609] Vgl. Mamut und Schilcher 2007, S. 178; mit Beispiel Plansky und Ressler 2007, S. 148, 152; mit Beispiel Tröszter 2010, S. 527.
[610] Vgl. Mamut und Schilcher 2007, S. 181.
[611] Vgl. mit Beispiel Mayr et al. 2010, S. 174f.
[612] Vgl. Obermair und Stefaner 2007, S. 81.
[613] Vgl. Obermair und Stefaner 2007, S. 68, 81.
[614] Vgl. Schneider 2005, S. 198.
[615] Vgl. Tumpel und Aigner in Quantschnigg et al. 2005, § 9 Abs. 6 KStG, Tz. 72; Mamut und Schilcher 2007, S. 175; mit Beispiel Tröszter 2010, S. 526.
[616] Vgl. Obermair und Stefaner 2007, S. 68ff.
[617] Vgl. Obermair und Stefaner 2007, S. 61; Mayr et al. 2010, S. 170.

Verfügt hingegen ein inländisches Gruppenmitglied über eine unmittelbare, ausreichende Beteiligung von mehr als 50%, so wird der Verlust des ausländischen Gruppenmitgliedes der nächsten unmittelbar ausreichend, also zu mehr als 50% beteiligten inländischen Gesellschaft zugerechnet (vgl. **Abbildung 2.28**).

Abbildung 2.28: Grenzüberschreitende Verlustzurechnung zum ausreichend unmittelbar beteiligten Gruppenmitglied

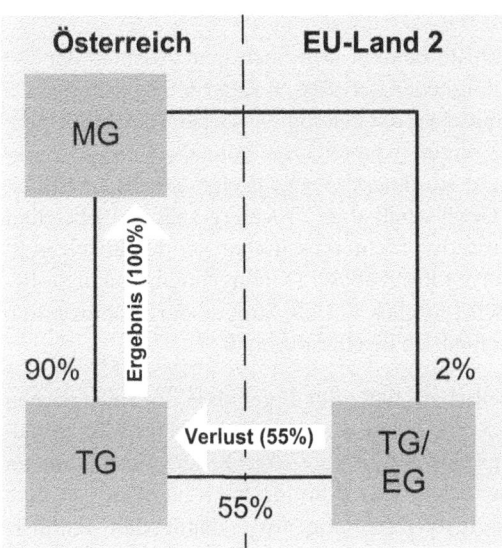

Der Verlust eines ausländischen Gruppenmitgliedes wird der unmittelbar ausreichend beteiligten Gesellschaft zugerechnet (§ 9 Abs. 6 Ziffer 6 Satz 1 öKStG).[618] Da die Tochtergesellschaft zu mehr als 50% an der Enkelgesellschaft beteiligt ist, ist die Tochtergesellschaft beteiligte Körperschaft der zweiten Ebene der Beteiligungskörperschaften (hier: Enkelgesellschaft) (§ 9 Abs. 4 Teilstrich 1 öKStG).[619] Der Tochtergesellschaft wird der Verlust der ausländischen Enkelgesellschaft im Ausmaß ihrer Beteiligung zugerechnet (hier: 55%).

Im Fall des Vorliegens einer **Beteiligungsgemeinschaft** sind die Ergebnisse bzw. Verluste den Mutterkapitalgesellschaften im Verhältnis der Anteile der Mutterkapitalgesellschaften an der Tochterkapitalgesellschaft zuzurechnen (§ 9 Abs. 6 Ziffer 3 öKStG).[620]

Besteht die Beteiligungsgemeinschaft wie in **Abbildung 2.29** aus drei inländischen Mutterkapitalgesellschaften (MG 1, MG 2 und MG 3), so werden **100% der Ergebnisse** (§ 9 Abs. 6

---

[618] Vgl. Mamut und Schilcher 2007, S. 178.
[619] Vgl. Obermair und Stefaner 2007, S. 61; Mayr et al. 2010, S. 170; siehe auch Ausführungen zu **Abbildung 2.23**.
[620] öKStR 2013, Rz. 1069.

Ziffer 2 öKStG), die die inländische Tochterkapitalgesellschaft erwirtschaftet, den drei Muttergesellschaften im Verhältnis ihrer Beteiligungsquoten (§ 9 Abs. 6 Ziffer 3 öKStG) zugerechnet (vgl. **Abbildung 2.29**).[621]

Abbildung 2.29: Ergebniszurechnung bei inländischen Beteiligungsgemeinschaften

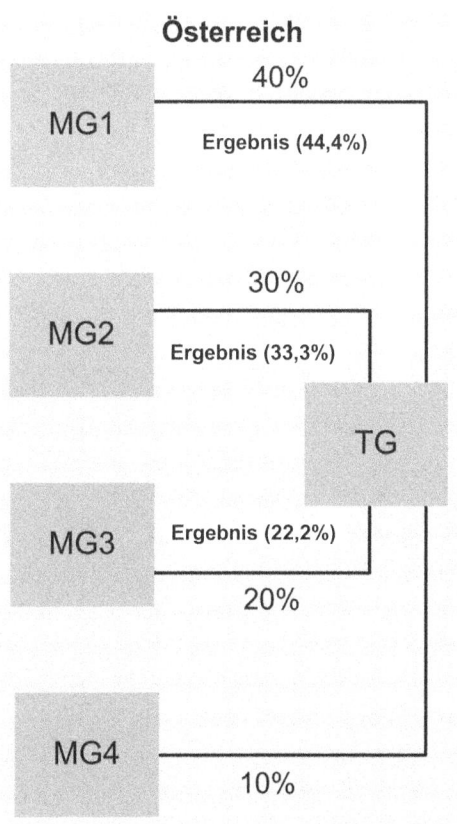

In **Abbildung 2.28** sind die drei Muttergesellschaften insgesamt zu (40% + 30% + 20% =) 90% an der Tochtergesellschaft beteiligt. Der Muttergesellschaft 1 werden damit (40% : 90% =) 44,4%, der Muttergesellschaft 2 werden (30% : 90% =) 33,3% und der Muttergesellschaft 3 werden (20% : 90% =) 22,2% des Ergebnisses der Tochtergesellschaft zugerechnet.[622] Der Muttergesellschaft 4 wird nichts zugerechnet, da ihre Beteiligungsquote unter 15% liegt und sie daher nicht der Beteiligungsgemeinschaft angehören kann. Insgesamt werden der

---

[621] Vgl. Plansky und Ressler 2007, S. 149; mit Beispiel Wiesner et al. 2008, K194; Urtz 2011, S. 89.
[622] öKStR 2013, Rz. 1069.

Beteiligungsgemeinschaft (Gruppenträger) (44,4% + 33,3% + 22,2% = 99,9%, Rundungsfehler) 100% der Ergebnisse zugerechnet.

Besteht die Beteiligungsgemeinschaft hingegen aus drei inländischen Mutterkapitalgesellschaften (MG 1, MG 2 und MG 3), deren Tochterkapitalgesellschaft in dem EU-Land 2 ansässig ist (vgl. **Abbildung 2.30**), so wird der **aliquote Verlust** (§ 9 Abs. 6 Ziffer 6 Satz 1 öKStG) der ausländischen Tochtergesellschaft den drei Muttergesellschaften im Verhältnis ihrer Beteiligungsquoten (§ 9 Abs. 6 Ziffer 3 öKStG) zugerechnet.

Abbildung 2.30: Verlustzurechnung bei ausländischen Beteiligungsgemeinschaften

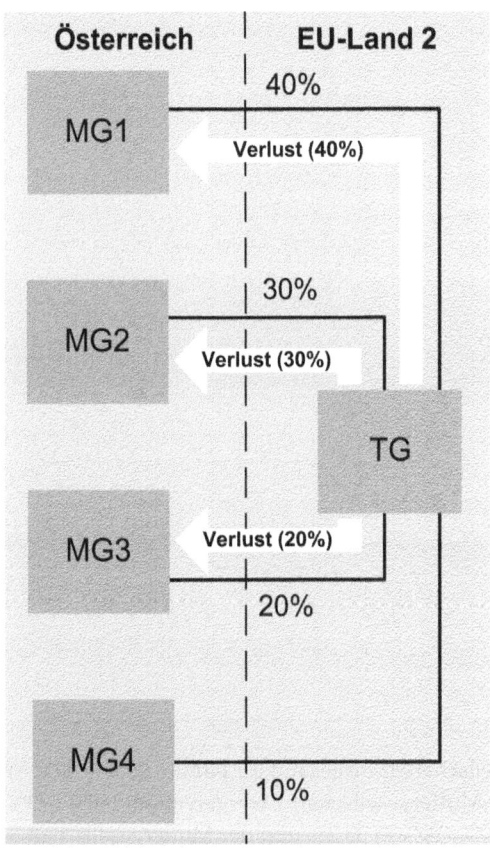

Der Muttergesellschaft 1 werden damit 40%, der Muttergesellschaft 2 werden 30% und der Muttergesellschaft 3 werden 20% des Verlustes der Tochtergesellschaft zugerechnet. Der Muttergesellschaft 4 wird nichts zugerechnet, da ihre Beteiligungsquote unter 15% liegt und sie daher nicht der Beteiligungsgemeinschaft angehören kann. Insgesamt werden der Beteiligungsgemeinschaft (Gruppenträger) nur (40%+30%+20%=) 90% der Verluste zugerechnet.

Da ausländische Verluste nur quotal, inländische Verluste jedoch vollständig berücksichtigt werden, bestehen gemeinschaftsrechtliche Bedenken gegen diese Ungleichbehandlung.[623]

Für die Ermittlung von Verlusten, die von nicht unbeschränkt steuerpflichtigen, ausländischen Gruppenmitgliedern erzielt werden, sind für die Zwecke der inländischen Gruppenbesteuerung die ausländischen Verluste nach § 5 Abs. 1 öEStG und den übrigen Vorschriften des öEStG und öKStG zu ermitteln (**Umrechnung auf österreichisches Steuerrecht**) (§ 9 Abs. 6 Ziffer 6 öKStG).[624] Die österreichischen unternehmensrechtlichen Grundsätze ordnungsmäßiger Buchführung sind in Folge dessen für die Ermittlung der ausländischen Verluste maßgeblich, außer zwingende Vorschriften des öEStG oder öKStG treffen abweichende Regelungen.[625] Bisher wurden für die Verlustzurechnung von ausländischen Gruppenmitgliedern die Regelungen des § 2 Abs. 8 öEStG (Berücksichtigung ausländischer Betriebsstättenverluste) sinngemäß herangezogen.[626]

Die Verlustverrechnung ist jedoch auf die Höhe der nach ausländischem Steuerrecht ermittelten, also der nicht umgerechneten, ausländischen Verluste begrenzt (**Verlustverrechnungsgrenze I**) (§ 9 Abs. 6 Ziffer 6 öKStG).[627] Dies bedeutet, dass zum einem ausländische Gewinne, die nur **umrechnungsbedingt Verluste** darstellen, nicht berücksichtigt werden können und zum anderen, dass eine doppelte Verlustverrechnung bei Umrechnungsdifferenzen vermieden wird, die entstehen würde, wenn Umrechnungsdifferenzen nicht nachversteuert werden.[628] Die Umrechnungen verursachen einen erheblichen Verwaltungsaufwand, weshalb eine in Europa einheitliche steuerliche Gewinnermittlung erhebliche Vereinfachung bewirken und Friktionen verhindern würde.[629]

Ausländische Verluste können dem inländischen Gruppenträger nur in jenem Ausmaß zugerechnet werden, in dem sie nicht im Jahr der Verlustentstehung im Ausland im Sinne eines Verlustrücktrags oder einer Verrechnung mit anderen Gewinnen des Unternehmens oder der Gewinne anderer Unternehmen innerhalb des Konzerns (z.B. deutsche Organschaft) verwertet werden können (**Verlustverrechnungsgrenze II**).[630] Die Kürzung muss auch erfolgen, wenn der ausländische Verlust im Ausland durch einen Verlustrücktrag

---

[623] Vgl. Mamut und Schilcher 2007, S. 197, 211ff.
[624] öKStR 2013, Rz. 1075, 1079f.; Atzmüller 2005, S. 246; Gröhs und Damböck 2005, 136ff.; Mayr 2005, S. 190; Pölzl 2005, S. 393; Schneider 2005, S. 198, 202; Tumpel und Aigner in Quantschnigg et al. 2005, § 9 Abs. 6 KStG, Tz. 60ff.; Wiesner et al. 2008, K280; Trößter 2010, S. 528; Urtz in Achatz und Kirchmayr 2011, § 9 KStG, Tz. 312.
[625] Vgl. Tumpel und Aigner in Quantschnigg et al. 2005, § 9 Abs. 6 KStG, Tz. 61.
[626] öKStR 2001, Rz. 425; Wiesner und Mayr 2004, S. 632; Trößter 2010, S. 528. In öKStR 2013, Rz. 1080 wird diese Auffassung nicht mehr vertreten.
[627] öKStR 2013, Rz. 1079f.; Novacek 2012, S. 399; Plott 2012, S. 79.
[628] Vgl. kritisch Novacek 2012, S. 399; Plott 2012, S. 82, 87. Zur alten Rechtslage Wiesner und Mayr 2004, S. 632; Mamut und Schilcher 2007, S. 187.
[629] Vgl. Herzig 2009, S. 1040f.; Mayr 2010, S. 636.
[630] öEStR 2000, Rz. 204; öKStR 2013, Rz. 1084; Wiesner und Mayr 2004, S. 632; Tumpel und Aigner in Quantschnigg et al. 2005, § 9 Abs. 6 KStG, Tz. 73; Mamut und Schilcher 2007, S. 178; Metzler 2007, S. 226; Stefaner und Weninger in Lang et al. 2009, § 9 KStG, Rz. 180; Trößter 2010, S. 527; Urtz in Achatz und Kirchmayr 2011, § 9 KStG, Tz. 354; Fuchs in Hofstätter und Reichel 2012, § 2 EStG, Tz. 157; Laudacher in Jakom 2012, § 2 EStG, Rz. 200, 205.

verrechnet werden könnte,[631] aber z.B. das ausländische Gruppenmitglied auf die Ausübung des Wahlrechtes auf Verlustrücktrag verzichtet hat. Ansonsten käme es in Höhe des Verlustrücktrags im gleichen Jahr sowohl zu einer Verlustzurechnung als auch zu einer gleich hohen Nachversteuerung,[632] da die Nachversteuerung auch eintritt, wenn die Verlustverrechnung möglich wäre,[633] und damit zu einer am Ergebnis gemessen nicht sinnvollen Verfahrensweise.

Weist der Gruppenträger nicht ausreichend hohe positive Einkommenteile zur Verrechnung der ausländischen Verluste auf, so führen die ausländischen Verluste zu einem **Verlustvortrag beim Gruppenträger**.[634]

Werden die Verluste in den Folgeperioden bei dem ausländischen Gruppenmitglied z.B. durch einen Verlustvortrag oder im Rahmen z.B. der deutschen Organschaft verwertet, so werden die im Ausland verwerteten, nicht umgerechneten Verluste dem österreichischen Gruppenträger als Gewinn zugerechnet (§ 9 Abs. 6 Ziffer 6 öKStG).[635] In Höhe des nachzuversteuernden Betrags erfolgt eine Hinzurechnung im Zuge der Ermittlung der inländischen Bemessungsgrundlage.[636] Dies bewirkt, dass die bei dem ausländischen Gruppenmitglied mit Gewinnen verrechneten Verluste somit in Österreich nachversteuert werden (sog. **recapture method**). Es kommt folglich nur zu einer temporären Verlustverrechnung in Österreich,[637] die durch die Nachversteuerung wieder rückgängig gemacht wird.[638] Mithilfe der Nachversteuerung wird eine doppelte Verwertung des Verlustes im Inland und Ausland (sog. **double dip**) vermieden.[639]

Die Nachversteuerung erfolgt auch, wenn der ausländische Verlust im Ausland verrechnet werden könnte,[640] aber z.B. die ausländische Gesellschaft auf die Ausübung eines solchen Wahlrechtes verzichtet hat oder kein Antrag auf eine antragsgebundene Verlustverrechnung gestellt wurde.[641] Kann hingegen der ausländische Verlust im Ausland z.B aufgrund fehlender Erträge nie verrechnet werden, so wird die Verlustverrechnung in Österreich permanent.[642]

---

[631] öKStR 2013, Rz. 1086.
[632] Vgl. Schneider 2005, S. 198, 200; Metzler 2007, S. 224; Wiesner et al. 2008, K284; Tröszter 2010, S. 527.
[633] öKStR 2013, Rz. 1086.
[634] Vgl. Stefaner und Weninger 2005, S. 187. Vgl. zum Verlustvortrag Abschnitt 2.2.
[635] Vgl. Wiesner und Mayr 2004, S. 632; Schneider 2005, S. 198, 201; Tumpel und Aigner in Quantschnigg et al. 2005, § 9 Abs. 6 KStG, Tz. 74; Metzler 2007, S. 226.
[636] Vgl. Stefaner und Weninger 2005, S. 187; Metzler 2007, S. 235; Wiesner et al. 2008, K285.
[637] Vgl. Stefaner und Weninger 2005, S. 187; Wiesner et al. 2008, K264; Petutschnig und Six 2009, S. 421; Staringer 2010, S. 31f.
[638] Vgl. Petutschnig und Six 2009, S. 421.
[639] Vgl. Tumpel und Aigner in Quantschnigg et al. 2005, § 9 Abs. 6 KStG, Tz. 74; Petutschnig und Six 2009, S. 422; Bendlinger 2010, S. 98.
[640] öKStR 2013, Rz. 1086; Mayr 2005, S. 190; Pölzl 2005, S. 389f.; Tumpel und Aigner in Quantschnigg et al. 2005, § 9 Abs. 6 KStG, Tz. 74f., 78; Metzler 2007, S. 225; Tröszter 2010, S. 530; Laudacher in Jakom 2012, § 2 EStG, Rz. 194, 198.
[641] Vgl. Schneider 2005, S. 200; Metzler 2007, S. 225.
[642] Vgl. Petutschnig und Six 2009, S. 421.

Die Nachversteuerng erfolgt bei derjenigen Körperschaft, der auch der Verlust zugerechnet wurde.[643] Sollte die ausreichend hohe finanzielle Beteiligung zu diesem Gruppenmitglied nicht mehr bestehen, so erfolgt die Nachversteuerung beim übergeordneten inländischen Gruppenmitglied bzw. beim Gruppenträger.[644]

Die Nachversteuerung richtet sich nach ausländischem Abgabenrecht.[645] Wann eine Verlustverwertung im Ausland vorgenommen wird oder werden könnte, hängt von den ausländischen steuerrechtlichen Regelungen ab,[646] da ein ausländischer Gewinn vorliegen muss, mit dem der Verlust verrechnet werden kann. Der ausländische Verlust und der ausländische Gewinn sind aus diesem Zweck nach ausländischem Steuerrecht zu ermitteln. Nach Meinung der österreichischen Finanzverwaltung[647] sowie h.M. im Schrifttum[648] erfolgt bei der Nachversteuerung **keine Umrechnung** des ausländischen Verlusts auf österreichisches Recht, da die Regelung in § 9 Abs. 6 Ziffer 6 öKStG auf die Verlustverwertung(smöglichkeit) im Ausland abstellt.[649]

Der Betrag, welcher in Österreich von dem Gruppenträger nachzuversteuern ist, kann vom Gruppenträger und von der Finanzverwaltung aufgrund mangelnder Kenntnisse über die tatsächliche Verlustverrechnung bzw. Möglichkeit der Verlustverrechnung im Ausland oft nur schwer ermittelt werden.[650]

Die Nachversteuerung ist zum einen auf die Höhe begrenzt, in der der umgerechnete, ausländische Verlust in Österreich die Bemessungsgrundlage vermindert hat (**Nachversteuerungsgrenze I**).[651] Dies bedeutet, dass in Österreich nicht mehr nachversteuert werden kann, als zuvor in Österreich an Verlust berücksichtigt wurde.[652] Soweit der ausländische Verlust lediglich in den Verlustvortrag eingegangen ist, aber aufgrund der Mindestbesteuerung des § 2 Abs. 2b öEStG[653] die inländische Bemessungsgrundlage noch nicht

---

[643] Vgl. Schneider 2005, S. 200.
[644] Vgl. Schneider 2005, S. 200.
[645] öKStR 2013, Rz. 1084.
[646] öEStR 2000, Rz. 202; Atzmüller 2005, S. 245; Tumpel und Aigner in Quantschnigg et al. 2005, § 9 Abs. 6 KStG, Tz. 75; Laudacher in Jakom 2012, § 2 EStG, Rz. 204.
[647] öEStR 2000, Rz. 203; öKStR 2013, Rz. 1080.
[648] Vgl. Mayr 2004, S. 247; Atzmüller 2005, S. 245f.; Mühlehner 2005, S. 240; Schneider 2005, S. 197, 200; Tumpel und Aigner in Quantschnigg et al. 2005, § 9 Abs. 6 KStG, Tz. 75; Metzler 2007, S. 235; Stefaner und Weninger in Lang et al. 2009, § 9 KStG, Rz. 178; Trösztér 2010, S. 530; Fuchs in Hofstätter und Reichel 2012, § 2 EStG, Tz. 165. A.A. Pölzl 2005, S. 394ff.; Schuh 2006, S. 315; Urtz in Achatz und Kirchmayr 2011, § 9 KStG, Tz. 349; Laudacher in Jakom 2012, § 2 EStG, Rz. 201, 210.
[649] Vgl. Mayr 2005, S. 190; Mühlehner 2005, S. 240; Metzler 2007, S. 235; Trösztér 2010, S. 530; Fuchs in Hofstätter und Reichel 2012, § 2 EStG, Tz. 165; kritisch zu dieser Argumentation Laudacher in Jakom 2012, § 2 EStG, Rz. 211.
[650] Vgl. Pölzl 2005, S. 39289; Tumpel und Aigner in Quantschnigg et al. 2005, § 9 Abs. 6 KStG, Tz. 76; Mayr 2010, S. 636.
[651] öEStR 2000, Rz. 203; öKStR 2013, Rz. 1084; Wiesner und Mayr 2004, S. 632; Mühlehner 2005, S. 240; Pölzl 2005, S. 393; Schneider 2005, S. 200; Stefaner und Weninger 2005, S. 187; Tumpel und Aigner in Quantschnigg et al. 2005, § 9 Abs. 6 KStG, Tz. 79; Wiesner et al. 2008, K286; Stefaner und Weninger in Lang et al. 2009, § 9 KStG, Rz. 178; Laudacher in Jakom 2012, § 2 EStG, Rz. 209.
[652] Vgl. Mayr 2005, S. 190; Mühlehner 2005, S. 240; Trösztér 2010, S. 530.
[653] Vgl. zur österreichischen Mindestbesteuerung Abschnitt 2.2.

vermindert hat, kommt es nicht zu einer Nachversteuerung.[654] Zum anderen ist die Nachversteuerung auf diejenige Höhe begrenzt, in der der nicht umgerechnete ausländische Verlust im Ausland verwertet wird (**Nachversteuerungsgrenze II**) (§ 2 Abs. 8 Ziffer 3 Satz 3 öEStG).[655] Dies bedeutet, dass die Nachversteuerung nur in dem Ausmaße erfolgt, in dem im Ausland die Verlustverrechnung erfolgt.[656]

Der Nachversteuerungsbetrag ist somit einerseits mit der Höhe des im Inland berücksichtigten (umgerechneten) Verlusts und andererseits mit der Höhe des im Ausland verwerteten (nicht umgerechneten) Verlusts begrenzt (**doppelte Deckelung**).[657] Diese doppelte Deckelung nach § 2 Abs. 8 öEStG bleibt auch bei der Nachversteuerung nach § 9 Abs. 6 Ziffer 6 öKStG bestehen.[658] Der niedrigere von beiden Beträgen wird nachversteuert (sog. **Zweischrankenmethode**).[659]

Zum Zweck der Nachversteuerung werden die im Ausland verwerteten Verluste der nicht beschränkt steuerpflichtigen ausländischen Gruppenmitglieder im Ausmaß der Beteiligung dem unmittelbar beteiligtem Gruppenmitglied bzw. Gruppenträger als Gewinn zugerechnet (**aliquote Nachversteuerung**) (§ 9 Abs. 6 Ziffer 6 öKStG).[660]

Es ist eine **Nachversteuerung in bestimmten Ergänzungstatbeständen** vorgesehen. Die Nachversteuerung tritt auch ein, wenn das ausländische Gruppenmitglied z.B. aufgrund einer Veräußerung oder des zu starken Absinkens der Beteiligung aus der Gruppe ausscheidet (§ 9 Abs. 6 Ziffer 6 Satz 3 öKStG) oder sich das Vermögen des verlustbringenden ausländischen Gruppenmitglieds derart verändert, dass die wirtschaftliche Vergleichbarkeit verloren geht („wirtschaftliches Ausscheiden") (§ 9 Abs. 6 Ziffer 6 Satz 4 öKStG).[661] Eine Nachversteuerung erfolgt auch, wenn die Beteiligung mit Verlust verkauft wird.[662] Eine teilweise Nachversteuerung wird auch bei der Veräußerung von Teilen der Beteiligung gefordert, wenn die Beteiligungsquote nicht unter die Mindestbeteiligungsgrenze absinkt.[663]

---

[654] Vgl. Stefaner und Weninger 2005, S. 191.
[655] öEStR 2000, Rz. 203; öKStR 2013, Rz. 1084; Schneider 2005, S. 200; Stefaner und Weninger 2005, S. 187; Wiesner et al. 2008, K286.
[656] Vgl. Mühlehner 2005, S. 240.
[657] öEStR 2000, Rz. 203, 206; öKStR 2013, Rz. 1084; Pölzl 2005, S. 393; Schneider 2005, S. 202; Wiesner et al. 2008, K286; Stefaner und Weninger in Lang et al. 2009, § 9 KStG, Rz. 178; Tröszter 2010, S. 530; Fuchs in Hofstätter und Reichel 2012, § 2 EStG, Tz. 165.
[658] Vgl. Schneider 2005, S. 202; Stefaner und Weninger in Lang et al. 2009, § 9 KStG, Rz. 181.
[659] Vgl. Stefaner und Weninger in Lang et al. 2009, § 9 KStG, Rz. 178; Plott 2012, S. 83.
[660] öKStR 2013, Rz. 1084; Schneider 2005, S. 200; Tumpel und Aigner in Quantschnigg et al. 2005, § 9 Abs. 6 KStG, Tz. 79.
[661] Vgl. kritisch Stefaner und Weninger 2005, S. 188; Petutschnig und Six 2009, S. 424; Bendlinger 2010, S. 99; Mayr 2010, S. 636; Mayr et al. 2010, S. 176; Staringer 2010, S. 33, 36f.; Tröszter 2010, S. 531f.
[662] Vgl. Schneider 2005, S. 200.
[663] Vgl. Schneider 2005, S. 201; Wiesner et al. 2008, K290; Petutschnig und Six 2009, S. 422f.; Tröszter 2010, S. 531.

Mit diesen Ergänzungstatbeständen werden Gestaltungen vermieden, in denen z.B. durch einen konzerninternen Verkauf des Betriebs zu Buchwerten das ausländische Gruppenmitglied nur noch als „Mantel" zurückbleibt, so dass keine Nachversteuerung mehr eintreten kann.[664] Für den Verkauf verlustbringender ausländischer Gruppenmitglieder könnten jedoch auch wirtschaftliche Gründe sprechen, weswegen in diesen Fällen keine rein künstliche Gestaltung vorliegt und daher eine derartige Bekämpfung der mißbräuchlichen Gestaltungen überzogen erscheint.[665] Auch für den Fall der Umwandlung des ausländischen Gruppenmitgliedes kommt es zu einer Nachversteuerung, sofern der Rechtsnachfolger nicht ebenfalls ein Gruppenmitglied ist und bei ihm die Nachversteuerung möglich ist.[666]

Nur im Fall der **Liquidation** oder **Insolvenz** des ausländischen Gruppenmitglieds werden die tatsächlichen und endgültigen Vermögensverluste berücksichtigt (§ 9 Abs. 6 Ziffer 6 Satz 5 öKStG).[667] Die Liquidation oder Insolvenz lösen grundsätzlich eine Nachversteuerung aus.[668] Der nachzuversteuernde Verlust wird jedoch um die nicht steuerwirksamen Teilwertabschreibungen während der Gruppenzugehörigkeit gekürzt, da ansonsten bei Betrachtung der Totalperiode mehr als der Totalerfolg besteuert werden würde.[669] Von der Nachversteuerung ist jedoch abzusehen, wenn der ausländische Verlust nach dem Ausscheiden des ausländischen Gruppenmitglieds endgültig wird (**finaler Verlust**).[670]

Die **Mindestdauer** der Gruppenbesteuerung beträgt drei Jahre (§ 9 Abs. 10 öKStG).[671]

Zwischen den Gesellschaften erfolgt ein **Steuerausgleich** (Steuerumlage) (§ 9 Abs. 8 Teilstrich 3 öKStG),[672] wobei die Methode des Steuerausgleichs frei vereinbar ist und lediglich zu einem betriebswirtschaftlich sinnvollen Ergebnis führen muss.[673] Die Steuerumlage wird steuerlich neutral behandelt (§ 9 Abs. 6 Ziffer 5 öKStG).

Vorgruppenverluste der Gruppenmitglieder können nur mit späteren eigenen Gewinnen des jeweiligen Gruppenmitgliedes verrechnet werden (§ 9 Abs. 6 Ziffer 4 öKStG).[674] Lediglich die Vorgruppenverluste des Gruppenträgers können mit dem Gesamtergebnis der Gruppe verrechnet werden.[675]

---

[664] Vgl. Schneider 2005, S. 200f.; Petutschnig und Six 2009, S. 424; Mayr 2010, S. 636; Mayr et al. 2010, S. 176.
[665] Vgl. Stefaner und Weninger 2005, S. 188.
[666] Vgl. Schneider 2005, S. 201; Mayr 2010, S. 636.
[667] Vgl. Bendlinger 2010, S. 99; Mayr 2010, S. 637; Staringer 2010, S. 37f.
[668] Vgl. Wiesner et al. 2008, K291.
[669] Vgl. Wiesner et al. 2008, K291.
[670] Vgl. Bendlinger 2010, S. 99.
[671] Zur Berechnung vgl. Urtz in Achatz und Kirchmayr 2011, § 9 KStG, Tz. 585.
[672] Vgl. Urtz 2011, S. 84f.; Urtz in Achatz und Kirchmayr 2011, § 9 KStG, Tz. 549ff.
[673] Vgl. Mayr 2010, S. 634.
[674] Vgl. mit Beispielen Wiesner und Mayr 2004, S. 631f.; Plansky und Ressler 2007, S. 155f.; Mayr 2010, S. 637; Urtz in Achatz und Kirchmayr 2011, § 9 KStG, Tz. 289.
[675] Vgl. Plansky und Ressler 2007, S. 156f.; Mayr 2010, S. 637; Urtz in Achatz und Kirchmayr 2011, § 9 KStG, Tz. 264.

2.4.3 Richtlinienvorschlag

Der ursprüngliche Entwurf der **Auslands-Verlust-Richtlinie 1990** sieht neben der Berücksichtigung ausländischer Betriebsstättenverluste[676] auch bereits die Berücksichtigung der Verluste von Tochterkapitalgesellschaften vor. Eine Berücksichtigung der Verluste ausländischer Tochtergesellschaften bei der inländischen Muttergesellschaft hatte auch schon ein früher Verordnungsentwurf zur Europäischen Aktiengesellschaft vorgesehen.[677] Dies ist auch erforderlich, da eine unterschiedliche steuerliche Behandlung von Betriebsstätten und Tochtergesellschaften gegen die Forderung nach Rechtsformneutralität verstößt.[678]

Im Richtlinienentwurf ist nur eine einzige Methode für die Berücksichtigung der Verluste ausländischer Tochtergesellschaften vorgesehen, nämlich die Methode des **Verlustabzugs mit Nachversteuerung**.[679] Die Anwendung der Methode ist in das Ermessen der Unternehmen gestellt.[680] Entscheidet sich das Unternehmen für die Anwendung dieser Methode, so ist eine Teilwertabschreibung auf den Anteilsbesitz der Tochtergesellschaft ausgeschlossen.[681]

Die Verluste der Tochtergesellschaft werden nach den Vorschriften des Ansässigkeitsstaates der Tochtergesellschaft ermittelt.[682] Die Übernahme des Verlustes, wie er nach den Bestimmungen des Ansässigkeitsstaates der Tochtergesellschaft ermittelt wurde, führt zu einer erheblichen Vereinfachung, da die doppelte Verlustermittlung nach dem Recht zweier Mitgliedstaaten entfällt. Die damit erreichte (begrenzte) Anerkennung ausländischer Gewinnermittlungsvorschriften kann jedoch problematisch werden, wenn die Verlustermittlung größtenteils auf steuerlichen Anreizbedingungen, wie z.B. großzügigen Abschreibungsmöglichkeiten, beruht.[683] Es würden Verluste ins Inland importiert werden, die sich allein aufgrund der Bilanzpolitik der ausländischen Tochtergesellschaft ergeben und die aus Sicht der inländischen Gewinnermittlung bei der Muttergesellschaft keine „echten" Verluste darstellen würden. Dieses Problem taucht auch bei der Berücksichtigung finaler Verluste auf.[684]

Es ist eine **Nachversteuerung in bestimmten Ergänzungstatbeständen** vorgesehen. Wenn die zum Abzug zugelassenen Verluste nicht bis zum Ende des fünften Jahres nach der Verlustberücksichtigung bei der Muttergesellschaft in das Unternehmensergebnis einbezogen wurden, kommt es zu einer obligatorischen Nachversteuerung „von Amts wegen" (Art. 10 Auslands-Verlust-Richtlinie 1990). Entsprechendes gilt bei Veräußerung oder Auflösung der Tochterkapitalgesellschaft, Absinken der Beteiligung unter die Mindestbeteiligungsgrenze sowie Umwandlung der Tochterkapitalgesellschaft in eine Betriebsstätte.

---

[676] Siehe Abschnitt 2.3.3.
[677] Art. 281 Statut der Europäischen Aktiengesellschaft 1970; Art. 281 Statut der Europäischen Aktiengesellschaft 1975.
[678] Vgl. Tumpel 1991, S. 76.
[679] Präambel, Art. 9, 11 Auslands-Verlust-Richtlinie 1990.
[680] Präambel Auslands-Verlust-Richtlinie 1990.
[681] Präambel, Art. 11 Auslands-Verlust-Richtlinie 1990.
[682] Präambel, Art. 7 Abs. 2 Auslands-Verlust-Richtlinie 1990.
[683] Vgl. Saß 1991b, S. 1164.
[684] Vgl. Stiller 2011, S. 916, 918.

Zu einer konsolidierten Ermittlung des Konzernergebnisses kommt es allerdings nicht. Den Mitgliedsstaaten steht es jedoch frei, die Verlustverrechnung durch eine andere Methode wie insbesondere die **Ergebniskonsolidierung** zu ermöglichen, die der Anrechnungsmethode bei den Betriebsstättenverlusten entspricht.[685] In früheren Fassungen verschiedener Richtlinien war noch die Ermittlung eines konsolidierten Betriebsergebnisses vorgesehen.[686]

Den Tochtergesellschaften werden Personengesellschaften und Einzelunternehmen gleichgestellt, indem auch sie zum **subjektiven Anwendungsbereich** zählen (Art. 2 Teilstrich 1 Auslands-Verlust-Richtlinie 1990). Im Gegensatz zur Mutter-Tochter-Richtlinie, die nur auf die Vermeidung der Doppelbesteuerung von Gewinnen zwischen Kapitalgesellschaften abstellt,[687] wurde hier gleich dem Grundsatz der Rechtsformneutralität der Besteuerung Rechnung getragen.

Die **Mindestbeteiligungsquote** beträgt 75% (Art. 2 Spiegelstrich 3 Auslands-Verlust-Richtlinie 1990). Die Muttergesellschaft kann damit auch Entscheidungen bei der Tochtergesellschaft durchsetzen, für die eine qualifizierte Mehrheit erforderlich ist.

Die Harmonisierung der Berücksichtigung von Verlusten von Tochtergesellschaften erscheint deshalb als schwierig, da etliche EU-Mitgliedstaaten selbst auf Landesebene noch nicht die Möglichkeit des innerkonzernlichen Verlustausgleiches vorsehen.[688] In diesen Fällen würde die Umsetzung der Auslandsverlust-Richtlinie zu einer Bevorzugung einer grenzüberschreitenden gegenüber einer inländischen Beteiligung führen.

Stand: Der Richtlinienvorschlag ist nicht verabschiedet worden, sondern wurde zurückgezogen.[689] Stattdessen verfolgt die Europäische Kommission zurzeit die Schaffung einer Gemeinsamen Konsolidierten Körperschaftsteuerbemessungsgrundlage.[690]

---

[685] Vgl. Tumpel 1991, S. 77.
[686] Art. 12 Abs. 3-5 Fusionsrichtlinie 1969; Art. 7 Mutter-Tochter-Richtlinie 1969.
[687] Siehe Abschnitt 1.1.4.
[688] Vgl. Endres et al. 2011, S. 28.
[689] Vgl. Haunold et al. 2001, S. 560.
[690] Siehe Abschnitt 2.5.

2.5 Gemeinsame Konsolidierte Körperschaftsteuerbemessungsgrundlage

Literatur: Herzig N (2012) Prinzipienorientierung und schrittweise Umsetzung des GKKB-Projektes. FR 94:761-762; Herzig N, Kuhr J (2011a) Grundlagen der steuerlichen Gewinnermittlung nach dem GKKB-Richtlinienentwurf. DB 64:2053-2058; Herzig N, Kuhr J (2011b) Realisations- und Imparitätsprinzip im Richtlinienentwurf der GKKB. StuW 88:305-322; [Kahle et al. (2011)] Kahle H, Dahlke A, Schulz S (2011) Der EU-Richtlinienvorschlag zur CCCTB – Anmerkungen aus Theorie und Praxis. Ubg 4:491-503; [Kußmaul et al. (2010)] Kußmaul H, Niehren C, Pfeifer G (2010) CCCTB – Illusion oder Wirklichkeit? Ein internationales Modell ruft (inter)nationale Reaktionen hervor. StuW 87:177-184; Lenz M, Rautenstrauch G (2011) Der Richtlinienentwurf zur Gemeinsamen konsolidierten KSt-Bemessungsgrundlage (GKKB). DB 64:726-731; Petutschnig M (2012) Common Consolidated Corporate Tax Base – Analyse der vorgeschlagenen Aufteilungsfaktoren. StuW 89:192-206; [Pirvu et al. (2011)] Pirvu D, Bancia L, Hagiu A (2011) Implications of the introduction of the Common Consolidated Corporate Tax Base for tax revenues in Romania. Financial Theory and Practice 35:197-215; Rautenstrauch G (2009) Die gemeinsame konsolidierte KSt-Bemessungsgrundlage (GKKB) als Vorbild für ein eigenständiges Bilanzsteuerrecht in Deutschland. FR 91:114-117; Scheffler W, Krebs C (2011) Richtlinienvorschlag zur CCCTB: Bestimmung der Steuerbemessungsgrundlage im Vergleich mit der Steuerbilanz nach EStG. DStR 49:Beihefter 13; [Spengel et al. 2013] Spengel C, Ortmann-Babel M, Zinn B, Matenaer S (2013) Gemeinsame Konsolidierte KSt-Bemessungsgrundlage und steuerliche Gewinnermittlung in den EU-Mitgliedstaaten, der Schweiz und den USA. Eine vergleichende und quantitative Analyse. DB 66: Beilage, Beilage 2 zu Heft 8; van Eijsden A (2011) The One-Stop-Shop Approach: A Discussion of the Administrative and Procedural Aspects of the CCCTB Draft Directive. EC Tax Review 20:217-231; Zourek H (2012) Die GKKB und die Angleichung der Unternehmensbesteuerung in Deutschland und Frankreich. FR 94:763-765.

Ziel des Richtlinienvorschlages einer Common Consolidated Corporate Tax Base (CCCTB), das heißt einer Gemeinsamen Konsolidierten Körperschaftsteuerbemessungsgrundlage, ist es, eine einheitliche steuerliche Gewinnermittlung einzuführen, eine umfassende grenzüberschreitende Verlustverrechnung durchzuführen, Verrechnungspreisformalitäten zu beseitigen, die Doppelbesteuerung zu vermeiden sowie den Verwaltungsaufwand und die Steuerbefolgungskosten zu senken.[691] Inhaltlich orientiert sich der Vorschlag an den Best-Practice-Lösungen der Mitgliedsstaaten.[692]

Der Richtlinienvorschlag sieht ein **Optionsmodell** vor.[693] Die Unternehmen haben die Option, nach nationalen Steuerregelungen besteuert zu werden oder die Common

---

[691] Vgl. CCCTB-E, Begründung, 1. Kontext des Vorschlages; Erwägungsgründe 4, 6, 9 CCCTB-E.
[692] Vgl. kritisch Herzig 2012, S. 761.
[693] Vgl. Kußmaul et al. 2010, S. 180; Förster und Krauß 2011, S. 608; Petutschnig 2012, S. 193; kritisch Schön 2012, S. 217.

Consolidated Corporate Tax Base anzuwenden (Art. 6 Abs. 1 und 2 CCCTB-E). Optiert die Gesellschaft auf die CCCTB, so unterliegt die Gesellschaft speziellen, in der Richtlinie geregelten Vorschriften und nicht mehr den nationalen Regelungen (Art. 7 CCCTB-E). Das Unternehmen ist für eine **Mindestlaufzeit** von fünf Jahren an die Option gebunden,[694] wobei eine **automatische Verlängerung** vorgesehen ist, da sich die Anwendung der CCCTB um weitere drei Jahre verlängert, sofern der Steuerpflichtige der zuständigen Behörde nicht mitteilt, dass er auf die Anwendung verzichtet (Art. 105 Abs. 1 CCCTB-E). Die zeitliche Bindungswirkung verhindert die Gefahr des Gestaltungsmissbrauchs mittels eines häufigen Wechsels des Besteuerungsregimes.[695]

Alle Gruppenmitglieder ermitteln ihre Gewinne zunächst getrennt nach den Regeln der CCCTB.[696] Die Richtlinie definiert eine **einheitliche steuerliche Gewinnermittlung**[697] und enthält in Art. 9-42 CCCTB-E eigene Ermittlungsvorschriften. Die Steuerbemessungsgrundlage erfolgt nicht in Form eines Vermögensvergleichs mittels einer originären Steuerbilanz, sondern in Form der Gegenüberstellung von Erträgen und Aufwendungen.[698] Von den Einkünften werden die steuerfreien Einkünfte sowie die abziehbaren Aufwendungen und sonstigen Abzugsposten abgezogen (Art. 10 CCCTB-E). Aufgrund von punktuellen Neben- und Bestandsrechnungen ergibt sich jedoch eine Art „Schattenbilanzierung".[699]

Die in Art. 9-42 CCCTB-E enthaltenen, eigenen Ermittlungsvorschriften müssen **autonom ausgelegt** werden.[700] Auf die bestehende Rechtsprechung in den Mitgliedstaaten kann nicht zurückgegriffen werden.[701] Die Etablierung eines europäischen Steuergerichtshof ist jedoch nicht vorgesehen[702] und ohne Änderung der EU-Verträge auch nicht möglich.[703]

Es ist **kein Maßgeblichkeitsprinzip** in Bezug auf die nationale handelsrechtliche Rechnungslegung oder die International Financial Reporting Standards (IFRS) vorgesehen.[704] Insofern kann es auch nicht zu Rückwirkungen auf die Erstellung von handelsrechtlichen Jahresabschlüssen oder Konzernabschlüssen kommen.[705] Es könnten jedoch aufgrund der Berechnung der latenten Steuern zusätzliche Rechtsbefolgungskosten entstehen.[706]

---

[694] Vgl. Spengel et al. 2013, S. 2.
[695] Vgl. Krauß 2012, S. 40.
[696] Vgl. Bünning und Möser 2011, S. 2651.
[697] Vgl. Förster und Krauß 2011, S. 607, 613; Glaser 2011, S. 2321.
[698] Vgl. Förster und Krauß 2011, S. 608, 613; Herzig und Kuhr 2011a, S. 2054f.; Herzig und Kuhr 2011b, S. 306f.; Spengel et al. 2013, S. 3.
[699] Vgl. Herzig und Kuhr 2011a, S. 2055; Herzig und Kuhr 2011b, S. 307.
[700] Vgl. Bünning und Möser 2011, S. 2648; Herzig und Kuhr 2011a, S. 2056f.; Herzig und Kuhr 2011b, S. 308f.; Lenz und Rautenstrauch 2011, S. 730.
[701] Vgl. Spengel et al. 2013, S. 9.
[702] Vgl. Herzig und Kuhr 2011a, S. 2057; Herzig 2012, S. 761f.
[703] Vgl. Lenz und Rautenstrauch 2011, S. 730.
[704] Vgl. Bünning und Möser 2011, S. 2648; Förster und Krauß 2011, S. 608; Herzig und Kuhr 2011a, S. 2053f.; Herzig und Kuhr 2011b, S. 306.
[705] Vgl. Bünning und Möser 2011, S. 2648.
[706] Vgl. Grangl und Petutschnig 2011, S. 501.

Die Richtlinie enthält eigene, autonome **Vorschriften der steuerlichen Gewinnermittlung**,[707] wie z.B. das Realisationsprinzip (Art. 9 Abs. 1, Art. 17-19 CCCTB-E),[708] die Ermittlung der Anschaffungs- und der Herstellungskosten sowie der nachträglichen Verbesserungskosten, die die Abschreibungsbasis erhöhen (Art. 33 Abs. 1, Art. 4 Abs. 18 CCCTB-E),[709] die percentage-of-completion method (Art. 24 CCCTB-E),[710] vereinheitlichte Abschreibungsregeln insbesondere in Form einer linearen Abschreibung einzeln bewerteter, abschreibungsfähiger Wirtschaftsgüter mit langer Nutzungsdauer und einer degressiven Abschreibung eines Sammelpostens der anderen abschreibungsfähigen Wirtschaftsgüter mit einem pauschalen Abschreibungssatz von 25% (Art. 34, 36-37, 39-41 CCCTB-E),[711] die Festlegung der Grenze geringwertiger Wirtschaftsgüter des Anlagevermögens, die nicht aktiviert werden, mit € 1.000 (Art. 4 Abs. 14 CCCTB-E),[712] die fair-value method bezüglich der für Handelszwecke gehaltenen finanziellen Verbindlichkeiten und des Finanzanlagevermögens (Art. 22 Abs. 1 Buchstabe e), Art. 23 CCCTB-E),[713] das Niederstwertprinzip ausschließlich bei dauerhaftem Wertverlust bei nicht abschreibungsfähigen Wirtschaftsgütern des Anlagevermögens in Kombination mit einem Wertaufholungsgebot (Art. 41 CCCTB-E),[714] das strenge Niederstwertprinzip im Umlaufvermögen (Art. 29 Abs. 4 CCCTB-E),[715] Regelungen für Rückstellung (Art. 25 Abs. 1 CCCTB-E)[716] und Pensionsrückstellungen (Art. 26 CCCTB-E)[717] sowie eine Reinvestitionsrücklage für die Übertagung aufgedeckter stiller Reserven auf Ersatzwirtschaftsgüter (Art. 38 CCCTB-E).[718] Aufgrund der fair-value method und der Bewertung langfristiger Verträge nach der percentage-of-completion method werden teilweise unrealisierte Gewinne besteuert.[719]

Die Vorschriften zur steuerlichen Gewinnermittlung umfassen neben der bilanziellen Gewinnermittlung auch die außerbilanziellen Korrekturen.[720] Die Richtlinie enthält daher auch eine Aufzählung der **nicht abziehbaren Aufwendungen** (Art. 14 CCCTB-E),[721] wie z.B. 50% der Bewirtungs- und Repräsentationsaufwendungen (Art. 14 Abs. 1 Buchstabe b) CCCTB-E).

---

[707] Vgl. Spengel et al. 2013, S. 2.
[708] Vgl. Herzig und Kuhr 2011b, S. 309ff.; Kahle et al. 2011, S. 492f.; Spengel et al. 2013, S. 3.
[709] Vgl. Grangl und Petutschnig 2011, S. 492ff.; Kahle et al. 2011, S. 494.
[710] Vgl. Herzig und Kuhr 2011b, S. 315f.; Spengel et al. 2013, S. 4.
[711] Vgl. Förster und Krauß 2011, S. 609f.; Grangl und Petutschnig 2011, S. 491ff.; Kahle et al. 2011, S. 494f.; Lenz und Rautenstrauch 2011, S. 728; Spengel et al. 2013, S. 6f.
[712] Vgl. Spengel et al. 2013, S. 6.
[713] Vgl. Herzig und Kuhr 2011b, S. 316.
[714] Vgl. dazu Grangl und Petutschnig 2011, S. 501; Herzig und Kuhr 2011b, S. 313; Kahle et al. 2011, S. 495f.
[715] Vgl. Herzig und Kuhr 2011b, S. 314; Kahle et al. 2011, S. 496.
[716] Vgl. Kahle et al. 2011, S. 496f. ; Spengel et al. 2013, S. 5.
[717] Vgl. Lenz und Rautenstrauch 2011, S. 728; Spengel et al. 2013, S. 6.
[718] Vgl. Herzig und Kuhr 2011b, S. 319; van de Streek 2012, S. 27; Spengel et al. 2013, S. 4.
[719] Vgl. Förster und Krauß 2011, S. 613; Kahle et al. 2011, S. 493.
[720] Vgl. Herzig 2010, S. 222.
[721] Vgl. Spengel et al. 2013, S. 7f.

Durch den Wegfall des Nebeneinanders der nationalen Gewinnermittlungsvorschriften würden die Steuerbefolgungskosten der Unternehmen sinken.[722] Für die Mitgliedstaaten bedeutet die einheitliche Gewinnermittlung, dass sich die Transparenz im Steuerwettbewerb erhöht und sich der Wettbewerb auf die Höhe der Körperschaftsteuersätze oder auf außersteuerliche Instrumente verlagern wird.[723]

Die **Vermeidung der Doppelbesteuerung** aller Dividendeneinkünfte und der Erlöse aus der Veräußerung von Anteilen an einer nicht zur Gruppe gehörenden Gesellschaft sowie der Betriebsstättengewinne aus Drittstaaten erfolgt mittels der **Freistellungsmethode** (Art. 11 Buchstabe c), d) und e) CCCTB-E).[724] Allerdings hat die dänische Ratspräsidentschaft eine Besteuerung der Portfoliodividenden sowie der Veräußerungsgewinne aus Portfoliobeteiligungen unterhalb einer Mindestbeteiligung von 10% vorgeschlagen.[725] Die mit den steuerfreien Einkünften in wirtschaftlichem Zusammenhang stehenden Aufwendungen, also die **Kosten der Beteiligung,** dürfen nicht abgezogen werden (sog. Korrespondenzprinzip) und werden mit 5% der steuerfreien Einnahmen pauschaliert,[726] falls der Steuerpflichtige nicht niedrigere Kosten nachweist (Art. 14 Abs. 1 Buchstabe g) CCCTB-E).

Die Dividenden, Zinsen, Lizenzgebühren etc. zwischen den Gruppenmitgliedern sind von **Quellensteuern** befreit (Art. 60 CCCTB-E). Quellensteuern auf Zinsen, Lizenzgebühren etc., die von einer Gesellschaft bezogen werden, die nicht zur Gruppe gehört, werden bis zu einem Höchstbetrag angerechnet (**direkte Anrechnung mit Höchstbetrag**) (Art. 76 Abs. 1, 5 CCCTB-E).[727] Quellensteuern auf Dividenden oder auf Erlöse aus der Veräußerung von Anteilen an einer Gesellschaft, die nicht zur Gruppe gehört, werden nicht angerechnet, da eine Freistellung erfolgt (**Freistellung ohne Anrechnung der Quellensteuer**) (Art. 76 Abs. 1 i.V.m. Art. 11 Buchstabe c) und d) CCCTB-E).

Soweit weitere nationale Ertragsteuern, wie z.B. die deutsche **Gewerbesteuer** bestehen, die auf (modifizierten) nationalen Körperschaftsteuerbemessungsgrundlagen aufbauen, muss entweder zusätzlich eine Steuerbilanz aufgestellt werden, so dass dem Unternehmen erhebliche Verwaltungskosten entstehen, oder es muss die Bemessungsgrundlage der Gewerbesteuer verändert werden, damit Unternehmen, die zur CCCTB optiert haben und solche die nicht optiert haben, nicht unterschiedlich hohe Gewerbesteuern zahlen.[728] In diesem Zusammenhang stellen sich Fragen der Gleichmäßigkeit der Besteuerung, der Steuerausweichhandlungen und der Aufkommenswirkungen für die Kommunen.

---

[722] Vgl. CCCTB-E, Begründung, 1. Kontext des Vorschlages; Erwägungsgrund 4 CCCTB-E; Förster und Krauß 2011, S. 614.
[723] Vgl. CCCTB-E, Begründung, 1. Kontext des Vorschlages; Förster und Krauß 2011, S. 615.
[724] Vgl. Spengel et al. 2013, S. 4.
[725] Vgl. Ohne Verfasser 2012a, S. 21.
[726] Vgl. Spengel et al. 2013, S. 4.
[727] Vgl. Bünning und Möser 2011, S. 2650.
[728] Vgl. Herzig 2010, S. 220f.; Herzig 2012, S. 762.

Hinsichtlich der Gewinne und Verluste der Gruppenmitglieder erfolgt eine automatische, phasengleiche, gruppenweite **Konsolidierung**. Anders als z.B. in der österreichischen Gruppenbesteuerung, bei der die Verluste der ausländischen Tochtergesellschaft nur aliquot in die Bemessungsgrundlage des Gruppenträgers einbezogen werden,[729] werden bei der CCCTB unabhängig von der Beteiligungshöhe 100% der positiven und negativen Ergebnisse der Tochtergesellschaften in die konsolidierte Bemessungsgrundlage einbezogen (**volle Ergebniskonsolidierung**) (vgl. **Abbildung 2.31**).[730]

Abbildung 2.31: Grenzüberschreitende Ergebniszurechnung bei einer mittelbaren Beteiligung über eine andere gruppenzugehörige Kapitalgesellschaft (CCCTB)

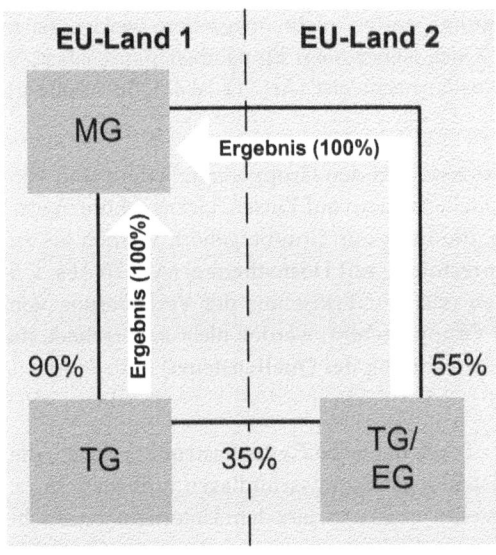

Alle Gewinne und Verluste der Gruppenmitglieder sind sofort unbeschränkt miteinander verrechenbar (Art. 57 Abs. 1 CCCTB-E).[731] Dadurch kommt es in der Unternehmensgruppe zu Liquiditätsvorteilen.[732] Eine Kapital- oder Schuldenkonsolidierung wie in der Konzernrechnungslegung findet nicht statt.[733]

Gewinne und Verluste aus **Transaktionen zwischen den Gruppenmitgliedern** bleiben bei der Berechnung des konsolidierten Gewinns außer Betracht (Art. 59 Abs. 1 CCCTB-E). Alle

---

[729] Siehe Abschnitt 2.4.2.
[730] Vgl. Kußmaul et al. 2010, S. 179; van de Streek 2012, S. 24.
[731] Vgl. Bünning und Möser 2011, S. 2651; Glaser 2011, S. 2322; Krauß 2012, S. 74; Petutschnig 2012, S. 192.
[732] Vgl. Förster und Krauß 2011, S. 615.
[733] Vgl. Kahle et al. 2011, S. 497f.; Lenz und Rautenstrauch 2011, S. 727.

Zwischengewinne bleiben unbeachtet.[734] Dementsprechend müssen keine steuerlichen **Verrechnungspreise** für gruppeninterne Transaktionen festgelegt werden.[735] Transaktionen, die nicht dem Fremdvergleichsgrundsatz entsprechen, müssen allerdings steuerlich korrigiert werden (Art. 79 CCCTB-E).[736] Die Verrechnungspreise müssen ansonsten nur einheitlich und hinreichend dokumentiert werden (Art. 59 Abs. 3 CCCTB-E). Dadurch, dass die Dokumentation von Verrechnungspreisen, die Einholung von verbindlichen Auskünften und die Einigungen im Rahmen der Verständigungsverfahren wegfallen, reduzieren sich die Steuerbefolgungskosten.[737] Bezüglich der freigestellten Veräußerungsgewinne aus Beteiligungen besteht allerdings eine spezielle Nichtanerkennungsklausel.[738] Im Verhältnis zu Drittstaaten sind die Verrechnungspreisgrundsätze jedoch weiterhin anzuwenden.[739]

Es ist kein Verlustrücktrag, sondern ein zeitlich und betraglich unbegrenzter **Verlustvortrag** auf Gruppenebene vorgesehen,[740] der mit der nächsten konsolidierten Steuerbemessungsgrundlage verrechnet wird (Art. 43 Abs. 1, Art. 57 Abs. 2 CCCTB-E). Eine **Mindestbesteuerung** ist ursprünglich nicht vorgesehen gewesen, allerdings hat die dänische Ratspräsidentschaft eine Mindestbesteuerung nach deutschem Vorbild[741] vorgeschlagen.[742]

Bei **Ausscheiden eines Gruppenmitgliedes** werden dem Gruppenmitglied keine Verluste der konsolidierten Gruppe zugewiesen, die während des Konsolidierungszeitraumes entstanden sind (Art. 69 Buchstabe CCCTB-E). Wird die gesamte Gruppe aufgelöst, so werden die entstandenen Verluste der konsolidierten Gruppe auf die einzelnen Gruppenmitglieder aufgeteilt (Art. 65 CCCTB-E).[743]

Die Verluste der Gruppenmitglieder, die aus der Zeit vor der CCCTB stammen (**Vorgruppenverluste**) und nach nationalem Recht vortragbar sind, können in den Grenzen des nationalen Rechts (Art. 48 CCCTB-E) berücksichtigt werden.[744] Sie werden nicht mit der konsolidierten Bemessungsgrundlage verrechnet, sondern gemäß des Anteils des Gruppenmitglieds an der konsolidierten Steuerbemessungsgrundlage oder gemäß des anwendbaren nationalen Rechts verrechnet (Art. 64 CCCTB-E).[745] Damit wird verhindert, dass die Vorgruppenverluste das Steueraufkommen anderer Mitgliedstaaten mindern.[746]

---

[734] Vgl. Förster und Krauß 2011, S. 607, 614; Glaser 2011, S. 2322; Spengel et al. 2013, S. 2; zum Unterschied zur Methode der Zwischengewinneliminierung van de Streek 2012, S. 25f.
[735] Vgl. Herzig 2009, S. 1037; Bünning und Möser 2011, S. 2650; Förster und Krauß 2011, S. 614.
[736] Vgl. Förster und Krauß 2011, S. 612.
[737] Vgl. Bundesregierung 2011, S. 10; Förster und Krauß 2011, S. 614.
[738] Vgl. Förster und Krauß 2011, S. 612.
[739] Vgl. Spengel 2008, S. 557; Bundesregierung 2011, S. 2.
[740] Vgl. Spengel et al. 2013, S. 8.
[741] Vgl. Abschnitt 2.2.
[742] Vgl. Ohne Verfasser 2012a, S. 21; Zourek 2012, S. 763.
[743] Vgl. Bünning und Möser 2011, S. 2652.
[744] Vgl. Förster und Krauß 2011, S. 610.
[745] Vgl. mit Beispiel van de Streek 2012, S. 29f.
[746] Vgl. van de Streek 2012, S. 29.

Nach Ausscheiden aus der Gruppe sind die verbleibenden Verluste des Gruppenmitglieds nach nationalem Recht vortragbar (Art. 53 CCCTB-E).

Umstrukturierungen innerhalb der Gruppe oder Sitzverlegungen lösen keine Auflösung und Besteuerung von stillen Reserven aus (Art. 70 Abs. 1 CCCTB-E).[747] Die Umstrukturierung löst auch keinen Untergang von Verlustvorträgen aus.[748] Diese Vorschrift wurde notwendig, da z.B. die Fusion oder die Liquidation eines Gruppenmitglieds nicht unter den Sachverhalt der steuerlich unbeachtlichen Transaktionen zwischen den Gruppenmitgliedern fallen.[749] Bei der Übertragung von Vermögenswerten in ein Drittland hingegen erfolgt eine Auflösung und Besteuerung von stillen Reserven (sog. Entstrickung) (Art. 31 Abs. 1 CCCTB-E).[750] Dies gilt jedoch nicht für EWR-Staaten, mit denen ein Abkommen über einen Informationsaustausch besteht (Art. 31 Abs. 2 CCCTB-E).

Es erfolgt eine **Aufteilung der Steuerschuld** (Art. 86-102 CCCTB-E). Eine negative Bemessungsgrundlage wird nicht aufgeteilt (Art. 86 Abs. 2 CCCTB-E). Die Steuerschuld eines Gruppenmitglieds wird durch die Anwendung des nationalen Steuersatzes auf den anhand einer Formel ermittelten Anteil an der konsolidierten Steuerbemessungsgrundlage ermittelt **(formula apportionment** oder **indirekte Methode der Gewinnabgrenzung)** (Art. 103 CCCTB-E).[751] Eine Harmonisierung der Steuersätze ist nicht vorgesehen.[752]

Die Formel enthält ausschließlich mikroökonomische Faktoren und setzt sich aus drei gleichgewichteten Faktoren zusammen: Anteil des Umsatzes am Umsatz der Gruppe, Arbeit gemessen als halbe Lohnsumme geteilt durch die Anzahl der Beschäftigten der Gruppe und Anteil des Sachanlagevermögens am Sachanlagevermögen der Gruppe (Art. 86 Abs. 1, Art. 90-96 CCCTB-E).[753] Den Unternehmen bieten sich vielfältige Möglichkeiten zur Beeinflussung der Faktoren.[754]

Die Aufteilungsformel spiegelt die Faktoren, die die Bemessungsgrundlage bilden bzw. erwirtschaften, nur teilweise wider.[755] Die Formel begünstigt die „alten" westeuropäischen Mitgliedstaaten mit einem höheren Lohn-, Gehalts- und Lohnnebenkostenniveau im Vergleich zu den „neuen" ost- und südosteuropäischen Mitgliedstaaten.[756] Die Formel begünstigt Länder wie z.B. Deutschland, die mit großem Personalaufwand materielle Güter produzieren und benachteiligt Länder, die nicht-körperliche Waren und Dienstleistungen herstellen.[757] Für Finanzinstitute, Versicherungsunternehmen, Öl- und Gas-Explorationsunternehmen sowie Schifffahrts- und Luftverkehrsunternehmen bestehen besondere Be-

---

[747] Vgl. Förster und Krauß 2011, S. 615; Glaser 2011, S. 2323; van de Streek 2012, S. 25.
[748] Vgl. Glaser 2011, S. 2323; Spengel et al. 2013, S. 8.
[749] Vgl. van de Streek 2012, S. 25.
[750] Vgl. Herzig und Kuhr 2011b, S. 317.
[751] Vgl. Kußmaul et al. 2010, S. 179; Petutschnig 2012, S. 192.
[752] Vgl. Herzig 2010, S. 220; Spengel et al. 2013, S. 2.
[753] Vgl. Förster und Krauß 2011, S. 612f.; Kahle et al. 2011, S. 499ff.; Petutschnig 2012, S. 193ff.
[754] Vgl. Petutschnig 2012, S. 195ff.
[755] Vgl. Petutschnig 2012, S. 204.
[756] Vgl. Petutschnig 2012, S. 199.
[757] Vgl. Bünning und Möser 2011, S. 2651.

stimmungen (Art. 98-101 CCCTB-E), um eine verursachungsgerechte Aufteilung zu erreichen.[758] Aus Gründen der Missbrauchsvermeidung und der Praktikabilität werden die teilweise schwer zu bewertenden selbsterstellten und die erworbenen immateriellen Wirtschaftsgüter sowie das im hohen Maße mobile Finanzanlagevermögen und das ebenfalls mobile Vorratsvermögen nicht mit einbezogen.[759] Insofern werden z.B. Mitgliedstaaten mit forschungsstarken Gesellschaften benachteiligt.[760]

Der **subjektive Anwendungsbereich** umfasst körperschaftsteuerpflichtige Unternehmen, die nach dem Recht eines Mitgliedstaates gegründet wurden, einer der aufgezählten Körperschaftsteuern unterliegen (Anlage 2 CCCTB-E) und deren Rechtsformen abschließend aufgezählt sind (Anlage 1 CCCTB-E) sowie deren Betriebsstätten (Art. 2 Abs. 1 CCCTB-E). Ebenfalls begünstigt sind EU-Betriebsstätten von Körperschaften, die nach dem Recht eines Drittstaates gegründet wurden und vergleichbaren Körperschaftsteuern unterliegen und vergleichbare Rechtsformen aufweisen (Art. 2 Abs. 2 CCCTB-E).[761] Die Körperschaftsteuerpflicht ergibt sich aus dem nationalen Recht der Mitgliedstaaten.[762] Transparent besteuerte Personengesellschaften können nicht auf die CCCTB optieren.[763] Die Einstufung als steuerlich transparent erfolgt nach nationalem Recht (Art. 84 Abs. 1 CCCTB-E).

Optieren können EU-ansässige Gesellschaften und Drittstaaten-Gesellschaften, auch wenn letztere selbst nicht an der Gruppe teilnehmen.[764] Die Gruppenbildung setzt eine **Mindestbeteiligung** von mehr als 50% der Stimmrechte (**Prüfstufe I**) (Art. 54 Abs. 1 Buchstabe a) CCCTB-E) und mehr als 75% des Kapitals bzw. der Gewinnbeteiligung (**Prüfstufe II**) (Art. 54 Abs. 1 Buchstabe b) CCCTB-E) voraus. Mittelbare Beteiligungen werden bei der Ermittlung der Mindestbeteiligung berücksichtigt (Art. 54 Abs. 2 CCCTB-E) (vgl. **Abbildung 2.32**).[765]

---

[758] Vgl. Kahle et al. 2011, S. 500.
[759] Vgl. Erwägungsgrund 21 CCCTB-E; Bünning und Möser 2011, S. 2651; Petutschnig 2012, S. 200f.
[760] Vgl. Förster und Krauß 2011, S. 614.
[761] Vgl. Förster und Krauß 2011, S. 608.
[762] Vgl. Bünning und Möser 2011, S. 2648.
[763] Vgl. Bünning und Möser 2011, S. 2648; Kahle et al. 2011, S. 492; Lenz und Rautenstrauch 2011, S. 726.
[764] Vgl. Bünning und Möser 2011, S. 2649f.
[765] Vgl. Bünning und Möser 2011, S. 2650; Förster und Krauß 2011, S. 611; Glaser 2011, S. 2322.

Abbildung 2.32: Gruppenbildung im zweistöckigen Konzern

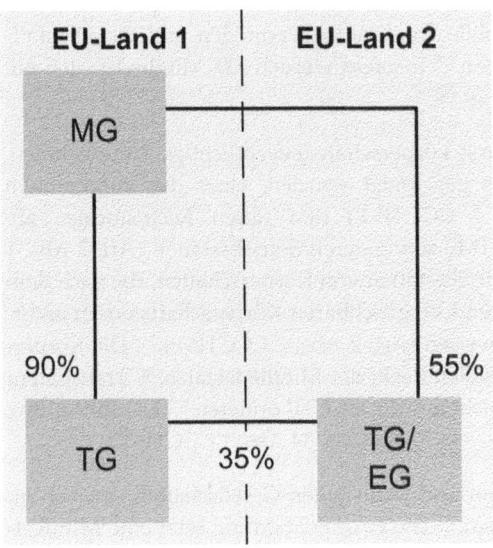

Die Mutterkapitalgesellschaft ist in **Abbildung 2.32** zu 90% unmittelbar an der Tochterkapitalgesellschaft und zu 55% unmittelbar an der Enkelkapitalgesellschaft beteiligt, so dass die Enkelgesellschaft damit zugleich Tochtergesellschaft der Muttergesellschaft ist. Damit hält die Muttergesellschaft sowohl an der Tochter- als auch an der Enkelgesellschaft unmittelbar mehr als 50% der Stimmrechte, so dass die Bedingung der ersten Prüfstufe bezüglich beider Gesellschaften erfüllt ist.

Die Muttergesellschaft ist zu 90% unmittelbar an der Tochtergesellschaft beteiligt, so dass die Bedingung der zweiten Prüfstufe erfüllt ist. Die Muttergesellschaft ist mittelbar (hier: 90% * 35% = 31,5%) und unmittelbaren (hier: 55%) an der Enkelgesellschaft beteiligt und damit insgesamt zu (31,5%+55%=) 86,5% an der Enkelgesellschaft beteiligt, so dass die Bedingung der zweiten Prüfstufe erfüllt ist. Die Muttergesellschaft kann hier mit der Tochtergesellschaft und der Enkelgesellschaft eine Gruppe bilden.

Diese Kriterien sind restriktiver als z.B. die Kriterien der österreichischen Gruppenbildung.[766] Durch das doppelte Prüfkriterium wird ein hohes Maß an wirtschaftlicher Integration zwischen den Gruppenmitgliedern gewährleistet.[767]

Diese Schwellenwerte müssen zunächst mindestens neun Monate eingehalten werden (vorab zu erfüllende **Mindesthaltedauer**) (Art. 58 Abs. 2 CCCTB-E). Andernfalls wird die

---

[766] Siehe Abschnitt 2.4.2.
[767] Vgl. Erwägungsgrund 16 CCCTB-E; Glaser 2011, S. 2322.

Gesellschaft nicht als Gruppenmitglied angesehen. Zudem müssen die Schwellenwerte während des gesamten Steuerjahres erfüllt sein (Art. 58 Abs. 1 CCCTB-E).

Die Gruppenbildung hängt lediglich von der Möglichkeit zur Beherrschung der Gruppenmitglieder ab, nicht aber von der Willensbildung der beteiligten Gesellschaften.[768] Es müssen alle in der Europäischen Union ansässigen Gruppenmitglieder, die die Beteiligungsvoraussetzungen erfüllen, und die in der Europäischen Union belegenen Betriebsstätten einbezogen werden (**all-in/all-out principle**) (Art. 55 CCCTB-E).[769] Im Gegensatz z.B. zur österreichischen Gruppenbesteuerung[770] besteht also kein Wahlrecht dahingehend, welche Tochtergesellschaften einbezogen werden. In **Abbildung 2.32** ist daher nur eine einzige Gruppenbildung möglich, nämlich eine Gruppe, an der sowohl die Muttergesellschaft als auch die Tochtergesellschaft und die Enkelgesellschaft teilnehmen. Mit dem all-in/all-out principle sollen Gestaltungsmöglichkeiten unterbunden werden.[771]

Die Richtlinie sieht sowohl eine allgemeine **Antimissbrauchsregelung** (Art. 80 Abs. 1 CCCTB-E) als auch spezielle Regelungen vor. Probleme ergeben sich insbesondere im Hinblick auf Gestaltungsmaßnahmen mit Drittstaaten.[772] Dementsprechend erfolgt z.B. keine Freistellung von Dividenden und Veräußerungserträgen aus Beteiligungen und auch keine Freistellung von Betriebsstätteneinkünften aus Drittstaaten, wenn der Körperschaftsteuersatz weniger als 40% des durchschnittlichen Steuersatzes der Mitgliedstaaten beträgt (Art. 73 Buchstabe a) CCCTB-E).[773] Im Ergebnis handelt es sich um einen Mindestkörperschaftsteuersatz von 10%.[774] Stattdessen erfolgt ein **Wechsel zur direkten Anrechnungsmethode**, bei der nur die Kapitalertragsteuer angerechnet wird, nicht jedoch die Körperschaftsteuer.[775]

Auch sind **Zinszahlungen** an verbundene Unternehmen in niedrig besteuerte Drittstaaten nicht abzugsfähig (Art. 81 Abs. 1 CCCTB-E).[776] Darüber hinaus hat die dänische Ratspräsidentschaft zudem die Einführung einer Zinsabzugsbeschränkung nach dem Vorbild der deutschen Zinsschranke vorgeschlagen (Art. 14a CCCTB-E i.d.F. des Vorschlages der dänischen Ratspräsidentschaft)[777]. Zudem gibt es bezüglich der beherrschten Unternehmen mit **passiven Einkünften** in **Niedrigsteuer-Drittstaaten** eine Hinzurechnungsbesteuerung (sog. controlled foreign corporation rule) (Art. 82 CCCTB-E).[778]

Die dänische Ratspräsidentschaft hat zudem vorgeschlagen, bei hybrider Kapitalhingabe (**Mezzaninkapital**) die doppelte Nichtbesteuerung im Fall der Anwendung der Frei-

---

[768] Vgl. Bünning und Möser 2011, S. 2650.
[769] Vgl. Kußmaul et al. 2010, S. 180; Lenz und Rautenstrauch 2011, S. 726; Spengel et al. 2013, S. 2.
[770] Vgl. Abschnitt 2.4.2.
[771] Vgl. Kußmaul et al. 2010, S. 180.
[772] Vgl. ausführlich Krauß 2012, S. 148ff.
[773] Vgl. Kofler 2012, S. 88; Krauß 2012, S. 173ff.
[774] Vgl. Lenz und Rautenstrauch 2011, S. 730f.
[775] Vgl. Kofler 2012, S. 88.
[776] Vgl. dazu Lenz und Rautenstrauch 2011, S. 729; Spengel et al. 2013, S. 8.
[777] Vgl. Spengel et al. 2013, S. 8.
[778] Vgl. Herzig und Kuhr 2011a, S. 2056; Lenz und Rautenstrauch 2011, S. 729; Kofler 2012, S. 89; Spengel et al. 2013, S. 4.

stellungsmethode zu verhindern.[779] Die Nichtbesteuerung würde entstehen, wenn die hybride Kapitalhingabe im Quellenland als Fremdkapital eingestuft wird und deshalb die Zinsen abzugsfähig sind, während das hybride Kapital im Empfängerland als Eigenkapital eingestuft wird und die Dividenden freigestellt werden. In diesem Fall wird die Abzugsfähigkeit im Quellenstaat ausgeschlossen.[780] Das Problem der Verschiebung der stillen Reserven vor und nach der Konsolidierungsphase ist jedoch nicht gelöst.[781]

Darüber hinaus bestehen Regelungen bezüglich des Eintritts und des Austritts in eine Gruppe zum **Schutz der finanziellen Interessen der Mitgliedstaaten**.[782] Durch die CCCTB könnte es sonst zu einer Europäisierung der stillen Reserven kommen.[783] Daher wird z.B. die Berücksichtigung der Vorgruppenverluste aus anderen Mitgliedstaaten verhindert (Art. 64 CCCTB-E). Zudem wird auch verhindert, dass ein Mitgliedstaat diejenigen Veräußerungsgewinne besteuert, die bis zu fünf Jahre nach dem Gruppeneintritt entstehen, weil stille Reserven in nicht abschreibungsfähigen oder einzeln abschreibungsfähigen Wirtschaftsgütern aufgedeckt werden, die in einem anderen Mitgliedstaat gebildet wurden (Art. 61 CCCTB-E).[784]

Das gemeinsame materielle Steuerrecht erfordert ein gemeinsames **vereinheitlichtes Verfahrensrecht** (Art. 104ff. CCCTB-E)[785] sowie ein hohes Maß an Koordination zwischen den nationalen Steuerverwaltungen.[786]

Ausblick: Eine Einigung aller Mitgliedstaaten, insbesondere auf die „große" Lösung einer Gewinnermittlung mit Konsolidierung und Aufteilung der Steuerschuld ist nicht wahrscheinlich[787] und war entgegen der Planung der Europäischen Kommission auch vor 2013 nicht zu erwarten, da sich u.a. auch Deutschland gegen eine Implementierung sperrt.[788] Allerdings könnten neun Mitgliedstaaten von dem Instrument der „verstärkten Zusammenarbeit" Gebrauch machen und die CCCTB nur in den teilnehmenden Staaten einführen.[789] So haben z.B. Deutschland und Frankreich eine Projektgruppe gegründet, die u.a. eine Annäherung der deutschen und französischen Bemessungsgrundlage zum Ziel hat.[790] Zudem käme auch eine schrittweise Umsetzung in Frage, indem z.B. zuerst eine Richtlinie für die steuerliche Gewinnermittlung erarbeitet wird.[791] Unabhängig von der Ver-

---

[779] Vgl. Ohne Verfasser 2012a, S. 21.
[780] Vgl. Ohne Verfasser 2012a, S. 21.
[781] Vgl. Herzig 2010, S. 220; Förster und Krauß 2011, S. 614.
[782] Vgl. kritisch van de Streek 2012, S. 28ff.
[783] Vgl. Herzig 2009, S. 1037f.; Kahle et al. 2011, S. 499; Herzig 2012, S. 762.
[784] Vgl. ausführlich Krauß 2012, S. 106ff.; mit Beispiel van de Streek 2012, S. 30f.
[785] Vgl. Kußmaul et al. 2010, S. 180f.; Bünning und Möser 2011, S. 2648; van Eijsden 2011, S. 217ff.
[786] Vgl. Kußmaul et al. 2010, S. 180f. ; Spengel et al. 2013, S. 2.
[787] Vgl. Herzig 2009, S. 1037f.; Herzig 2010, S. 220f.; Kußmaul et al. 2010, S. 181ff.; Glaser 2011, S. 2323, 2325; Herzig und Kuhr 2011a, S. 2053; Herzig und Kuhr 2011b, S. 305; Hey 2011, S. 142; Lenz und Rautenstrauch 2011, S. 727; Ismer 2012, S. 825; Spengel et al. 2013, S. 1.
[788] Vgl. Bundesregierung 2011, S. 2; Bünning und Möser 2011, S. 2647, 2652.
[789] Vgl. Herzig 2009, S. 1038; Bünning und Möser 2011, S. 2653; Glaser 2011, S. 2323; Lenz und Rautenstrauch 2011, S. 727.
[790] Vgl. BMF 2011, Vorbemerkung; Zourek 2012, S. 764; Spengel et al. 2013, S. 2.
[791] Vgl. Herzig 2010, S. 222f.; Herzig 2012, S. 762; Spengel et al. 2013, S. 1.

abschiedung des Richtlinienvorschlages sind zumindest Rückwirkungen auf die inhaltliche Ausgestaltung der nationalen Gewinnermittlung und des nationalen Körperschaftsteuersystems zu erwarten.[792]

2.6 Zusammenfassung

Bezüglich der Gewinnermittlung und der grenzüberschreitenden Berücksichtigung von Verlusten von Tochterkapitalgesellschaften und Betriebsstätten wurden zwar zahlreiche Entwürfe erarbeitet, aber bisher nur das Schiedsübereinkommen verwirklicht, das im Fall von Gewinnberichtigungen zwischen verbunden Unternehmen die Vermeidung der Doppelbesteuerung sicherstellt. Zurzeit liegt jedoch ein Vorschlag für eine Gemeinsame Konsolidierte Körperschaftsteuerbemessungsgrundlage vor, der zum einen eine einheitliche steuerliche Gewinnermittlung und zum anderen eine Berücksichtigung der Verluste von ausländischen Tochterkapitalgesellschaften sowie Betriebsstätten mit sich bringen würde.

Wie der Vergleich der steuerlichen Behandlung von Verlusten in Deutschland und Österreich zeigt, fallen die Unterschiede zwischen der deutschen und österreichischen Berücksichtigung der Verluste von ausländischen Tochterkapitalgesellschaften und Betriebsstätten besonders groß aus. Auch zeigt sich hier der Harmonisierungsbedarf besonders deutlich. Insbesondere die österreichischen Regelungen verdeutlichen die gravierenden Probleme, die durch Unterschiede in der steuerlichen Gewinnermittlung und durch unterschiedliche intertemporale Verlustverrechnungsmöglichkeiten entstehen.

2.7 Literaturverzeichnis

Achatz M, Kirchmayr S (2011) (Hrsg) KStG, Kommentar. Facultas wuv, Wien

Atzmüller M (2005) Zur Nachversteuerung ausländischer Verluste. RdW 23:243-246

Beiser R (2011) Ein Vorschlag zur Neuregelung der Gruppenbesteuerung. Eine starke Vereinfachung bringt mehr Gleichheit und Gerechtigkeit! SWK 86:T 67

Bendlinger S (2010) Die Betriebsstätte im europäischen Steuerrecht. In: Lang M, Weinzierl C (Hrsg) Europäisches Steuerrecht. Festschrift für Friedrich Rödler zum 60. Geburtstag. Linde, Wien, S 84-110

Bendlinger S (2013) Die Betriebsstätte in der Praxis des internationalen Steuerrechts. LexisNexis, Wien

---

[792] Vgl. Herzig 2009, S. 1038f.; Förster und Krauß 2011, S. 615; Kahle et al. 2011, S. 491; Lenz und Rautenstrauch 2011, S. 730.

[Blümich 2012] Heuermann B, Brandis P (Hrsg) Einkommensteuergesetz, Körperschaftsteuergesetz, Gewerbesteuergesetz, Kommentar. Onlinekommentar (Stand: April 2012, inkl. 115. Ergänzungslieferung), Vahlen, München

Bödefeld A, Kuntschik N (2009a) Schiedsverfahren nach DBA. IStR 18:449-454

Bödefeld A, Kuntschik N (2009b) Verständigungs- und Schiedsverfahren nach dem EU-Schiedsabkommen – Theorie und Praxis. IStR 18:268-273

Bödefeld A, Kuntschik N (2010) Der Überarbeitete Verhaltenskodex zur Anwendung des EU-Schiedsübereinkommen. IStR 19:474-478

Bünning M, Möser C (2011) Gemeinsame konsolidierte Körperschaftsteuer-Bemessungsgrundlage (GKKB). Vorbild für eine nationale Neuordnung der Gruppenbesteuerung? BB 66:2647-2653

Damböck A, Galla H (2011) Tax holiday und Gruppenbesteuerung. Taxlex 7:459-462

Dauses M A (2012) Handbuch des EU-Wirtschaftsrechtes. Onlinekommentar (Stand: Februar 2012, inkl. 30. Ergänzungslieferung), C.H. Beck, München

Dautzenberg N (1996) Unternehmensbesteuerung im EG-Binnenmarkt. Problembereiche und Perspektiven. Dissertation, Universität Köln 1996. Steuer, Wirtschaft und Recht, herausgegeben von J G Bischoff, A Kellermann, G Sieben und N Herzig, Bd 142. Josef Eul, Köln, 1997

Debatin H (1969) Die Steuerharmonisierung in der EWG in Form der Konzern-Besteuerungs-Richtlinie. DStZ 57:149-152

Dörfler O, Ribbrock M (2008) Grenzüberschreitende Verluste, Wegzugsbesteuerung sowie Koordinierung von steuerlichen Regelungen im Binnenmarkt – eine Bestandsaufnahme. Unter besonderer Berücksichtigung der in den Mitteilungen der EU-Kommission getroffenen Aussagen. BB 63:304-309

Dötsch E, Pung A (2013) Gesetz zur Änderung und Vereinfachung der Unternehmensbesteuerung und des steuerlichen Reisekostenrechts: Die Änderungen bei der Organschaft. DB 66:305-314

[Endres et al. (2011)] Endres D, Schnitger A, Schreiber C, Zuber B, Cloer A, Althaus M, Jorewitz G, Kerber M, Welling B (2011) PwC-BDI-Report: Internationale Verlustverrechnung. Eine aktuelle Analyse der steuerlichen Rahmenbedingungen in der EU und ausgewählten Drittländern. Haufe, Freiburg-Berlin-München

Förster G, Krauß S (2011) Der Richtlinienvorschlag der Europäischen Kommission zur Gemeinsamen konsolidierten Körperschaftsteuer-Bemessungsgrundlage (GKKB) vom 16. 3. 2011. IStR 20:607-615

Glaser A (2011) Auf dem Weg zu einer sachgerechten Konzernbesteuerung – die GKKB als Leitbild? DStR 49:2317-2325

Gosch D (2009) (Hrsg) Körperschaftsteuergesetz. 2. Aufl, C. H. Beck, München

Grangl I, Petutschnig M (2011) Das Abschreibungskonzept des GKKB-Richtlinienvorschlags. SWI 21:483-502

Gröhs B, Damböck A (2005) Internationale Aspekte der neuen Gruppenbesteuerung – eine Standortbestimmung. In: Lang M, Jirousek H (Hrsg) Praxis des Internationalen Steuerrechts. Festschrift für Helmut Loukota zum 65. Geburtstag. Linde, Wien, S 131-142

Haase F (2012) (Hrsg) Außensteuergesetz, Doppelbesteuerungsabkommen. 2. Aufl, C. F. Müller, Heidelberg-München-Landsberg-Frechen-Hamburg

Haslehner W C (2008) Zweifelsfragen der Gruppenbesteuerung: Konkurrierende finanzielle Verbindungen. Taxlex 4:137-143

[Haunold et al. (2001)] Haunold P, Tumpel M, Widhalm C (2001) Kommission: Vorschlag für eine einheitliche konsolidierte Bemessungsgrundlage für die Unternehmensbesteuerung. SWI 11:560-562

Herzig N (2009) CCCTB-Projekt und Zukunft der Konzernbesteuerung (III). FR 91:1037-1042

Herzig N (2010) Die Zukunft der Gruppenbesteuerung. StuW 87:214–231

Herzig N (2012) Prinzipienorientierung und schrittweise Umsetzung des GKKB-Projektes. FR 94:761-762

Herzig N, Kuhr J (2011a) Grundlagen der steuerlichen Gewinnermittlung nach dem GKKB-Richtlinienentwurf. DB 64:2053-2058

Herzig N, Kuhr J (2011b) Realisations- und Imparitätsprinzip im Richtlinienentwurf der GKKB. StuW 88:305-322

Hey J (2011) Perspektiven der Unternehmensbesteuerung. Gewerbesteuer – Gruppenbesteuerung – Verlustverrechnung – Gewinnermittlung. StuW 88:131–143

Hinnekens L (1994) Compatibility of Bilateral Tax Treaties with European Community Law. The Rules. EC Tax Review 3:146-166

Hoffmann J (2000) Neue Möglichkeiten zur identitätswahrenden Sitzverlegung in Europa? Der Richtlinienentwurf zur Verlegung des Gesellschaftssitzes innerhalb der EU. ZHR 164:43-66

Hofstätter F, Reichel K (2012) Die Einkommensteuer (EStG 1988). LexisNexis ARD Orac, Wien, Loseblatt (Stand: Februar 2012, inkl. 51. Ergänzungslieferung)

Holthaus J (2012) Systemwechsel in der Abkommenspolitik – tatsächliche Besteuerung im Quellenstaat Voraussetzung für Freistellungen nach den neuen DBA. IStR 21:537-540

Ismer R (2012) Gruppenbesteuerung statt Organschaft im Ertragsteuerrecht? DStR 50:821-829

Jacobs O H (2011) Internationale Unternehmensbesteuerung. Deutsche Investitionen im Ausland. Ausländische Unternehmen im Inland. 7. Aufl, C. H. Beck, München

[Jakom 2012] Baldauf A, Kanduth-Kristen S, Laudacher M, Lenneis C, Marschner E (2012) Jakom Einkommensteuergesetz. 5. Aufl, Linde, Wien

Jirousek H (1999) Übereinkommen über die Beseitigung der Doppelbesteuerung im Falle von Gewinnberichtigungen zwischen verbundenen Unternehmen. ÖStZ 52:218-224

Joklik-Fürst M (1996) Internationale Verrechnungspreise und Europäische Union. Darstellung der aktuellen Entwicklung. ÖStZ 49:101-108

[Kahle et al. (2011)] Kahle H, Dahlke A, Schulz S (2011) Der EU-Richtlinienvorschlag zur CCCTB – Anmerkungen aus Theorie und Praxis. Ubg 4:491-503

[Kaufmann et al. (2002)] Kaufmann R, Krafft E, Neill J (2002) Würdigung der Ausführungen zum Verständigungsverfahren. SWI 12:325-336

Kempf A, Gelsdorf F (2012) Die EU-Schiedsverfahrenskonvention im Konkurrenzverhältnis zu Doppelbesteuerungsabkommen. IStR 21:329-335

Kirchhof P (2012) (Hrsg) Einkommensteuergesetz, Kommentar. 11. Aufl, Dr. Otto Schmidt, Köln

Kleinert J, Nagler J (2005a) Das EuGH-Verfahren Marks & Spencer – Konsequenzen des Schlussantrags des Generalanwalts. DB 58:855-857

Kleinert J, Nagler J (2005b) Konzernbesteuerung – Gewinne von Muttergesellschaften - Abzug der Verluste einer gebietsansässigen Tochtergesellschaft – Bewilligung – Abzug der Verluste einer gebietsfremden Tochtergesellschaft – Ausschluss. DB 58:2788-2793

Kofler G (2012) Indirect Credit versus Exemption: Double Taxation Relief for Intercompany Distributions. Bulletin for International Taxation 66:77-89

Krabbe H (1997) Beurteilung der EU-Schiedsverfahrenskonvention als Instrument zur Vermeidung der Doppelbesteuerung. In: Fischer, Lutz (Hrsg) Grenzüberschreitende Aktivitäten deutscher Unternehmen und EU-Recht. Internationales Unternehmensrecht. Bilanzsteuerrecht. Diskriminierungsverbot. EU-Schiedsverfahrenskonvention. Umstrukturierung. Euro-Holding. Forum der Internationalen Besteuerung, Bd 13. Dr. Otto Schmidt, Köln, S 77-93

Krauß S (2012) Gruppenbesteuerung nach dem Richtlinienvorschlag zur CCCTB. Dissertation, Universität Düsseldorf, Reihe Steuer, Wirtschaft und Recht, herausgegeben von J G Bischoff, A Kellermann, G Sieben und H Herzig, Bd 322. Josef Eul, Lohmar-Köln

[Kußmaul et al. (2010)] Kußmaul H, Niehren C, Pfeifer G (2010) CCCTB-Illusion oder Wirklichkeit? Ein internationales Modell ruft (inter)nationale Reaktionen hervor. StuW 87:177-184

[Lang et al. (2007)] Lang M, Schuch J, Staringer C, Stefaner M C (Hrsg) Grundfragen der Gruppenbesteuerung, Ergebnisse des Symposiums zu Grundfragen der Gruppenbesteuerung. Linde, Wien

[Lang et al. (2009)] Lang M, Schuch J, Staringer C (2009) Körperschaftsteuergesetz, Kommentar. Linde, Wien

Lehner M (2011) Die Umsetzung von abkommensrechtlichen Konsultationsvereinbarungen zur Vermeidung von Doppelbesteuerung und Doppelnichtbesteuerung durch Rechtsverordnungen. IStR 20:733-739

[Lenz et al. (2012)] Lenz M, Adrian G, Handwerker E (2012) Geplante Neuregelung der ertragsteuerlichen Organschaft, Erläuterung und erste Anmerkungen zum Gesetz zur Änderung und Vereinfachung der Unternehmensbesteuerung und des steuerlichen Reisekostenrechts. BB 67:2851-2859

Lenz M, Rautenstrauch G (2011) Der Richtlinienentwurf zur Gemeinsamen konsolidierten KSt-Bemessungsgrundlage (GKKB). DB 64:726-731

Loukota H (1997) Zur Bedeutung der neuen OECD-Verrechnungspreisgrundsätze für die österreichische Beratungspraxis. SWI 7:339-348

Mamut M-A, Schilcher M (2007) Die Berücksichtigung von Auslandsverlusten. In: [Lang et al. (2007)] Lang M, Schuch J, Staringer C, Stefaner M C (Hrsg) Grundfragen der Gruppenbesteuerung, Ergebnisse des Symposiums zu Grundfragen der Gruppenbesteuerung. Linde, Wien, S 169-219

Marecek E (2010) Betriebsstättengewinnermittlung – Das Verhältnis zwischen Stammhaus und Betriebsstätte. ÖStZ 63:191-194

Mayr G (2004) Die neue Gruppenbesteuerung. Konzept und Grundlagen. RdW 22:246-248

Mayr G (2005) § 2 Abs. 8 EStG: „Dreifache Deckelung" der Nachversteuerung ausländischer Verluste. RdW 23:189-190

Mayr G (2008) Endgültige Verluste im Sinne von Marks & Spencer. BB 63:1816-1819

Mayr G (2010) Moderne Gruppenbesteuerung für Deutschland? – Zehn Vorschläge aus den Praxiserfahrungen Österreichs. IStR 19:633-637

[Mayr et al. (2010)] Mayr G, Herzog O, Blasnia H, Scharzinger M, Schlager C (2010) Körperschaftsteuer 2010. Ein systematisches Praxishandbuch. 3. Aufl, SWK-Spezial. Linde, Wien

Menck T (2000) Art. 25 OECD-Musterabkommen, Abschnitt IV, EU-Schiedsstellenübereinkommen (Übereinkommen über die Beseitigung der Doppelbesteuerung im Falle von Gewinnberichtigungen zwischen verbundenen Unternehmen, 90/436/EWG). In: Becker H, Höppner H-D, Grotherr S, Kroppen H-K (Hrsg) DBA-Kommentar. Loseblatt (Stand: 2000, inkl. 6. Ergänzungslieferung), Neue Wirtschafts-Briefe, Herne-Berlin

Merz S, Sajogo D (2010a) Aktuelle Entwicklungen bei internationalen Verständigungs- und Schiedsverfahren. PIStB 12:44-50

Merz S, Sajogo D (2010b) Internationale Verständigungs- und Schiedsverfahren: Das Verständigungs- und Schiedsverfahren nach Art. 25 OECD-MA als „letzter Ausweg". PIStB 12:185-191

Metzler V E (2007) Die Nachversteuerung von Auslandsverlusten. In: Lang M, Schuch J, Staringer C, Stefaner M C (Hrsg) Grundfragen der Gruppenbesteuerung. Linde, Wien, S 221-247

Micker L (2012) Änderungen des internationalen Steuerrechts zum Jahreswechsel. Auswirkungen dreier Artikelgesetze in 2013. IWB ohne Jahrgang:6-14

Moser G (2010) Die Verwertung von Verlusten im Konzern. Aufsichtsrat aktuell 6:23-27

[Mössner et al. (2012)] Mössner M, Baumhoff H, Dyckmans J, Engel B, Henkel U, Hummel D, Kubicki C, Kuhn J, Liebchen D, Menck T, Mick M, Schänzle T, Strunk G (2012) Steuerrecht international tätiger Unternehmen. Handbuch der Besteuerung von Auslandsaktivitäten inländischer Unternehmen und von Inlandsaktivitäten ausländischer Unternehmen. 4. Aufl, Dr. Otto Schmidt, Köln

Mössner M, Fuhrmann S (2011) Außensteuergesetz, Kommentar. 2. Aufl, NWB Verlag, Herne

Mühlehner J (2005) Die Währungsumrechnung von ausländischen Einkünften im Rahmen des § 2 Abs 8 EStG. ÖStZ 58:236-240

Mühlehner J, Zöchling H (2004) (Hrsg) Die neue Gruppenbesteuerung. Profunder Überblick – Viele Beispiele – Lösungswege – Gestaltungstipps, SWK-Spezial. Linde, Wien

Nacke A T (2012) Entwurf des Jahressteuergesetzes 2013. Die wichtigsten Änderungen durch den Gesetzentwurf unter Berücksichtigung der Stellungnahme des Bundesrates und der Gegenäußerung der Bundesregierung. DB 65:2117-2129

Novacek N (2008) Verlustverwertung einschließlich § 2 Abs 8 EStG. In: Renner B, Schlager J, Schwarz R (Hrsg) Praxis der steuerlichen Gewinnermittlung. Linde, Wien, S 283-304

Novacek N (2012) Probleme durch den neuen Auslandsverlustdeckel: periodenübergreifende Doppelbesteuerungen und Währungsverluste. ÖStZ 65:399-400

Oberascher F, Staringer C (2007) Gruppenträger und Gruppenmitglied. In: [Lang et al. (2007)] Lang M, Schuch J, Staringer C, Stefaner M C (Hrsg) Grundfragen der Gruppenbesteuerung, Ergebnisse des Symposiums zu Grundfragen der Gruppenbesteuerung. Linde, Wien, S 29-50

Obermair C, Stefaner M (2007) Die finanzielle Verbindung als Voraussetzung der Gruppenbesteuerung. In: [Lang et al. (2007)] Lang M, Schuch J, Staringer C, Stefaner M C (Hrsg) Grundfragen der Gruppenbesteuerung, Ergebnisse des Symposiums zu Grundfragen der Gruppenbesteuerung. Linde, Wien, S 51-86

Ohne Verfasser (2012a) Ecofin: Änderungsvorschlag der dänischen Ratspräsidentschaft zur GKKB. DB 65, Heft 20:21

Ohne Verfasser (2012b) Verschiebung des JStG 2013 und weiterer Steuergesetze. DB 65, Heft 51/52:14-15

Ohne Verfasser (2013) Beschlüsse des Bundesrats zu laufenden Gesetzgebungsverfahren. DB 66, Heft 6:6

Panzer A, Gebert D (2010) Ausnahmsweiser Abzug tatsächlicher finaler Verluste einer EU-Tochtergesellschaft bei der inländischen Muttergesellschaft? – Eine Betrachtung vor dem Hintergrund der jüngsten Entscheidungen des BFH. IStR 19:781-785

Peters H M, Haverkamp L H (2011) Verbesserte Möglichkeiten zur Beseitigung von Doppelbesteuerungen – Vergleich des Schiedsverfahrens nach Art. 25 Abs. 5 OECD-MA und des EU-Schiedsverfahrens. BB 66:1303-1312

Petutschnig M (2012) Common Consolidated Corporate Tax Base – Analyse der vorgeschlagenen Aufteilungsfaktoren. StuW 89:192-206

Petutschnig M, Six M (2009) Nachversteuerung ausländischer Verluste. Taxlex 5:421-425

[Pirvu et al. (2011)] Pirvu D, Bancia L, Hagiu A (2011) Implications of the introduction of the Common Consolidated Corporate Tax Base for tax revenues in Romania. Financial Theory and Practice 35:197-215

Plansky P, Ressler G (2007) Die Verlustverwertung in der Unternehmensgruppe. In: [Lang et al. (2007)] Lang M, Schuch J, Staringer C, Stefaner M C (Hrsg) Grundfragen der Gruppenbesteuerung, Ergebnisse des Symposiums zu Grundfragen der Gruppenbesteuerung. Linde, Wien, S 141-168

Plott C (2012) Neue Schranken bei der Auslandsverlustverwertung. In: Perthold J, Plott C (Hrsg) SWK-Spezial Stabilitätsgesetz. Linde, Wien, S 79-92

Pölzl H (2005) Die Nachversteuerung ausländischer Betriebsstättenverluste. In: Lang M, Jirousek H (Hrsg) Praxis des Internationalen Steuerrechts. Festschrift für Helmut Loukota zum 65. Geburtstag. Linde, Wien, S 385-397

[Quantschnigg et al. (2005)] Quantschnigg P, Achatz M, Haidenthaler E, Trenkwalder V, Tumpel M (Hrsg) Gruppenbesteuerung. Kommentar und systematische Darstellungen. Linde, Wien

Quilitzsch C (2010) Die Finalität von Betriebsstättenverlusten. DB 63:2757-2761

Rasch S (2000) Konzernverrechnungspreise im nationalen, bilateralen und europäischen Steuerrecht. Dissertation, Universität Bochum 2000. Steuerfragen der Wirtschaft, Bd 12. Dr. Otto Schmidt, Köln, 2001

Rautenstrauch G (2009) Die gemeinsame konsolidierte KSt-Bemessungsgrundlage (GKKB) als Vorbild für ein eigenständiges Bilanzsteuerrecht in Deutschland. FR 91:114-117

Rehm H, Nagler J (2013) Europäisches Steuerrecht. Gabler, Wiesbaden

Richter L (2010) Aktuelle Entwicklungen zur Berücksichtigung finaler ausländischer Betriebsstättenverluste im Ansässigkeitsstaat. DB 63:2734-2739

Riecker A (1996) Körperschaftsbesteuerung in der Europäischen Union und das US-amerikanische Modell der Unitary Taxation. Dissertation, Universität Konstanz 1996. Nomos Universitätsschriften Recht. Nomos Verlag, Baden-Baden, 1997

Saß G (1979) Zum EG-Richtlinienvorschlag zur Vermeidung der Doppelbesteuerung bei Gewinnberichtigungen zwischen verbundenen Unternehmen („Schiedsverfahren"). DB 32:2196-2199

Saß G (1991a) Zum EG-Abkommen über die Beseitigung der Doppelbesteuerung (Schlichtungsverfahren) im Falle einer Gewinnberichtigung bei Geschäftsbeziehungen zwischen verbundenen Unternehmen. DB 44:984-987

Saß G (1991b) Zum EG-Richtlinienvorschlag vom 28.11.1990 über den Abzug von Verlusten ausländischer Betriebsstätten und Tochtergesellschaften. BB 46:1161-1165

Saß G (1999) Zur Berücksichtigung der Verluste ausländischer Tochtergesellschaften bei der inländischen Muttergesellschaft in der EU. BB 54:447-451

Saß G (2001) Zur Verlustberücksichtigung bei grenzüberschreitender Unternehmenstätigkeit in der EU – Anmerkungen zu: EuGH-Urteil vom 14.12.2000 Rs. C-141/99, AMID. DB 54:508-510

Saß G (2006) Nochmals: Zur Berücksichtigung von Verlusten ausländischer Tochtergesellschaften in der EU – Anmerkungen zum EuGH-Urteil vom 13. 12. 2005 Rs. C-446/03, Marks & Spencer. DB 59:123-127

Literaturverzeichnis

Sapusek A (1996) Ökonomische und juristische Analyse der Steuerharmonisierung in der Europäischen Union. Umsatzsteuer, spezielle Verbrauchsteuern, direkte Unternehmensteuern. Dissertation, Wirtschaftsuniversität Wien 1996. Europäische Hochschulschriften, Reihe 5, Volks- und Betriebswirtschaft, Bd 2051. Peter Lang, Frankfurt am Main-Berlin-Bern-New York-Paris-Wien 1997

Scheffler W, Krebs C (2011) Richtlinienvorschlag zur CCCTB: Bestimmung der Steuerbemessungsgrundlage im Vergleich mit der Steuerbilanz nach EStG. DStR 49:Beihefter 13

[Schmidt 2012] Weber-Grellet H (Hrsg) (2012) EStG Einkommensteuergesetz, Kommentar. 31. Aufl, C. H. Beck, München

Schneider N (2005) Die Berücksichtigung von Auslandsverlusten nach § 2 Abs 8 EStG und § 9 Abs 6 Z 6 KStG. Ausländische Betriebsstättenverluste vs ausländische Verluste im Rahmen der Gruppenbesteuerung. Taxlex 1:194-202

Schön W (2012) Zur Zukunft des Internationalen Steuerrechts. StuW 89:213-224

Schuh A (2006) Auslandsverluste im österreichischen Steuerrecht – § 2 Abs 8 EStG. Die Ermittlung des Nachversteuerungsbetrages und die Auswirkungen eines ausländischen Verlustrücktrages. ÖStZ 59:314-318

Spengel C (2008) Gemeinsame konsolidierte Körperschaftsteuer-Bemessungsgrundlage (GKKB) und Drittstaatenfragen. IStR 17:556-561

Spengel C, Matenaer S (2010) Grenzüberschreitende Verrechnung von Betriebsstättenverlusten – ein kritischer Vergleich der EuGH-Rechtsprechung. IStR 19:817-820

[Spengel et al. 2013] Spengel C, Ortmann-Babel M, Zinn B, Matenaer S (2013) Gemeinsame Konsolidierte KSt-Bemessungsgrundlage und steuerliche Gewinnermittlung in den EU-Mitgliedstaaten, der Schweiz und den USA. Eine vergleichende und quantitative Analyse. DB 66: Beilage, Beilage 2 zu Heft 8

Staringer C (2010) Die Gruppenbesteuerung in der Krise. GES 8:31-40

Stefaner M, Weninger J (2005) Nachversteuerung von Auslandsverlusten im Rahmen der Gruppenbesteuerung. Taxlex 1:187-191

Stiller W (2011) Gestaltungsspielräume bei Verlusten einer ausländischen Betriebsstätte. IWB ohne Jahrgang:913-922

Sureth C, Bäumer M (2010) Besteuerung multinationaler Unternehmen in der EU – eine vergleichende Analyse ausgewählter Reformvorschläge. ZfB 80:171–202

[Sureth et al. (2010)] Sureth C, Mehrmann A, Dahle C (2010) Grenzüberschreitende Verlustverrechnungssysteme in Europa – Vorbilder für eine Reform der deutschen Organschaft? StuW 87:160–176.

Treisch C (2004) Europataugliche Ausgestaltung der Unternehmensbesteuerung. Anforderungen, Probleme und Lösungsmöglichkeiten. Gabler Edition Wissenschaft, Schriften zum Steuer-, Rechnungs- und Prüfungswesen. Deutscher Universitätsverlag, Wiesbaden

Tröszter J (2010) Die Ermittlung und Überprüfung von Verlusten ausländischer Gruppenmitglieder. Eine Gebrauchsanweisung für die Praxis. SWK 85:S 523-532

Tröszter J (2011) Gruppenbesteuerung und Tax Holidays. SWI 21:308-309

Tsourouflis A (1996/1997) Die Harmonisierung der Körperschaftsteuer in der Europäischen Union. Dissertation, Universität Osnabrück 1996/1997. Europäische Hochschulschriften, Reihe 2, Rechtswissenschaften, Bd 2194. Peter Lang, Frankfurt am Main-Berlin-Bern-New York-Paris-Wien, 1997

Tumpel M (1991) EG-Richtlinienvorschlag zur Berücksichtigung von Auslandsverlusten. SWI 1:75-79

Urtz C (2011) Grenzüberschreitende Gruppenbesteuerung. Reform der Organschaft – Österreich als Vorbild? In: Lüdicke J (Hrsg) Internationales Steuerrecht – Aufbruch oder Konsolidierung? Forum der Internationalen Besteuerung, Bd 38. Dr. Otto Schmidt, Köln, S 59-144

van de Streek J (2012) The CCCTB Concept of Consolidation and the Rules on Entering a Group. Intertax 40:24-32

van Eijsden A (2011) The One-Stop-Shop Approach: A Discussion of the Administrative and Procedural Aspects of the CCCTB Draft Directive. EC Tax Review 20:217-231

Vogel K, Lehner, M (2008) Doppelbesteuerungsabkommen der Bundesrepublik Deutschland auf dem Gebiet der Steuern vom Einkommen und Vermögen. Kommentar auf der Grundlage der Musterabkommen. 5. Aufl, C. H. Beck, München

[Vögele et al. (2011)] Vögele A, Borstell T, Engler G (2011) Verrechnungspreise, Betriebswirtschaft, Steuerrecht. 3. Aufl, C. H. Beck, München

Vögele A, Forster F (2006) Das EU-Schiedsübereinkommen. IStR 15:537-540

Volpini de Maestri J (2011) Behandlung von mit Beteiligungen zusammenhängenden Betriebsausgaben. In: Stefaner M, Schragl M (Hrsg) Grenzüberschreitende Beteiligungserträge. Linde, Wien, S 153-167

von Brocke K, Auer J (2011) Praxisrelevante Probleme in Zusammenhang mit dem Abzug finaler ausländischer Betriebsstättenverluste. DStR 49:57-60

[von Wolfersdorff et al. (2012)] von Wolfersdorff J, Rödder T, Schmidt-Fehrenbacher V, Beisheim M, Gerner M (2012) Der Fraktionsentwurf zur „Kleinen Organschaftsreform": Guter Wille, aber doch kein wirklicher Rechtsfrieden! DB 65:2241-2247

Walter T (2004) Verluste ausländischer Gruppenmitglieder. In: Mühlehner J, Zöchling H (Hrsg) Die neue Gruppenbesteuerung. Profunder Überblick – Viele Beispiele – Lösungswege – Gestaltungstipps, SWK-Spezial. Linde, Wien, S 42-60

Wernsmann R (2006) Gemeinschaftsrechtliche Vorgaben für die grenzüberschreitende Verlustberücksichtigung im Konzern. FR 88:153-163

[Wiesner et al. (2008)] Wiesner W, Kirchmayr S, Mayr G (2008) Gruppenbesteuerung, Praxiskommentar. 2. Aufl, LexisNexis ARD Orac, Wien

Wiesner W, Mayr M (2004) Neues zur Gruppenbesteuerung. RdW 22:629-637

Wittkowski A, Lindscheid F (2010) BB-Rechtsprechungsreport Grenzüberschreitende Verlustverrechnung 2010. BB 65:3054-3059

Zourek H (2012) Die GKKB und die Angleichung der Unternehmensbesteuerung in Deutschland und Frankreich. FR 94:763-765

2.8 Quellenverzeichnis

[Auslands-Verlust-Richtlinie 1990] [Europäische] Kommission (1990) Vorschlag für eine Richtlinie des Rates über die Regelung für Unternehmen zur Berücksichtigung der Verluste ihrer in anderen Mitgliedstaaten belegenen Betriebsstätten und Tochtergesellschaften. (91/C 53/03). Vom 06.12.1990. KOM(1990) 595 endg. ABl. 1991, C 53/30-34

[Auslands-Verlust-Richtlinie 1992] Regelung für Unternehmen zur Berücksichtigung von Verlusten. – Vorschlag für eine Richtlinie KOM(1990) 595 – C3-69/91. Vorschlag der Kommission für eine Richtlinie des Rates über eine Regelung für Unternehmen zur Berücksichtigung der Verluste ihrer in anderen Mitgliedstaaten gelegenen Betriebsstätten und Tochtergesellschaften. ABl. 1992, C 94/152-153

[BMF 2011] [deutsches] Bundesministerium der Finanzen (2001) Verlustverrechnung und Gruppenbesteuerung. Bericht der Facharbeitsgruppe „Verlustverrechnung und Gruppenbesteuerung". Vom 15.09.2011

[BMF Merkblatt zum Verständigungs- und Schiedsverfahren] [Deutsches] BMF, Schreiben vom 13.07.2006 – IV B 6-S 1300-340/06, Merkblatt zum internationalen Verständigungs- und Schiedsverfahren auf dem Gebiet der Steuern vom Einkommen und vom Vermögen. BStBl. I 2006, 461

[Bundesregierung 2011] Antwort der Bundesregierung auf die Kleine Anfrage der Abgeordneten Dr. Thomas Gambke, Britta Haßelmann, Lisa Paus, weiterer Abgeordneter und der Fraktion BÜNDNIS 90/DIE GRÜNEN – Drucksache 17/5606 – Gemeinsame konsolidierte Körperschaftsteuer-Bemessungsgrundlage. Bundestag-Drucksache 17/5748.

Vom 05.05.2011. Gemeinsames Dokumentations- und Informationszentrum für Parlamentarische Vorgänge von Bundestag und Bundesrat (DIP) (Onlinedatenbank), Berlin

[CCCTB-E] Europäische Kommission. Vorschlag für eine Richtlinie des Rates vom 16. 3. 2011 über eine Gemeinsame konsolidierte Körperschaftsteuer-Bemessungsgrundlage (GKKB). Vom 16.03.2011. KOM(2011) 121/4 endg. – 2011/0058 (CNS). {SEK(2011) 315} {SEK(2011) 316}

[dEStG] Einkommensteuergesetz (EStG). In der Fassung der Bekanntmachung vom 8. Oktober 2009. [Deutsches] BGBl. I S. 3366, ber. I 2009 S. 3862. FNA 611-1. Zuletzt geändert durch Art. 3 Gesetz zur Änderung des Gemeindefinanzreformgesetzes und von steuerlichen Vorschriften vom 08.05.2012. [Deutsches] BGBl. I, 1030

[dKStG] Körperschaftsteuergesetz (KStG). In der Fassung der Bekanntmachung vom 15. Oktober 2002. [Deutsches] BGBl. I S. 4144. FNA 611-4-4. Zuletzt geändert durch Art. 4 Gesetz zur Umsetzung der Beitreibungsrichtlinie sowie zur Änderung steuerlicher Vorschriften (Beitreibungsrichtlinie-Umsetzungsgesetz – BeitrRLUmsG) vom 07.12.2011. [Deutsches] BGBl. I, 2592

[EuGH-Dividenden-Umsetzungsgesetz-E] Fraktionen der CDU/CSU und FDP (2012) Entwurf eines Gesetzes zur Umsetzung des EuGH-Urteils vom 20. Oktober 2011 in der Rechtssache C-284/09. Bundestag-Drucksache 17/11314. Vom 06.11.2012. Gemeinsames Dokumentations- und Informationszentrum für Parlamentarische Vorgänge von Bundestag und Bundesrat (DIP) (Onlinedatenbank), Berlin

[Europäische Kommission (1967a)] Programm der Steuerharmonisierung. Mitteilung der Kommission an den Rat. Vom 08.02.1967. Bulletin der Europäischen Wirtschaftsgemeinschaft, ohne Jahrgang, Beilage 8:3-5

[Europäische Kommission (1967b)] Programm für die Harmonisierung der direkten Steuern. Mitteilung der Kommission an den Rat. Vom 26.06.1067. Bulletin der Europäischen Wirtschaftsgemeinschaft, ohne Jahrgang, Beilage 8:6-22

[Europäische Kommission (1987)] Mitteilung der Kommission. Sc[h]affung eines Europäischen Finanzraums. Vom 04.11.1987. KOM(1987) 550 endg.

Europäische Kommission (2001) Mitteilung der Kommission. Vorschläge die von der Kommission zurückgezogen werden. Überholte Vorschläge. Vom 21.12.2001. KOM(2001) 763 endg.

Europäische Kommission (2006) Mitteilung der Kommission an den Rat, das Europäische Parlament und den Europäischen Wirtschafts- und Sozialausschuss. Steuerliche Behandlung von Verlusten bei grenzübergreifenden Sachverhalten. Vom 19.12.2006. KOM(2006) 824 endg.

[Europäisches Parlament (1979)] Entschließung zur Harmonisierung der Körperschaftsteuersysteme und der Regelungen der Quellensteuer auf Dividenden. ABl. 1979, C 140/19

[Europäisches Parlament (1983)] Entschließung zur Harmonisierung der Körperschaftsteuersysteme und der Regelungen der Quellensteuer auf Dividenden. ABl. 1983, C 342/73

[EU-Schiedsübereinkommen] Übereinkommen über die Beseitigung der Doppelbesteuerung im Falle von Gewinnberichtigungen zwischen verbundenen Unternehmen. (90/436/EWG). ABl. 1990, L 225/10-24

[EU-Verhaltenskodex zur Anwendung des EU-Schiedsübereinkommens 2009] Überarbeiteter Verhaltenskodex zur wirksamen Durchführung des Übereinkommens über die Beseitigung der Doppelbesteuerung im Falle von Gewinnberichtigungen zwischen verbundenen Unternehmen. ABl. 2009, C 322/1

[EU-Verhaltenskodex zur Verrechnungspreisdokumentation] Entschließung des Rates und der im Rat vereinigten Vertreter der Regierungen der Mitgliedstaaten vom 27. Juni 2006 zu einem Verhaltenskodex zur Verrechnungspreisdokumentation für verbundene Unternehmen in der Europäischen Union (EU TPD) (2006/C 176/01). Vom 28.07.2006. ABl. 2006, C 176/1, EU-Dok.-Nr. 4 2006 X 0728 (01)

[Fusionsrichtlinie 1969] [Europäische] Kommission (1969) Vorschlag einer Richtlinie des Rates über das gemeinsame Steuersystem für Fusionen, Spaltungen und die Einbringung von Unternehmensteilen, die Gesellschaften verschiedener Mitgliedstaaten betreffen. Vom 16.01.1969. ABl. 1969, C 39/1-6

[Gesetzentwurf zur Änderung und Vereinfachung der Unternehmensbesteuerung und des steuerlichen Reisekostenrechts] Fraktionen der CDU/CSU und FDP (2012) Entwurf eines Gesetzes zur Änderung und Vereinfachung der Unternehmensbesteuerung und des steuerlichen Reisekostenrechts vom 25.09.2012. Bundestag-Drucksache 17/10774. Gemeinsames Dokumentations- und Informationszentrum für Parlamentarische Vorgänge von Bundestag und Bundesrat (DIP) (Onlinedatenbank), Berlin

[Jahressteuergesetz-E 2013] Gesetzentwurf der Bundesregierung vom 19.06.2012, Entwurf eines Jahressteuergesetzes 2013. Bundestag-Drucksache 17/10000. Gemeinsames Dokumentations- und Informationszentrum für Parlamentarische Vorgänge von Bundestag und Bundesrat (DIP) (Onlinedatenbank), Berlin

[Mutter-Tochter-Richtlinie 1969] [Europäische] Kommission (1969) Vorschlag einer Richtlinie über das gemeinsame Steuersystem für Mutter- und Tochtergesellschaften verschiedener Mitgliedstaaten. Vom 16.01.1969. ABl. 1969, C 39/7-9

[Mutter-Tochter-Richtlinie 2011] Richtlinie 2011/96/EU des Rates vom 30. November 2011 über das gemeinsame Steuersystem der Mutter- und Tochtergesellschaften verschiedener Mitgliedstaaten. ABl. 2011, L 345/8-16.

[OECD-Musterabkommen] OECD-Musterabkommen 2010 zur Vermeidung der Doppelbesteuerung auf dem Gebiet der Steuern vom Einkommen und vom Vermögen. Onlinedatenbank (Stand: Oktober 2010), C. H. Beck, München

[OECD-Verrechnungspreisrichtlinien 2010] OECD-Verrechnungspreisleitlinien für multinationale Unternehmen und Steuerverwaltungen. OECD, Paris, 2011. Abgedruckt in Kodex des Österreichischen Rechts, Doppelbesteuerungsabkommen. 10. Aufl, Linde, Wien, 2012

[öEStG] Einkommensteuergesetz 1988. [Österreichisches] BGBl. 0400/1988, zuletzt geändert durch [österreichisches] BGBl. I 0022/2012

[öEStR 2000] Einkommensteuerrichtlinien (EStR) 2000 in der Fassung des Wartungserlasses 2011 vom 14.12.2011. Onlinedatenbank, Linde, Wien

[öKStG] Körperschaftsteuergesetz 1988. [Österreichisches] BGBl. 0401/1988, zuletzt geändert durch [österreichisches] BGBl. I 0022/2012

[öKStR 2001] Körperschaftsteuerrichtlinien (KStR). Onlinedatenbank (Stand: 06.04.2010), Wien, Linde

[öKStR 2013] Körperschaftsteuerrichtlinien (KStR). Richtlinie des [österreichischen] BMF, GZ BMF-010216/0009-VI/6/2013 vom 13.03.2013, Körperschaftsteuerrichtlinien 2013 (KStR 2013), [österreichische] Finanzdokumentation (Findok)

[Ruding-Bericht (1992)] Commission of the European Communities (1992) Report of the committee of independent experts on company taxation. Office for Official Publications of the European Communities, Luxembourg

[Statut der Europäischen Aktiengesellschaft 1970] [Europäische] Kommission (1970) Vorschlag einer Verordnung (EWR) des Rates über das Statut für europäische Aktiengesellschaften. Vom 30.06.1970. ABl. 1970, C 124/1-55

[Statut der Europäischen Aktiengesellschaft 1975] [Europäische Kommission] (1975) [Geänderter] Vorschlag einer Verordnung (EWR) des Rates über das Statut für europäische Aktiengesellschaften. [Vom 30.04.1975. KOM(1970) 150 endg.] Bulletin der Europäischen Gemeinschaft 1975, Beilage 4

[Verlustrichtlinie 1984] [Europäische] Kommission (1984) Vorschlag einer Richtlinie des Rates zur Harmonisierung der steuerlichen Rechtsvorschriften der Mitgliedstaaten zur Übertragung von Unternehmensverlusten. (84/C 253/05). Vom 11.09.1984. KOM(1984) 404 endg. ABl. 1984, C 253/5-6

[Verlustrichtlinie 1985] [Europäische] Kommission (1985) Änderung des Vorschlags einer Richtlinie des Rates zur Harmonisierung der steuerlichen Rechtsvorschriften der Mitgliedstaaten zur Übertragung von Unternehmensverlusten. (85/C 170/3). Vom 25.06.1985. KOM(1985) 319 endg. ABl. 1985, C 170/3

[Verrechnungspreisrichtlinien 2010] Richtlinie des [österreichischen] BMF, GZ BMF-010221/2522/-IV/4/2010 vom 28.10.2010, Verrechnungspreisrichtlinien 2010 (VPR 2010), [österreichische] Finanzdokumentation (Findok)-Nr. 49970

2.9 Rechtsprechungsverzeichnis

Gericht	Datum	Aktenzeichen	Urteilsbezeichnung	Fundstelle
EuGH	15.05.2008	Rs. C-414/06	Lidl Belgium	EuGH Slg. 2008 I, 03601
EuGH	23.10.2008	Rs. C-157/07	Krankenheim Ruhesitz am Wannsee	EuGH Slg. 2008 I, 8061
VwGH	25.09.2001	99/14/0217		IStR 2001, 754

3 Harmonisierung der Besteuerung von Strukturänderungen

Corinna Treisch

Die Harmonisierung der direkten Unternehmensbesteuerung wurde auch auf dem Gebiet der aperiodischen Besteuerung begonnen, indem die Fusionsrichtlinie steuerneutrale Verlagerungen und Umstrukturierungen über die Grenze hinweg ermöglicht. Dabei orientiert sich die Fusionsrichtlinie an dem Prinzip der aufgeschobenen Gewinnrealisierung und sieht eine Versteuerung der stillen Reserven nicht im Zeitpunkt der Strukturänderung, sondern erst im Zeitpunkt einer echten Veräußerung vor, so dass es zu einem Steueraufschub kommt. Anhand eines Überblicks über die Arten vor Strukturänderungen und die Einbringung verschiedener Wirtschaftsgüter wird ein Einblick in die wenigen Anwendungsfälle der Fusionsrichtlinie gegeben.

3.1 Fusionsrichtlinie

Literatur: Dinkhoff H (2000/2001) Internationale Sitzverlegung von Kapitalgesellschaften unter besonderer Berücksichtigung des Internationalen Gesellschaftsrechts und des Steuerrechts. Dissertation, Universität Trier 2000/2001. Europäisches Hochschulschriften, Reihe 2, Rechtswissenschaft, Bd 3124. Peter Lang, Frankfurt am Main-Berlin-Bern-Bruxelles-New York-Oxford-Wien, 2001; Dürrschmidt D (2010) Grenzüberschreitende Unternehmensstrukturierungen im nationalen und europäischen Steuerrecht. StuW 87:137-159; Frowein G A (2000) Grenzüberschreitende Sitzverlegungen von Kapitalgesellschaften. Sachrecht, Kollisionsrecht, Reform. Dissertation, Universität Heidelberg 2000. Europäisches Hochschulschriften, Reihe 2, Rechtswissenschaft, Bd 3048. Peter Lang, Frankfurt am Main-Berlin-Bern-Bruxelles-New York-Oxford-Wien, 2001; Gosch D (2012) Über Entstrickungen. IWB ohne Jahrgang:779-789; Hoffmann J (2000) Neue Möglichkeiten zur identitätswahrenden Sitzverlegung in Europa? Der Richtlinienentwurf zur Verlegung des Gesellschaftssitzes innerhalb der EU. ZHR 164:43-66; Klingberg D, Nitzschke D (2011) Grenzüberschreitende Umwandlungen am Beispiel grenzüberschreitender Verschmelzungen, Ubg 4:451-459; Moser G (2012) Auswirkungen der Rs. Foggia auf das österreichische UmgrStG. SWI 22:406-410; Saß G (2004) Änderungsvorschlag zur steuerlichen Fusionsrichtlinie. DB 57:2231-2234; Saß G (2005) Die geänderte steuerliche EU-Fusionsrichtlinie vom 17.2.2005. DB 58:1238-1240; Tissot M (2004) Entwurf zur Abänderung der EU-«Fusionsrichtlinie»: Erweiterter Anwendungsbereich, steuerneutrale Aufwertung bei Einbringungen. SWI 14:119-127.

Die **Fusionsrichtlinie** hat die Erleichterung der Verlagerung und Umstrukturierung der Unternehmenstätigkeit innerhalb des Binnenmarktes zum **Ziel**.[793] Die Umstrukturierungen sollen nicht durch Liquiditätsbelastungen infolge von Gewinnrealisationen und den damit verbundenen Steuerzahlungen behindert werden.[794]

Regelmäßig fließen dem Unternehmen in Umstrukturierungsfällen keine liquiden Mittel zu,[795] da häufig wirtschaftlich kein Verkauf gegeben ist.[796] Hinzu kommt, dass mit der frühen Steuerzahlung aufgrund des entstehenden Zinseffektes auch Ertragseinbußen verbunden sind.[797] Sollen Umstrukturierungen nicht durch steuerliche Nachteile verhindert werden, so müssen diese Vorgänge steuerlich weitestgehend folgenlos bleiben und damit steuerneutral behandelt werden.[798]

Umstrukturierungsvorgänge können zu einer Besteuerung des entstehenden Gewinnausweises führen, weil

1. der bei Umstrukturierungsvorgängen oft vorhandene Rechtsträgerwechsel juristisch eine Eigentumsübertragung beinhaltet, so dass in der Strukturänderung eine Veräußerung gesehen wird und die Besteuerung dann aufgrund eines echten Gewinnrealisierungstatbestandes durchgeführt wird, oder weil

2. im Gesetz eine eigenständige Vorschrift explizit vorgesehen ist, die für bestimmte Umstrukturierungen die Besteuerung der vorhandenen stillen Reserven im Umstrukturierungszeitpunkt vorsieht und i.d.R. als Sicherungstatbestand einzustufen ist.[799]

Umstrukturierungen bedeuten in diesen Fällen eine Vorverlagerung des Gewinnrealisierungszeitpunktes. Die Anwendung echter Gewinnrealisierungstatbestände ist jedoch steuersystematisch nicht mehr überzeugend, da die Mitgliedstaaten durch die Umsetzung der Fusionsrichtlinie prinzipiell anerkannt haben, dass der Rechtsträgerwechsel kein normaler Veräußerungsvorgang ist.[800]

3.1.1 Begünstigte Strukturänderungen

Das **Problemfeld von Strukturänderungen** und deren Besteuerung ist grundsätzlich sehr weit gespannt. Das Grundproblem der Aufdeckung stiller Reserven ohne Verkaufsvorgang tritt bei verschiedenen Strukturänderungen auf, von denen die Fusionsrichtlinie nur einen Teil behandelt (vgl. **Abbildung 3.1**).

---

[793] Vgl. Erwägungsgrund 2 Fusionsrichtlinie 2009.
[794] Vgl. Erwägungsgründe 5, 7, 10 und 11 Fusionsrichtlinie 2009; zur Entstehungsgeschichte vgl. Rauch und Schanz 2009, S. 4f.
[795] Vgl. Herzig et al. 1991, S. 3f.; Sapusek 1996, S. 969.
[796] Vgl. Herzig et al. 1991, S. 3.
[797] Vgl. Dautzenberg 1996, S. 215.
[798] Vgl. Herzig et al. 1991, S. 4; Dautzenberg 1996, S. 215f.
[799] Vgl. Dautzenberg 1996, S. 214.
[800] Vgl. Dautzenberg 1996, S. 252.

Abbildung 3.1: Arten von Strukturänderungen

Strukturänderungen		
Rechtsformwechsel	**Zusammenführungen/ Vereinigungen**	**Trennungen/Teilungen**
KapG → KapG	KapG & KapG (Fusion) (Art. 4-8 Fusionsrichtlinie)	KapG → KapG (Spaltung, Abspaltung) (Art. 4-8 Fusionsrichtlinie)
KapG → PersG	KapG & PersG	PersG → KapG
KapG → BS (im Rahmen der Fusion, Art. 4-8 Fusionsrichtlinie; im Rahmen der Sitzverlegung, Art. 10b Abs. 1 Fusionsrichtlinie)	PersG & PersG	PersG → PersG
PersG → KapG		
PersG → PersG		
PersG → BS		
BS → KapG (im Rahmen der Einbringung, Art. 9 Fusionsrichtlinie)		
BS → PersG		

Die Strukturänderungen erfordern zum Teil den Übergang von Betriebsvermögen. Das **allgemeine Problem** bei Strukturänderungen besteht in der Besteuerung der stillen Reserven in Höhe der Differenz zwischen Marktwert und Buchwert von Betriebsvermögen und den Gesellschaftsanteilen. Zur Lösung des Problems bietet sich als Maßnahme die Gewährung von Steueraufschüben bei Vorgängen an,

1. die regelmäßig den Übergang von Betriebsvermögen einer Gesellschaft auf (eine oder mehrere) andere Gesellschaft(en) zum Inhalt haben und
2. damit als Tauschvorgänge der Besteuerung unterworfen sind.

Hinsichtlich der **Einbringung von Vermögen** in einen Betrieb können allgemein folgende Fälle unterschieden werden, von denen die Fusionsrichtlinie jedoch nur einen Teil behandelt (vgl. **Abbildung 3.2**).

Abbildung 3.2: Einbringung von Wirtschaftsgütern

Einbringung von Wirtschaftsgütern					
(Einlage von Geld)	Einlage einzelner Wirtschaftsgüter des Privatvermögens	Einlage einzelner Wirtschaftsgüter aus einem anderen Betriebsvermögen (inklusive Sonderbetriebsvermögen)	Einbrigung eines Betriebs, Teilbetriebs oder Mitunternehmeranteils	Anteilstausch ("unechte" Fusion)
			Einbringung eines Betriebs oder Teilbetriebs (Art. 9 Fusionsrichtlinie)	(Art. 4-8 Fusionsrichtlinie)
			Einbringung einer Betriebsstätte eines Drittstaates (Art. 10 Fusionsrichtlinie)	

Privilegierte Maßnahmen sind die „Umwandlung" einer Betriebsstätte, die Fusion, die Spaltung, die Abspaltung, die Einbringung von Betrieben, Teilbetrieben[801] und Betriebsstätten, der Anteilstausch, sowie die Sitzverlegung lediglich einer Europäischen Gesellschaft oder einer Europäischen Genossenschaft (Art. 1 Fusionsrichtlinie 2009).[802]

Nicht zu den privilegierten Maßnahmen zählen der reine Rechtsformwechsel (vgl. **Abbildung 3.1**), die Verbringung einzelner Wirtschaftsgüter aus der inländischen Betriebsstätte in eine ausländische Betriebsstätte desselben Unternehmens (vgl. **Abbildung 3.2**) und die Sitzverlegung anderer Rechtsformen von Kapitalgesellschaften über die Grenze.[803] Die Einschränkungen des objektiven Anwendungsbereichs werden in der Literatur kritisiert.[804]

3.1.2 Aufschiebung der Gewinnrealisation

Im Fall der **Einbringung** und des **Anteilstauschs** existiert das eingebrachte Vermögen auf Gesellschafts- und Anteilseignerebene, so dass als Bewertungsalternative der Buchwert und der Teilwert des eingebrachten Vermögens in Frage kommen.[805]

---

[801] Vgl. zum Teilbetriebsbegriff der Fusionsrichtlinie vgl. Thömmes 2000, S. 585ff.; Greil 2011, S. 87ff.
[802] Vgl. Voß in Dauses 2012, J, Rn. 110ff.
[803] Vgl. Voß in Dauses 2012, J, Rn.116.
[804] Vgl. Herzig et al. 1991, S. 4, 19; Dautzenberg 1996, S. 222; Dürrschmidt 2010, S. 143f.
[805] Vgl. mit Erläuterungen Herzig et al. 1991, S. 12f.

Die steuerliche Behandlung der Strukturänderung orientiert sich an dem **Prinzip der aufgeschobenen Gewinnrealisierung** und sieht eine Nichtbesteuerung der stillen Reserven im Zeitpunkt der Strukturänderung vor.[806] Die Steuerneutralität tritt sowohl auf der **Ebene der Gesellschaft** als auch auf der **Ebene der Gesellschafter** (Anteilseigner) auf. Die Steuerneutralität wird erreicht, indem im Zeitpunkt der Strukturänderung keine Steuer auf die Differenz zwischen dem steuerlichen Wert (Buchwert) und dem wirklichen Wert (Marktwert) des übertragenen Aktiv- und Passivvermögens erhoben wird (Art. 4 Abs. 1 Fusionsrichtlinie 2009) und keine Steuer auf die Differenz zwischen dem steuerlichen Wert (Buchwert) der Anteile an der einbringenden Gesellschaft und dem wirklichen Wert (Marktwert) der Anteile an der übernehmenden Gesellschaft anfällt (Art. 8 Abs. 1 Fusionsrichtlinie 2009). Sowohl auf der Gesellschaftsebene als auch auf der Gesellschafterebene wird ein Steueraufschub gewährt. Es handelt sich dabei jedoch nicht wirklich um einen Vorteil, da die Besteuerung der stillen Reserven - wie auch sonst üblich - zu dem Zeitpunkt erfolgt, zu dem sie am Markt realisiert werden.[807]

Die Berücksichtigung der alten steuerlichen Werte auf **Ebene der Gesellschaft** bewirkt zum einen, dass keine Gewinnrealisierung stattfindet, und zum anderen, dass die Abschreibungsbasis und der Restbuchwert unter dem Marktwert liegen, so dass später laufende Gewinne und Veräußerungsgewinne höher ausfallen.[808] Technisch kann die Steuerneutralität im Rahmen eines bilanziellen Betriebsvermögensvergleichs durch die Methode der **Buchwertfortführung** erreicht werden. Je nach nationalem Gewinnermittlungsrecht ist eine andere Methodik erforderlich. Hinzu kommt, dass bei Wirtschaftsgütern, die – wie z.B. Rechte – im Zuge der Umstrukturierung neu entstehen oder untergehen, die Technik der Buchwertfortführung zur Herstellung der Steuerneutralität ungeeignet ist.[809]

Für die Gewährung der Steuerneutralität müssen drei **Anforderungen** erfüllt werden:[810]

1. Die von der Aufdeckung der stillen Reserven bedrohte Einheit muss mindestens den Charakter eines Teilbetriebs haben (**Teilbetriebsbedingung**). Diese Bedingung sichert die Unterscheidbarkeit zwischen einem außergewöhnlichen Umstrukturierungsvorgang und einem laufenden Geschäft.

2. Die von der Aufdeckung der stillen Reserven verschonten Wirtschaftsgüter müssen nach dem Vorgang Teil einer Betriebsstätte in demselben Staat wie vorher sein (**Betriebsstättenbedingung**) (Art. 4 Abs. 2 Buchstabe b) Fusionsrichtlinie 2009). Diese Anforderung sichert den Steueranspruch für den bisher berechtigten Staat.[811]

---

[806] Vgl. Saß 2005, S. 1238.
[807] Vgl. Herzig et al. 1991, S. 5
[808] Vgl. im Folgenden Herzig et al. 1991, S. 5.
[809] Vgl. zu diesem Problemkreis ausführlich Dautzenberg 1996, S. 234ff.
[810] Vgl. dazu näher Herzig et al. 1991, S. 6ff.; kritisch zu den Bedingungen Dautzenberg 1996, S. 225ff.; Voß in Dauses 2012, J, Rn.120f.
[811] Vgl. Saß 2005, S. 1240.

3. Die von der Aufdeckung der stillen Reserven verschonten Wirtschaftsgüter müssen nach dem Vorgang noch der Steuer unterliegen (**Steuerverhaftungsbedingung**), indem die Buchwerte von der übernehmenden Gesellschaft fortgeführt werden (Art. 4 Abs. 2 Buchstabe b) Fusionsrichtlinie 2009). Dieses Erfordernis verhindert einen endgültigen Steuervorteil und sichert die Besteuerung der stillen Reserven bei späterer Veräußerung.

Die Steuerneutralität kann auf **Ebene der Gesellschafter** (Anteilseignerebene) durch die Verpflichtung zur **Buchwertfortführung** erreicht werden. Aufgrund des Wohnsitzstaatsprinzips fallen die Anteile auch nach dem Anteilstausch in dieselbe Steuerhoheit, so dass der Besteuerungsanspruch des bisherigen Fiskus gesichert ist.[812]

Da die Buchwerte der Wirtschaftsgüter bei der übernehmenden Gesellschaft fortgeführt werden, aber auch die Gegenleistung in Form der erhaltenen Anteile zum gleichen Wert angesetzt werden, werden die stillen Reserven auf die mit diesem Vorgang entstandenen, „einbringungsgeborenen" Anteile übertragen („**Buchwertverknüpfung**").[813] Dies führt z.B. bei der Einbringung einer Betriebsstätte gegen Anteile und beim Anteilstausch zu einer späteren wirtschaftlichen **Doppelerfassung der stillen Reserven**. Der Änderungsvorschlag der Europäischen Kommission auf steuerfreie Aufstockung (sog. **step-up**) der einbringungsgeborenen Anteile auf den realen Wert konnte sich nicht durchsetzen. Dieses Problem bleibt ungelöst, da die Mitgliedstaaten ein Unterlaufen ihrer Besteuerungsrechte befürchten, weil die Unternehmen direkt die Anteile anstelle der eingebrachten Wirtschaftsgüter veräußern würden, wenn eine steuerfreie Aufstockung der einbringungsgeborenen Anteile auf den realen Wert möglich wäre.

In Fällen der Fusion, der Spaltung und des Anteilstauschs kann aufgrund einer nicht ausreichenden Anzahl von Anteilen und damit eines nicht herstellbaren angemessenen Umtauschverhältnisses eine bare **Ausgleichszahlung** notwendig werden.[814] Wirtschaftlich liegt eine Veräußerung des fehlenden Anteilsbruchteils vor. Bis zu einer Höhe von 10% des Nennkapitals ist die Ausgleichszahlung steuerunschädlich (Art. 2 Buchstabe c) und e) Fusionsrichtlinie 2009). Die Besteuerung der Ausgleichszahlung beim Empfänger ist den Mitgliedstaaten freigestellt (Art. 8 Abs. 9 Fusionsrichtlinie 2009). Die alten Anteile müssten dazu in erneuerte und gegen Empfang der Ausgleichszahlung veräußerte Anteile aufgespalten werden. Für erstere würde die Buchwertfortführung und für letztere die Veräußerungsgewinnbesteuerung anzuwenden sein. Da die Veräußerungsgewinnbesteuerung in den meisten Mitgliedstaaten an das Vorliegen einer wesentlichen Beteiligung anknüpft, entsteht in der Praxis kaum das Problem, dass eine Aufteilung zu erfolgen hätte, wenn Kleinaktionäre weniger als eine ganze alte Aktie veräußern.[815]

---

[812] Vgl. Herzig et al. 1991, S. 11.
[813] Vgl. im Folgenden Saß 2004, S. 2231f.; Tissot 2004, S. 122ff.; Saß 2005, S. 1238.
[814] Vgl. Herzig et al. 1991, S. 11.
[815] Vgl. Herzig et al. 1991, S. 11.

Die Mitgliedstaaten dürfen den Gesellschaften und Anteilseignern auch ein **Wahlrecht zur Gewinnrealisierung** einräumen (Art. 4 Abs. 5, Art. 8 Abs. 8 Fusionsrichtlinie 2009).[816] Dieses Wahlrecht entspricht dem Grundgedanken des Beschränkungsverbotes im Rahmen der Niederlassungsfreiheit, da es die Anwendung günstiger Vorschriften auch für grenzüberschreitende Umstrukturierungen erlaubt.[817] Bei diesen Steuervorteilen könnte es sich z.B. um Freibeträge oder Steuersatzermäßigungen bei der Besteuerung der stillen Reserven oder die Nutzung eines sonst untergehenden Verlustvortrags handeln.[818]

Im Rahmen der Gewährung von Steueraufschüben beim Übergang von Betriebsvermögen soll das **Besteuerungsrecht** den einzelnen Mitgliedstaaten nicht entzogen werden (Nebenziel), indem die Entziehung des Besteuerungspotentials, das im Inland entstanden ist, durch die Verlagerung der stillen Reserven ins Ausland verhindert wird.[819] Es soll kein endgültiger Steuerverlust für die beteiligten Finanzbehörden entstehen.

Diese Bedingung ist regelmäßig dann gesichert, wenn die zukünftige Besteuerung der stillen Reserven gewährleistet ist.[820] Die Übertragung von Wirtschaftsgütern muss deshalb aufgrund des **Betriebsstättenvorbehalts** nur steuerneutral möglich sein, wenn sie nach der Umstrukturierung einer Betriebsstätte im Wegzugstaat zuzuordnen sind (Art. 4 Abs. 2 Buchstabe b), Art. 12 Abs. 1 Fusionsrichtlinie 2009).[821] Dabei entsteht das Problem, dass der neue Sitzstaat im Zeitpunkt des Steuerhoheitswechsels den gleichen Marktwert ermitteln und anstelle des Buchwertes bei der Gewinnermittlung zugrunde legen muss, den der alte Sitzstaat angesetzt hat.

Neben dem Problem der steuerlichen Behandlung der stillen Reserven besteht bei Umstrukturierungen auch die Gefahr des möglichen Untergangs von **Verlustvorträgen**. Diesen Bereich regelt die Fusionsrichtlinie nicht. Die Fusionsrichtlinie sieht lediglich in denjenigen Fällen eine Gewährung eines Verlustvortrages durch den Staat der einbringenden Gesellschaft vor, in denen Verluste der einbringenden Gesellschaft nicht bei der Betriebsstätte der übernehmenden Gesellschaft berücksichtigt werden. Allerdings stellt sie den Mitgliedstaaten frei, ob ein Verlustvortrag bei Umstrukturierungen fortbestehen soll, verlangt jedoch die Gleichbehandlung von nationalen und grenzüberschreitenden Umstrukturierungen (Art. 6 Fusionsrichtlinie 2009).

3.1.3 Begünstigte Konzernstrukturen

Der **subjektive Anwendungsbereich** der Fusionsrichtlinie bezieht sich nur auf **Körperschaften**, die in einem EU-Mitgliedstaat ansässig sind (Art. 3 Buchstabe b) Fusionsrichtlinie 2009). Die Körperschaft muss zudem eine **Rechtsform** aufweisen, die explizit im Anhang I

---

[816] Vgl. Herzig et al. 1991, S. 13f.
[817] Vgl. Dautzenberg 1996, S. 230.
[818] Vgl. Dautzenberg 1996, S. 232.
[819] Vgl. Erwägungsgründe 5 und 7 Fusionsrichtlinie 2009.
[820] Vgl. Herzig et al. 1991, S. 4.
[821] Vgl. Dürrschmidt 2010, S. 143.

Teil A Fusionsrichtlinie 2009 aufgeführt ist (Art. 3 Buchstabe a) Fusionsrichtlinie 2009). Zudem muss die Körperschaft ohne Wahlmöglichkeit einer im Anhang I Teil B Fusionsrichtlinie 2009 aufgeführten Körperschaftsteuer unterliegen (**subject-to-tax clause**) ohne von ihr befreit zu sein (Art. 3 Buchstabe c) Fusionsrichtlinie 2009).[822]

Im Fall einer **abweichenden Qualifizierung** der Personengesellschaft, indem die Personengesellschaft im Ansässigkeitsstaat als eigenes Steuersubjekt qualifiziert wird (Trennungsprinzip), jedoch im anderen beteiligten Mitgliedsstaat als Mitunternehmerschaft angesehen wird (Transparenzprinzip), soll der andere Mitgliedsstaat der Qualifikation des Heimatstaates folgen und damit die Fusionsrichtlinie auch in Fällen des Mitunternehmerprinzips anwenden (Art. 4 Abs. 3, Art. 8 Abs. 3 Fusionsrichtlinie 2009).[823] Die Mitgliedstaaten sind jedoch berechtigt, die Fusionsrichtlinie nicht anzuwenden und rechnen in diesem Fall die Steuer an, die ohne die Fusionsrichtlinie auf die Veräußerungsgewinne der steuerlich transparenten Gesellschaft erhoben worden wäre (Art. 11 Fusionsrichtlinie 2009).[824]

An der Beschränkung des subjektiven Anwendungsbereichs auf Kapitalgesellschaften wird deutlich Kritik geübt.[825] Möglicherweise verstößt die Benachteiligung von Personenunternehmen gegen den aus den gemeinsamen Verfassungen der Mitgliedstaaten abgeleiteten allgemeinen Gleichheitsgrundsatz in der Interpretation des EuGH[826] und/oder gegen die Niederlassungsfreiheit[827]. Zudem ist sie nicht mit dem Gebot der Rechtsformneutralität vereinbar.

Der Anwendungsbereich umfasst nur **grenzüberschreitende Beteiligungen** von Gesellschaften aus mindestens zwei Mitgliedstaaten (Art. 1 Fusionsrichtlinie 2009). Rein nationale Umstrukturierungen sind nicht betroffen. Diese Begrenzung wird jedoch de facto kaum Bedeutung haben, da die Mitgliedstaaten ihre eigenen Unternehmen auf Dauer nicht schlechter behandeln werden als grenzüberschreitend tätige Unternehmen.[828]

Gesellschaftsrechtliche Möglichkeiten für eine grenzüberschreitende Umstrukturierung auf EU-Ebene bestehen allerdings nur eingeschränkt. Hinsichtlich der Einbringungsvorgänge und des Anteilstausch ist lediglich die bestehende Einzelrechtsnachfolge notwendig. Auch die Verlegung von Betriebsstätten ist möglich.[829] Bei Fusionen und Spaltungen hingegen handelt es sich um Fälle der Gesamtrechtsnachfolge.[830] Die gesellschaftsrechtlichen Möglichkeiten der grenzüberschreitenden Verschmelzung von Kapitalgesellschaften unter-

---

[822] Vgl. zum persönlichen Anwendungsbereich Herzig et al. 1991, S. 16f.; Tissot 2004, S. 127; Saß 2005, S. 1238; Voß in Dauses 2012, J, Rn. 108.
[823] Vgl. Saß 2004, S. 2232f.; Saß 2005, S. 1239.
[824] Vgl. kritisch Saß 2005, S. 1239.
[825] Vgl. Herzig et al. 1991, S. 4, 16; Knobbe-Keuk 1991, S. 304; Europäische Kommission 1992, S. 13; Dautzenberg 1996, S. 222f.; Europäische Kommission 2001, S. 10; Saß 2005, S. 1238f.
[826] Vgl. Knobbe-Keuk 1991, S. 304f.; Knobbe-Keuk 1992, S. 10f.
[827] Vgl. dazu Knobbe-Keuk 1991, S. 304f.; Knobbe-Keuk 1992, S. 11f.
[828] Vgl. Herzig et al. 1991, S. 3.
[829] Vgl. Dürrschmidt 2010, S. 139.
[830] Voß in Dauses 2012, J, Rn. 113, 131

schiedlicher Rechtsformen (Fusion) wurden mit der Verschmelzungsrichtlinie geschaffen.[831] Eine grenzüberschreitende Spaltung lässt sich im wirtschaftlichen Ergebnis zurzeit nur durch Ersatzlösungen erreichen.[832] Die Verlagerung des Sitzes dürfte aufgrund der durch die EuGH-Rechtsprechung zurückgewiesenen Sitztheorie möglich sein.[833] Zumindest der identitätswahrende Zuzug ist möglich.[834]

3.1.4 Maßnahmen zur Verhinderung von Steuerhinterziehungen und Missbräuchen

Wie die anderen Richtlinien enthält auch die Fusionsrichtlinie **Missbrauchsvermeidungsregeln** (Art. 15 Fusionsrichtlinie 2009). Danach können die Vergünstigungen der Fusionsrichtlinie versagt oder rückgängig gemacht werden, wenn Steuerpflichtige hauptsächlich den Zweck der Steuerhinterziehung oder der Steuervermeidung verfolgen (Art. 15 Abs. 1 Buchstabe a) Fusionsrichtlinie 2009). Dies ist zu vermuten, wenn die Umstrukturierung nicht auf vernünftigen wirtschaftlichen Gründen beruht.[835]

3.2 Zusammenfassung

Insgesamt betrachtet wurden hinsichtlich der Harmonisierung der aperiodischen Besteuerung mit der Fusionsrichtlinie zumindest in einem engen Anwendungsbereich steuerneutrale Verlagerungen und Umstrukturierungen ermöglicht.

Mit Ausnahme von Großbritannien, Irland und der Slowakischen Republik haben alle Mitgliedsstaaten die Fusionsrichtlinie in innerstaatliches Rechts umgesetzt.[836]

3.3 Literaturverzeichnis

Dauses M A (2012) Handbuch des EU-Wirtschaftsrechtes. Onlinekommentar (Stand: Februar 2012, inkl. 30. Ergänzungslieferung), C. H. Beck, München

Dautzenberg N (1996) Unternehmensbesteuerung im EG-Binnenmarkt. Problembereiche und Perspektiven. Dissertation, Universität Köln 1996. Steuer, Wirtschaft und Recht, herausgegeben von J G Bischoff, A Kellermann, G Sieben und N Herzig, Bd 142. Josef Eul, Köln, 1997

---

[831] Vgl. Erwägungsgrund 1 Verschmelzungsrichtlinie; Dürrschmidt 2010, S. 139.
[832] Vgl. Dürrschmidt 2010, S. 139; Prinz 2012, S. 821.
[833] Vgl. Saß 2004, S. 2233f.; Forsthoff in Grabitz et al. 2012, Art. 54 AEUV, Rn. 37, 40ff.
[834] Vgl. Dürrschmidt 2010, S. 139, 147.
[835] Vgl. Rauch und Schanz 2009, S. 5f.; Moser 2012, S. 406ff.; Voß in Dauses 2012, J, Rn. 130.
[836] Vgl. Rehm und Nagler 2013, S. 25.

Dinkhoff H (2000/2001) Internationale Sitzverlegung von Kapitalgesellschaften unter besonderer Berücksichtigung des Internationalen Gesellschaftsrechts und des Steuerrechts. Dissertation, Universität Trier 2000/2001. Europäisches Hochschulschriften, Reihe 2, Rechtswissenschaft, Bd 3124. Peter Lang, Frankfurt am Main-Berlin-Bern-Bruxelles-New York-Oxford-Wien, 2001

Dürrschmidt D (2010) Grenzüberschreitende Unternehmensstrukturierungen im nationalen und europäischen Steuerrecht. StuW 87:137-159

Förster G, Krauß S (2011) Der Richtlinienvorschlag der Europäischen Kommission zur Gemeinsamen konsolidierten Körperschaftsteuer-Bemessungsgrundlage (GKKB) vom 16. 3. 2011. IStR 20:607-615

Frowein G A (2000) Grenzüberschreitende Sitzverlegungen von Kapitalgesellschaften. Sachrecht, Kollisionsrecht, Reform. Dissertation, Universität Heidelberg 2000. Europäisches Hochschulschriften, Reihe 2, Rechtswissenschaft, Bd 3048. Peter Lang, Frankfurt am Main-Berlin-Bern-Bruxelles-New York-Oxford-Wien, 2001

Gosch D (2012) Über Entstrickungen. IWB ohne Jahrgang:779-789

[Grabitz et al. (2012)] Grabitz E, Hilf M, Nettesheim N (2012) Das Recht der Europäischen Union. 3 Bände, Onlinekommentar (Stand: 2012, inkl. 48. Ergänzungslieferung), C. H. Beck, München

Greil S (2011) Ein neues Teilbetriebsverständnis im Steuerrecht. StuW 88:84-91

Herzig N (2009) CCCTB-Projekt und Zukunft der Konzernbesteuerung (III). FR 91:1037-1042

[Herzig et al. (1991)] Herzig N, Dautzenberg N, Heyeres R (1991) System und Schwächen der Fusionsrichtlinie. DB 44:Beilage 12 zu Heft 41

Hoffmann J (2000) Neue Möglichkeiten zur identitätswahrenden Sitzverlegung in Europa? Der Richtlinienentwurf zur Verlegung des Gesellschaftssitzes innerhalb der EU. ZHR 164:43-66

[Kahle et al. (2011)] Kahle H, Dahlke A, Schulz S (2011) Der EU-Richtlinienvorschlag zur CCCTB – Anmerkungen aus Theorie und Praxis. Ubg 4:491-503

Klingberg D, Nitzschke D (2011) Grenzüberschreitende Umwandlungen am Beispiel grenzüberschreitender Verschmelzungen, Ubg 4:451-459

Knobbe-Keuk B (1991) Wegzug und Einbringung von Unternehmen zwischen Niederlassungsfreiheit, Fusionsrichtlinie und nationalem Steuerrecht. DB 44:298-306

Knobbe-Keuk B (1992) Transfer of residence and of branches between freedom of establishment, the merger directive and German transformation tax law. Intertax 20:4-12

Lenz M, Rautenstrauch G (2011) Der Richtlinienentwurf zur Gemeinsamen konsolidierten KSt-Bemessungsgrundlage (GKKB). DB 64:726-731

Moser G (2012) Auswirkungen der Rs. Foggia auf das österreichische UmgrStG. SWI 22:406-410

Prinz U (2012) Grundlagen zum internationalen Umwandlungssteuerrecht. DB 65:820-829

Rauch J, Schanz S (2009) Die Umsetzung der Fusionsrichtlinie in deutsches Recht und einhergehende Verstöße gegen das Gemeinschaftsrecht. SteuerStud 29:4-8

Sapusek A (1996) Ökonomische und juristische Analyse der Steuerharmonisierung in der Europäischen Union. Umsatzsteuer, spezielle Verbrauchsteuern, direkte Unternehmensteuern. Dissertation, Wirtschaftsuniversität Wien 1996. Europäische Hochschulschriften, Reihe 5, Volks- und Betriebswirtschaft, Bd 2051. Peter Lang, Frankfurt am Main-Berlin-Bern-New York-Paris-Wien 1997

Saß G (2004) Änderungsvorschlag zur steuerlichen Fusionsrichtlinie. DB 57:2231-2234

Saß G (2005) Die geänderte steuerliche EU-Fusionsrichtlinie vom 17.2.2005. DB 58:1238-1240

Tissot M (2004) Entwurf zur Abänderung der EU-«Fusionsrichtlinie»: Erweiterter Anwendungsbereich, steuerneutrale Aufwertung bei Einbringungen. SWI 14:119-127

Thömmes O (2000) Teilbetriebsbegriff der EG-Fusionsrichtlinie. In: Wassermeyer F, Mayer D, Rieger N (Hrsg) Umwandlungen im Zivil- und Steuerrecht. Festschrift für Sigfried Widmann zum 65. Geburtstag am 22. Mai 2000. Stollfuß, Bonn, S 583-606

3.4 Quellenverzeichnis

[Europäische Kommission (1992)] Unterrichtung durch die Bundesregierung. Mitteilungen der Kommission der Europäischen Gemeinschaften an den Rat und das Europäische Parlament im Anschluss an die Schlussfolgerungen des unabhängigen Sachverständigenausschusses über die Leitlinien für die Unternehmensbesteuerung im Rahmen der Vertiefung des Binnenmarktes. [Vom 26.06.1992.] SEK(1992) 1118 endg. Ratsdok. 7021/92. Bundesrat-Drucksache 540/92. Vom 20.07.1992

[Europäische Kommission (2001)] Commission of the European Communities (2001) Communication from the Commission to the Council, the European Parliament and the Economic and Social Committee. Towards an Internal Market without tax obstacles. A strategy for providing companies with a consolidated corporate tax base for their EU-wide activities. 23.10.2001. COM(2001) 582final

[Fusionsrichtlinie 2009] [Europäischer Rat (2009)] Richtlinie 2009/133/EG des Rates über das gemeinsame Steuersystem für Fusionen, Spaltungen, Abspaltungen, die Einbringung von Unternehmensteilen und den Austausch von Anteilen, die Gesellschaften verschiedener

Mitgliedstaaten betreffen, sowie für die Verlegung des Sitzes einer Europäischen Gesellschaft oder einer Europäischen Genossenschaft von einem Mitgliedstaat in einen anderen Mitgliedstaat. Vom 19.10.2009. ABl. 2009, L 310/34, EU-Dok.-Nr. 3 2009 L 0133

[Verschmelzungsrichtlinie] Richtlinie 2005/56/EG des Europäischen Parlaments und des Rates über die Verschmelzung von Kapitalgesellschaften aus verschiedenen Mitgliedstaaten. Vom 26.10.2005. ABl. 2005, L 310/ 1, ber. ABl. 2008, L 28/40. EU-Dok.-Nr. 3 2005 L 0056. Zuletzt geändert durch Art. 2 ÄndRL 2012/17/EU vom 13.06.2012. ABl. 2012, L 156/1

Stichwortverzeichnis

Anrechnungshöchstbetrag
  basket limitation 8
  over-all limitation 8
  per-country limitation 8
  per-item limitation 8
Anrechnungsmethode
  Anrechnungshöchstbetrag *Siehe* Anrechnungshöchstbetrag
  Anrechnungsvortrag 8
  direkte Anrechnung 13
  indirekte Anrechnung 6, 8, 39
  Körperschaftsteuergutschrift 5
  Nachweis der Vorbelastung 8
  passiver Unternehmensschwerpunkt 9
Auslands-Verlust-Richtlinie 99, 144
  Anrechnungsmethode 100
  Betriebsstättenverluste 99
  Konsolidierung 145
  subjektiver Anwendungsbereich 100, 145
  Verlustabzug mit Nachversteuerung 102, 144
  Verlustvortrag 108

Betriebsstättenverluste 95
  aktive Tätigkeiten 96
  Anrechnungsmethode 95, 96
  Betriebsstätte 95
  Betriebsstättenprinzip 95
  Deutschland 99
  Ergänzungstatbestände 98
  Freistellungsmethode 95, 105
  Methoden 100
  Nachversteuerung 97, 98
  Österreich 97
  recapture method 97
  Rückfallklausel 96
  Stammhaus 95
  subject-to-tax clause 96
  Symmetriethese 96
  umrechnungsbedingte Verluste 107
  Umrechnungsdifferenzen 98
  weiße Einkünfte 96
  Welteinkommensprinzip 96

Common Consolidated Corporate Tax Base 146
  all-in/all-out principle 155
  Antimissbrauchsregelungen 155
  controlled foreign corporation rule 155
  direkte Anrechnung 149
  formula apportionment 152
  Freistellungsmethode 149
  Fusion 152
  hybride Kapitalhingabe 155
  indirekte Methode der Gewinnabgrenzung 152
  Konsolidierung 150
  Korrepondenzprinzip 149
  Kosten der Beteiligung 149
  Liquidation 152
  Maßgeblichkeitsprinzip 147
  Mezzaninkapital 155
  Mindestbeteiligung 153
  Optionsmodell 146
  passive Unternehmenstätigkeit 155
  Schattenbilanzierung 147
  Sitzverlegung 152
  steuerliche Gewinnermittlung 148
  Strukturänderung 152
  subjektiver Anwendungsbereich 153
  switch over *Siehe* switch-over
  Verlustvortrag 151
  Verrechnungspreise 151
  Vorgruppenverluste 151
  Zwischengewinne 151

Doppelbesteuerung
  juristische Doppelbesteuerung 13, 46
  wirtschaftliche Doppelbesteuerung 6,
    9, 38, 47
  zeitverschobene Doppelbesteuerung 8

EU-Schiedsübereinkommen 82
  Anrechnungsmethode 87
  Beratender Ausschuss 88
  DBA-Verständigungsverfahren 90
  dealing-at-arm's-length principle 88
  Dreieckskonstellation 84
  Freistellungsmethode 87
  independent opinion approach 89
  multilaterale Streitfälle 84
  multilaterales Übereinkommen 83
  obligatorische Schiedsklausel 89
  OECD-Schiedsverfahren 84
  Positionspapier 88
  Schlichtungsverfahren 88
  thin-capitalization rules 83
  Verhaltenskodex 83
  Verständigungsverfahren 88
  Vorverfahren 87

Fremdvergleich
  dealing-at-arm's-length principle 84,
    88
  Fremdvergleichsgrundsatz 20, 56, 84
  Gewinnorientierte Methoden 85
  Standardmethoden 85
Fusionsrichtlinie 174
  abweichende Qualifizierung 180
  Anteilstausch 176
  Antimissbrauchsregeln 181
  Betriebsstättenvorbehalt 179
  Buchwertfortführung 177
  Europäische Genossenschaft 176
  Europäische Gesellschaft 176
  Fusion 176
  Spaltung 176
  Strukturänderung 174, 175
  subject-to-tax clause 180

Gruppenbesteuerung 112, 150, 155
  "flache" Struktur 124
  "wirtschaftliches Ausscheiden" 142
  aliquote Nachversteuerung 142
  aliquote Verlustberücksichtigung 134,
    135, 136, 138
  beteiligte Körperschaft 113, 114, 115
  Beteiligungsgemeinschaft 125
  Beteiligungskörperschaft 113, 114, 115
  cross-over structure 124
  einstufige Zurechnung 131
  Ergebnisberücksichtigung 128
  erste Auslandsebene 122
  finaler Verlust 143
  Gruppenmitglied 113, 115
  Gruppenträger 113, 115, 127
  Insolvenz 143
  Liquidation 143
  Mehrmütter-Gruppe 125
  Mindestbeteiligung 115
  Mindestdauer 143
  multiplikative Durchrechnung 114
  optionale Gruppenbildung 119
  recapture method 140
  Richtung der Verlustberücksichtigung
    129
  Steuerausgleich 143
  stufenweise Verlustberücksichtigung
    129
  subjektiver Anwendungsbereich 112
  Umrechnung 139
  umrechnungsbedingte Verluste 139
  Verlustberücksichtigung 128
  vollständige
    Ergebnisberücksichtigung 133, 136
  Vorgruppenverluste 143
  Zweischrankenmethode 142
  zweistufige Zurechnung 130

Inbound-Dividenden 3
Inbound-Investition 3

Lizenzgebühren 56
  Deutschland 51
  OECD-Musterabkommen 50
  Österreich 52

Missbrauch
  rein künstliche Gestaltung 36
Mitunternehmerprinzip 180
Mutter-Tochter-Richtlinie 2
  Anrechnungsmethode Siehe
    Anrechnungsmethode
  Befreiungserklärung 14
  Beteiligungsaufwendungen 22
  Betriebsstätten 26
  Briefkastengesellschaft 41
  directive shopping 41
  Enkelgesellschaft 6
  Erstattungsverfahren 18
  Europäischer Wirtschaftsraum 24
  Freistellungsbescheinigung 13
  Freistellungsmethode 3
  funktionslose Gesellschaft 41
  GmbH & Co. KGaA 26
  graue Einkünfte 37
  Holdinggesellschaft 42, 43
  hybride Gesellschaft 26
  hybride Kapitalhingabe 37
  Kapitalverkehrsfreiheit 15
  Korrespondenzprinzip 22, 37
  Kosten der Beteiligung 22
  limitation-of-benefits clauses 41
  Liquidation 21
  Mezzaninkapital 37
  Mindestbehaltfrist 35
  Mißbrauchsvermeidungsmaßnahmen 36
  multiplikative Durchrechnung 34
  Niedrigsteuerstaat 9
  passive Unternehmenstätigkeit 42
  Personengesellschaften 25, 33, 34
  Qualifikationskonflikt 37
  Quellensteuer 10, 19
  Schweiz 24

subject-to-tax clause 24
subjektiver Anwendungsbereich 24
Substanztest 41, 42
switch-over Siehe switch-over
thin capitalization 38
treaty override 40
unmittelbare Beteiligung 32
verdeckte Gewinnausschüttung 19
weiße Einkünfte 37
Zinsabkommen 24

Organschaft
  doppelt ansässige Kapitalgesellschaft 111
  doppelter Inlandsbezug 110
  Ergebnisabführungsvertrag 110
  Organgesellschaft 110
Outbound-Dividenden 3
Outbound-Investition 3

Portfoliobeteiligung 10
Portfoliodividende 10, 15, 149

Ruding-Komitee 26

Sandwich-Situation 29
Schachtelbeteiligung 10
Schachteldividenden 10
Streubesitz 10
switch-over 40, 155
  Deutschland 37
  Österreich 38, 39
  passiver Unternehmensschwerpunkt 38
  Steueroase 38, 155

Territorialitätsprinzip 49
Transparenzprinzip 180

Veräußerungsgewinn 21
Verlust
　finaler Verlust 106, 143
Verlustberücksichtigung
　Auslands-Verlust-Richtlinie *Siehe*
　　Auslands-Verlust-Richtlinie
　Betriebsstättenverluste *Siehe*
　　Betriebsstättenverluste
　deutsche Mindestbesteuerung 93
　Einheitskonzept 109
　group relief 110
　Gruppenbeitragsmodell 110
　Gruppenbesteuerung 109
　Mindestbesteuerung 92, 93
　Organschaft 109
　österreichische Mindestbesteuerung 93
　pooling 109
　sofortiger Verlustausgleich 92
　umrechnungsbedingte Verluste 139
　Verlustrichtlinie *Siehe*
　　Verlustrichtlinie
　Verlustrücktrag 92
　Verlustvortrag 92
　Vollkonsolidierung 109
Verlustrichtlinie 93
Verrechnungspreise 84

Zinsen 55
　Deutschland 51
　gewinnabhängige Zinsen 55
　OECD-Musterabkommen 47
　Österreich 52
Zins-Lizenzgebühren-Richtlinie 44
　Antimissbrauchsregeln 68
　Befreiungsverfahren 66, 67
　Betriebsausgaben 49
　Betriebsstätten 61
　Bruttosteuerabzugssystem 48
　dealing-at-arm's-length principle 56
　directive shopping 41, 60, 68, 69
　Enkel-Schwestergesellschaft 60
　Europäischer Wirtschaftsraum 57

Freistellungsbescheinigung 66
funktionslose Gesellschaft 69
Gewerbesteuer 47
gewinnabhängige Zinsen 55
Inlandssachverhalt 63
Korrespondenzprinzip 49
Lizenzgebühren 56
Maßgeblichkeitsprinzip 45
Mindestbehaltfrist 66
Mindestbeteiligung 65
Nettosteuerabzugssystem 49
Nutzungsberechtigter 67
objektives Nettoprinzip 49
OECD-Musterabkommen 47, 50
Rechtsform 58
Schweiz 57
Schwestergesellschaft 59
Steuerwirkung 53
subject-to-tax clause 57
subjektiver Anwendungsbereich 57
Übergangsfristen 69
verdeckte Gewinnausschüttung 55, 56, 57
Zinsen 55
Zinsschranke 47

The manufacturer's authorised representative in the EU is Springer Nature Customer Service Centre GmbH, Europaplatz 3, 69115 Heidelberg, Germany. If you have any concerns regarding our products, please contact ProductSafety@springernature.com

Printed and bound by CPI Group (UK) Ltd, Croydon, CR0 4YY

24/03/2026

02077370-0004